KB199514

마쓰오박신당 옛 진해 이야기
旧朝鮮鎭海 松尾博信堂物語

마쓰오 히로후미松尾博文 著

이애옥李愛玉 · 정영숙鄭英淑 訳

논형

이 책은 저작권법에 따라 보호받는 저작물입니다.무단 전재와 무단 복제를 금합니다.
이 책 내용의 일부 또는 전체를 이용하려면 반드시 저작권자와 출판권자의 동의를 얻어야 합니다.
잘못된 책은 구입하신 곳에서 바꿔드립니다.

마쓰오박신당 옛 진해 이야기
旧朝鮮鎮海 松尾博信堂物語

초판 1쇄 인쇄 | 2024년 8월 25일
초판 1쇄 발행 | 2024년 8월 31일
지은이 | 마쓰오 히로후미松尾博文
옮긴이 | 이애옥李愛玉 · 정영숙鄭英淑
펴낸이 | 소재두
편 집 | 소상호
펴낸곳 | 논형
출판등록 | 2003년 3월 5일
주 소 | 경기도 부천시 성주로 66, 2-806
전자우편 | jdso6313@naver.com
전화번호 | 02-887-3561
팩 스 | 02-887-6900
정 가 | 23,000원

마쓰오박신당 옛 진해 이야기
旧朝鮮鎮海 松尾博信堂物語

마쓰오박신당, 각종 신문 대리점, 오사카마이니치신문
왼쪽부터 할머니 누이, 어머니 하루에, 마쓰오, 여동생 노리코 · 츠루에
조선인 배달원 3명
아버지 마사미, 할아버지 겐이치
松尾博信堂 諸新聞取次 大阪毎日新聞
左からヌイ, ハルエ, 松尾, のりこ, つるえ
3人の朝鮮人番頭, 正巳, 謙一

일러두기

· 이 책은 松尾博文 著『旧朝鮮鎮海 松尾博信堂物語』(株式会社クロスロード 出版, 2022年 2月)를 원본으로 번역했습니다.

· 일본어의 한글 표기는 외래어 표기법에 따랐으나, 일부는 장음을 표기하 거나, '가 · 카, 다 · 타, 쓰 · 츠, 초 · 쵸 등은 두 가지 표기를 혼용한 것도 있습니다.

　예) 오에노키(大榎, おおえのき) → 오오에노키, ハツエ → 하쓰에,
　　　 つるえ → 츠루에

· 띄어쓰기에서 번역자 개인 스타일을 고집한 것도 있습니다.

　예) 사가 현(佐賀県, さがけん) → 사가현

· 원어의 국어 표기법에서 벗어나 우리말 한자 독음으로 옮긴 것도 다수 있 으며, 일부 차별적인 표현을 그대로 번역한 것도 있습니다.

　예) 松尾博信堂(마쓰오 하쿠신도) → 마쓰오박신당

　　　 日本植民地時代(일제강점기) → 일본 식민지 시대

　　　 日本海海戦記念塔(쓰시마해전기념탑) → 일본해해전기념탑

　　　 朝鮮北部(한반도 북부) → 조선 북부

　　　 鎮海尚武会館(진카이쇼부카이칸) → 진해상무회관

· 한자는 주로 일본어 신자체(新字体)와 구자체(旧字体)를 아울러 사용했 습니다.

　예) 일본국 → 日本国, 日本國

- 원저의 한자 숫자는 쉽게 읽을 수 있도록 아라비아 숫자로 변환한 것도 있습니다.
- 중국어 고유명사 중에 현지 발음이 아닌 한글 또는 일본어 읽기로 표기한 것도 있습니다.
  예) 東亞同文書院 → 동아동문서원, 鶴岡 → 쓰루오카
- 원저의 경칭이나 경어는 번역에서 일부 생략하기도 했습니다.
- 주해는 옮긴이가 위키피디아 일본어 버전, 야후 재팬, Daum 어학 및 백과사전, Naver 어학 사전 등을 참고하여 인용, 작성했습니다.
- 사진은 대부분 한글본에만 실었으며, 그 설명은 한글과 일본어를 같이 실었습니다.
- 출판 후 수정해야 할 사항이 발견되면 네이버 밴드 '마쓰오박신당 옛 진해 이야기'에 업로드할 예정입니다.

목 차

시작하며

1. 일본의 항복과 한반도 해방
2. 신흥 일본해군 군항도시 '진해'
3. 이애옥 씨로부터의 연락

지금으로부터 80년 전인 1941년쇼와 16년 12월 8일, 일본이 미국 하와이의 진주만을 기습 공격하면서 시작된 전쟁은 1945년쇼와 20년 일본이 포츠담 선언을 수락하고 연합국에 무조건 항복하며 종결 되었습니다.

이날까지 일본의 식민지였던 한반도는 해방이 되었습니다. 한 국이 해방되기 전까지 경상남도 창원군 진해읍은 메이지 시대 말[01] 부터 수많은 일본인들이 저마다의 목적과 희망을 갖고 이주해 온 신흥 일본해군의 군항도시였습니다.

진해 시가지를 높은 곳에서 내려다보는 가부토야마兜山[02] 정상에 는 이 마을의 역사적 의의를 상징하는 일본해군 연합함대의 기함 미카사三笠[03]의 함교를 본떠 세운 백악[04]의 일본해해전기념탑日本海海戰記

---

01) 1868년부터 1912년까지의 일본 연호. 여기서는 1910년~1912년을 말하는 것으로 추정함.
02) 현 제황산을 말함. 〈진해의 벚꽃〉 159쪽.
03) 러일전쟁에 있어서의 일본의 연합함대 기함(旗艦).
04) 빛깔이 희고 부드러우며 고운 흙이나 석회로 칠한 흰 벽.

念塔이 우뚝 솟아 있어 마을 어디에서도 바라볼 수 있었습니다.

나는 이 마을의 중앙에 위치한 '큰 팽나무大櫸, 오오에노키'에서 가까운 스미요시초 1번지에서 서적, 문구, 마이니치신문, 부산일보 등을 취급하고 있는 '마쓰오박신당'의 장남으로서 1932년 2월 1일에 태어났습니다. 할아버지 마쓰오 겐이치, 할머니 누이, 아버지 마사미, 어머니 하루에가 기다리고 기다리던 대를 이어갈 아들이 태어났습니다.

그런데 조부모님과 부모님의 기대와는 달리 나는 의사의 왕진이 끊이지 않는 허약한 아이로 진해유치원에서 2년간 보육을 받고 진해공립심상고등소학교나중에 국민학교가 됨를 거쳐 1944년에 신설된 진해공립중학교 1학년이 되었습니다. 2학년이 된 1945년 8월 15일 국가의 패전을 맞이하기 전까지는 부유한 상인의 집에서 자란 도련님이었습니다.

나중에 인연이 닿아 나는 2013년 니시무타 야스시西牟田靖 씨의『〈일본국〉에서 온 일본인』(05)(06) 상재에 깊이 관여했습니다. 이 작품에는 나의 친구와 나의 집안이 소개되어 있으며, 대일본제국시대일제강점기의 진해를 회고하고 패전으로 인해 귀환이라는 대변혁에 직면한, 진해에 인연이 있는 일본인들의 모습을 전하는 논픽션이었습니다. 이 작품의 출판으로부터 7년이 경과한 2020년 여름, 니시무타 군의 소개로, 한국인 여성 이애옥 씨로부터,『〈일본국〉에서 온 일본인』을 다케쿠니 도모야스竹国友康 씨의『어느 한일 역사여행 진해의 벚꽃ある日韓歴史の旅 鎮海の桜』(07) 아사히 신문사 출간에 이은

---

05) 『〈日本國〉から来た日本人(일본국에서 온 일본인)』: 한국어판『1945 귀환!! 진해, 기억속의 고향』이애옥 · 정영숙 공동번역 2021년 11월 신세림출판.

06) 출판하기 위하여 책을 인쇄에 부치는 것을 이르는 말.

07) 한국어판『진해의 벚꽃』이애옥 · 정영숙 공동번역, 2019년 3월 논형출판사.

그녀 자신의 두 번째 번역작으로 한국어 번역과 출판을 하고 싶다는 연락을 받았습니다.

예상치 못한 갑작스러운 이야기였지만 『진해의 벚꽃』은 아리타有田에 계신 어머니로부터 1999년에 『진해의 벚꽃』이라는 책이 나왔다는 소식을 듣고 얼른 찾아 읽었고, 그 세심한 조사에 '진해 토박이'로서 매우 감명받은 명저였기 때문에 일련의 진해 관련 서적에 대한 현지의 관심에 대한 반가움도 있어 나는 주저 없이 흔쾌히 수락했습니다.

그날부터 몇 달 동안은 내가 중학교 2학년13세까지 살았던 진해에 대한 이애옥 씨로부터의 여러가지 궁금한 점에 메일과 인터넷 라인으로 답하는 나날을 보냈습니다.

말하자면 소년 시절 나의 짧은 체험을 계기로 한일 양국의 역사와 문화를 접목하는 작업이었지만 내 주위에 당시를 아는 생존자가 이미 거의 없어졌다는 점에서 나는 스스로 자료를 제공하고 스토리텔러이야기꾼를 맡게 되었는데, 지난 몇 달 동안의 나의 체험이, 전혀 예상치 못하게 스스로의 패밀리 히스토리를 다시 한 번 되새기는 계기가 되었습니다.

큰 상점의 아들로 태어나 아무 불편함 없이 자랐다고 믿었던 나는 이번 조사에서 조부모님이 스미요시초에 박신당 가게를 차리기까지는 이주한 지 무려 14년이라는 세월이 필요했음을 알게 되었습니다.

진해의 마쓰오 가문 일가족은 일본의 진주만 공격으로 시작된 전쟁의 패전으로 일가족이 일본으로 귀환할 때까지 어머니로부터 '우리는 30년 넘게 이 진해에 살고 있다.'는 말을 들으며 자랐습니다. 꽤 오랜 기간 진해에 살고 있다고 생각했습니다. 그러나 지금 중국 고사의 '일취지몽一炊之夢[08]'에 따른다면 불과 34년간의 '꿈'일 뿐, 내가 '박신당'의 아들로 자란 것은 더 짧은 13년이었기 때문에 나이 90세를 곧 맞게 되는 지금에 이르러 돌이켜 보면 나의 가족사에서 차지하는 진해에서의 생활은 얼마 되지 않습니다.

　조부모님이 새로운 땅 진해에서 겪었던 고생의 역사를 돌이켜 보면 메이지, 다이쇼, 쇼와[09] 수십 년에 걸쳐 그동안의 일본국은 청일전쟁, 러일전쟁이라는 근대 일본의 국운을 건 전쟁과 그 승리로 시작된 다이쇼시대를 거쳐 쇼와시대에 이르러 마침내 대일본제국은 대동아전쟁지금은 태평양전쟁이라고 합니다에서 적으로 싸운 연합국에 포츠담선언을 수락하고 무조건 항복을 하면서 그 역사를 닫게 되는 수십 년이었습니다. 그 사이를 '일취지몽'으로 냉정하게 간주하는 것에 나는 당사자의 한 사람으로서 다소 망설임이 느껴집니다.

　이 전쟁으로 일본은 310만 명이 희생되었고, 마지막 오키나와전쟁에서는 일반 주민 94,000명, 미군 12,500명을 포함한 241,632명이 희생되었습니다. 또 인류를 향한 최초의 핵공격이 미국에 의해 행해져 8월 6일에는 히로시마, 8월 9일에는 나가사키에 원자폭탄이 투하되어 아무런 이유 없이 일반 시민 다수의 생명을 앗아갔습니다.

　나가사키에서는, 학도동원[10]으로 미쓰비시의 급여과에서 일하고 있던 나의 사촌형어머니의 언니 하츠에의 차남 가모치 가즈유키蒲地和之가 폭격의 중심점에 가까운 시로야마국민학교에서 희생되었습니다. 이마리伊万里[11]상업학교 4학년이었습니다. 공장의 공습에서 벗어나기 위

---

08) '밥을 짓는 동안에 꾼 꿈' 이라는 뜻으로 인생의 덧없음을 비유한 말.
09) 일본 연호 중 하나로 1926년~1989년을 가리킴.
10) 태평양 전쟁 중에 노동력 부족을 보충하기 위해 대학생·중고생에 대해 강제로 실시된 근로 동원.
11) 일본 사가현 서부에 위치한 도시로 도자기가 유명한 곳.

해 급여과를 철근 3층 규모의 견고한 시로야마국민학교에 소개疎
開¹²⁾ 한 지 얼마 되지 않았음을 부모님과 할아버지께 드리는 가즈유
키의 유품 편지로 알 수 있었습니다.

폭격지에서 500m 서쪽, 높이 20m 언덕 위에 있던 시로야마국민
학교는 열선5000도 초속 250m의 폭풍, 방사선1km 이내 치사량을 정면으로
받아 학교에 있던 교원, 미쓰비시 병기兵器. 무기제작소 직원, 정신대
원¹³⁾, 학도보국대원들이 비참하기 짝이 없는 폭사를 하였습니다.

패전, 귀환이라는 소동 속에서 고생 끝에 8월 24일 아리타에 도
착한 우리 가족이 불과 보름 전에 일어난 집안 비극에 대해 알게
된 것은 어머니가 귀환해 온 9월에 들어서였습니다.

시로야마국민학교에 가즈유키의 안부를 알기위해 아리타에서
달려온 가즈유키의 아버지 리츠시律志씨가 가즈유키를 그리워하며
지은 「은하수 나의 아들 별을 찾아」라는 구절은 혈족의 한 사람
으로서 눈물 없이는 읽을 수 없습니다.

가즈유키의 유품 중에 1944년쇼와 19년의 '쓰하모노¹⁴⁾ 일기(つはものの日
記'가 있습니다. 이것은 물자가 부족한 시대에 귀중품이었던 종이
물품을 우리 어머니가 아리타의 조카에게 보낸 것으로 생각됩니
다. 왜냐하면 이 일기 주소록 칸에 진해 스미요시초 마쓰오 히로
후미라는 한 명의 내 이름만 적혀 있습니다. 이 글을 발견했을 때
의 충격은 잊을 수 없습니다. 이 일기는 아리타에 있는 가즈유키
의 본가에 편지와 노트 등과 함께 보존되어 있습니다. 또 나가사
키 약학전문학교의 학생이었던 가와나미 야스히코川浪保彦 가와나미 일가

---

12) 적의 공습이나 화재 따위에 대비하여 한곳에 집중된 주민이나 시설물을 분산시킴.
13) 태평양 전쟁 때 일제가 전쟁 수행을 위하여 한국 여성 등을 강제 동원한 종군 위안부와 근로정신
대를 통틀어 이르는 말.
14) 병사, 무사.

^{의차남}도 학교의 지하실에서 폭탄 피해를 입었습니다.

내가 아리타의 고향에 돌아온 야스히코를 만났을 때는 머리카락이 빠져 머리숱은 적어졌지만 목숨을 건져 무사한 모습이었습니다. 진해에서 같이 태어나 자랐고 어릴 적부터 형처럼 따르던 사람이었습니다.

일본의 전쟁 시대는 미국이 던진 원자폭탄 두 발에 의해 막을 내렸습니다.

나는 에도시대¹⁵⁾부터 계속되어 온 마쓰오도자기의 역사를 후손에게 전해 남기는 이야기꾼으로서의 자각에서 이 글을 쓰기 시작했습니다.

니시무타 씨의『〈일본국〉에서 온 일본인』에 관여했을 때에는 일본인의 한 사람으로서 대전쟁의 기억을 기록으로 후세에 남기기 위해 작가와 슌쥬샤春秋社의 힘을 빌렸습니다. 그러나 나가사키현 사세보의 구로시마¹⁶⁾ 천주당에 나의 증조부 도쿠스케가 일본에서 처음으로 만들어 낸 도자기 타일이 사용되었고 이것을 구로시마 섬 주민들이 꼭 이루고자 하는 소원島民悲願으로 세계유산 지정이 실현되었다는 사실을 알게 되었습니다. 이 일을 계기로 고조부 가쓰타로로 거슬러 올라가는 마쓰오 가문의 패밀리 히스토리를 아리타초역사민속자료관 관장 오자키 요코尾崎葉子와 함께 집에 전해 온 고문서를 찾아 국립국회도서관에도 찾아가 자료를 확인하고, 2019년(레이와¹⁷⁾ 원년)에 '구로시마黒島 천주당의 아리타도자기 타일 마쓰오 가쓰다로松尾勝太郎·도쿠스케德介 일대기'를 직접 붓을 들어 정리했습니다.

---

15) 도쿠가와(德川)가문이 에도(江戸)에 막부(幕府, 바쿠후)를 두고 정권을 쥐고 있던 시대(1603-1867).
16) 나가사키현 사세보의 구주쿠시마 중 가장 큰 섬.
17) 일본 연호(2019년~)의 하나.

얼마 전까지의 나는 제국주의 시대 일본 역사에 대한 관심은 일반적인 일본인의 범주에서 벗어나지 않는 한 시민이었습니다. 하지만 한국의 이애옥 씨와 조선^{한국} 진해의 역사와 우리 집의 이주, 그 이후의 생활과 역사를 더듬으면서 서서히 오랜 기간의 무지함을 깨우쳐, 앞의 두 작품에 이어 이른바 3부작인 이 원고를 집필하기 시작했습니다.

내가 일념발기[18] 하여 이애옥 씨를 비롯한 진해 여러분들과 교류를 시작한 결과, 새로운 지식을 담아 후손에게 전하는 기록을 정리할 기회를 나이 90세를 앞두고 혜택받은 이 일에 감사드립니다.

환경이 의식을 결정한다고 합니다. 일찍이 내가 진해에 태어나자라 전쟁에 패배했던 시절을 생각해 보십시오. 진해에서는 일본해해전^{쓰시마해전}의 대승리와 러일전쟁의 기억은 제가 태어나기 불과 27년 전의 일이었습니다.

1945년에 세계 최초로 핵폭탄 세례를 받은 일본이 포츠담 선언을 수락하고 무조건 항복을 한 지 오늘까지 이미 80년에 가까운 세월이 지나고 있습니다.

나의 어릴 적 기억 속에 도고 헤이하치로 원수東郷平八郎元帥와 히로세 중좌[19]広瀬中佐, 스기노 병조장[20]杉野兵曹長은 활기차게 숨쉬고 있습니다. 귀환 후에도 다케오중학교 동창생 고가쿠라 가즈마小ヶ倉主磨 군이 '할아버지가 전함 미카사의 수병이었다'는 말을 듣고, 그 건강하고 기세가 좋은 할아버지를 만난 적도 있습니다.

이 이야기는 20세기부터 21세기에 걸친 나의 이야기이며, 또한 부모의 시대까지 거슬러 올라가는 나의 가족사이기도 합니다.

---

18) 마음을 고쳐 새로 성취하기로 결심하는 것.
19) 구 일본군 계급. 우리나라 중령에 해당.
20) 해군 계급의 하나. 준사관. 소위 아래 준위.

마쓰오박신당 옛 진해 이야기
旧朝鮮鎮海 松尾博信堂物語

제1장
조부모의 진해 이주

할아버지 겐이치, 할머니 누이가 두 살배기 양녀 하루에를 동반하고 사가현 아리타초를 나와 조선 진해로 이주한 것은 조부모의 나이 31세1911년 때였습니다.

겐이치는 아리타에서 진보적인 도자기 가마로서 알려져 있던 마쓰오 도쿠스케의 장남으로 1880년메이지 13년에 태어났습니다. 개구쟁이 소년으로 자란 것은 상상하기 어렵지 않겠지만 실제 이야기를 전할 것은 별로 없습니다.

1907년메이지 40년에 같은 아리타초에서 동갑내기인 가와나미 누이와 결혼했지만, 두 사람의 신혼 생활은 힘겹고 어려운 일이 많았습니다. 겐이치의 할아버지 가쓰타로는 도자기 가마의 경영을 젊은 도쿠스케에게 맡기고 나가사키에서 마쓰오도자기 제품의 미국 수출을 시도하고 있었기 때문에, 가쓰타로를 돕거나 당시 경기가 좋고 인구도 많았던 히로시마에 겐이치 누이 부부가 차를 이끌고 도자기 제품을 팔기도 했습니다.

또 할머니 누이로부터 들은 이야기에 따르면 아리타의 집 안에서 온천이 나왔다^{는 온천에 대해서는 의문시하고 있음}고 하여 온천욕장의 경영에도 나섰기 때문에 누이는 목욕탕 계산대를 맡기도 했다고 합니다.

마쓰오도자기의 당시 대표인 도쿠스케는 개발을 위한 자금 부족으로 동네에서 소문이 날 정도였습니다. 예를 들면 기존에 장작을 써오던 가마의 연료를 석탄으로 대체하는 연구나 원래의 가업이었던 화로나 장독 등 큰 물건의 제조 외에 수출을 목적으로 한 대형 꽃병이나 엄브렐러스탠드^{당시에는 가사사시라고 부르고 있었다}를 제조해 국내 다른 산지와의 가격경쟁에서 이기기 위해 생산비용을 낮추는 연구 등에 몰두해 실적은 올렸지만 끊임없이 사업 자금난에 시달렸습니다.

2018년^{헤이세이 30년}에 세계문화유산으로 등재된 나가사키현 사세보시 구로시마 천주당에는 내진內陣에⁰¹⁾ 1800장의 마쓰오 제조라고 표기된 도자기 타일이 사용되어 있어 참관객의 눈길을 끌고 있습니다만, 이 타일은 제작 의뢰를 받은 도쿠스케가 시행착오를 거듭한 끝에 1899년 제품화에 성공해, 1900년 구로시마 교회에 납품한 것으로 일본 최초로 공장에서 생산된 도자기 타일이었습니다.

이 무렵에는 변기나 세면기 등의 이른바 위생 도자기 종류의 제조도 만들고 있었습니다. 구로시마 천주당과 같은 종류의 타일은 현재 규슈 각지에서 발견이 계속되고 있습니다. 개발에 많은 사람들이 관여했다는 사실은 알고 있었지만 마쓰오도자기가 도자기 타일을 통해 부富를 이루었다는 흔적은 하나도 없습니다.

여기서 겐이치의 아버지 도쿠스케, 조부 가쓰타로의 업적을 연표로 되돌아봅니다.

---

01) 신사의 본전이나 사원의 본당에서 신체(神体)나 본존(本尊)을 안치해 놓은 부분.

1868년메이지 원년 가쓰타로 수출용 꽃병 제작에 착수.

1871년메이지 4년 가쓰타로 39세, 조셉 히코로부터 미국 무역을 권유 받음.

1872년메이지 5년 완전무결한 대형 꽃병 제작에 성공.

1873년메이지 6년 나가사키 히로바바広馬場에 가게를 열다.

1875년메이지 8년 가게를 닫다.

1877년메이지 10년 부채를 상환.

1880년메이지 13년 겐이치, 누이 출생.

1883년메이지 16년 도쿠스케 25세, 홍콩으로.

1884년메이지 17년 도쿠스케 귀국. 가쓰타로 마을 의원이 되다.

1885년메이지 18년 고베 오페네메르상회商会와 거래 개시.

1889년메이지 22년 가쓰타로 은거. 도쿠스케 석탄 가마 개발 착수.

1890년메이지 23년 제3회 국내박람회. 고등상업학교에 작품을 기증.

1893년메이지 26년 석탄초벌구이에 성공. 시카고 엑스포에 출품 수상.

1894년메이지 27년 청일전쟁 승리.

1895년메이지 28년 제4회 국내 박람회.

1897년메이지 30년 고베 오페네메르상회와 특약.

1899년메이지 32년 타일 변기 제조에 착수.

1900년메이지 33년 구로시마천주당에 타일 납품.

1904년메이지 37년 러일전쟁 개전.

1905년메이지 38년 일본해해전 대승리, 아버지 마사미 출생.

1910년메이지 43년 어머니 마쓰오 하루에 출생.

1911년메이지 44년 마쓰오 겐이치는 누이, 하루에를 동반하여 조선 진해로 이주함.

마쓰오 가쓰타로, 마쓰오 도쿠스케, 아버지와 아들은 모두 진취적인 기상이 풍부한 모험적인 인물이었습니다. 도쿠스케의 석탄가마 개발은 가마도자기업계에 이바지하는 큰 업적이기는 했지만 연구를 중단하라고 충고하는 사람도 많았다고 하며, 연료비를 비롯한 여러 개발 경비는 가족을 빈곤으로 몰아넣게 되었습니다. 한 집안의 장남으로서 겐이치 부부는 가쓰타로의 지휘 하에 열심히 여기저기 사방으로 바쁘게 계속 돌아다니고 있었습니다.

도기를 굽는 가마 도요陶窯는 이미 아내를 거느린 차남 시게모리가 도쿠스케를 돕고 있으며, 도쿠스케도 아직 50대에 신규 개발에 여념이 없었기 때문에 제품 판매는 겐이치 부부의 양 어깨에 달려 있었습니다.

차남 시게모리重盛는 아리타에서 손꼽히는 큰 '마쓰마사松政 상점'의 딸 고토와 결혼해 이미 큰딸 하츠에, 작은딸 하루에를 두고 있었는데, 작은딸 하루에는 태어나자마자 겐이치 부부의 양녀가 되었습니다. 하루에가 두 살 때 겐이치 부부는 새로운 땅을 찾아 아리타를 떠나기로 결심하기에 이른 것이 이 이야기의 시작입니다.

부모와 딸, 세 명은 처음에는 칭다오青島에 갈 생각이었다고 할머니 누이에게 들은 적이 있습니다. 그러나 결국 진해에 정착하여 일본의 패전으로 1945년에 일본으로 귀환하기까지 34년간을 생활하게 된 셈이었습니다. 아리타를 떠나면서 일가족과 마찰을 일으켰을 것이라는 점은 쉽게 가늠할 수 있습니다.

특히 호적은 바뀌어도 살아가는 것은 똑같다고 생각하고 있었던 하루에의 친어머니 고토의 슬픔과 탄식은 어떠했을까를 상상하면 가슴이 아픕니다. 여기에 한 장의 사진이 있습니다. 하루에가 3살 연상의 언니 하츠에와 찍은 사진입니다. 사진에 찍힌 사람은 두 사람뿐, 친어머니 고토의 모습은 없습니다.

상당히 오랫동안 일본에서는 사진을 찍을 때 3명이 찍히는 것을 피하는 미신이 계속되고 있었습니다. 관계없는 인물을 넣어서 촬영한다든지, 인형을 안는다든지, 이 미신 때문에 기념사진을 찍는 것도 힘들었던 시절입니다.

하루에는 자신이 양녀인 줄 모르고 자랐고, 고등여학교에 진학할 때쯤 알게 된 것 같습니다만, 주변 사람들 특히 할머니 누이의 배려는 나의 어린 기억에도 이상하게 느껴질 정도였습니다. 아리타의 집을 나설 때 도쿠스케의 아내 사타가 하루에의 손에 쥐어 준 은화銀貨가 유일한 전별餞別이었다고 할머니가 이야기해 준 적이 있습니다.

당시의 1엔 은화는 두 살배기 아이에게 쥐어주기에는 크기도 크고 지금의 화폐가치로는 2만엔 정도라고 생각되므로, 가난한 주부가 헤어지면서 어린 손녀의 손에 쥐어 준 은화는 10전이나 20전이었을 것입니다. 이때 하루에는 두 살, 기저귀도 지금과는 달리 오래된 유카타[02] 등에서 손수 만든 천이었던 시절이니까 누이는 새로운 생활이 안정될 때까지 어떻게 어머니 역할을 했을까요.

31세의 한창 일할 나이인 젊은 부부에게 바다를 건너는 모험여행은 하루에를 돌보는 일에 자나깨나 바빴을 것이라고 생각됩니다.

---

02) 목욕 후 또는 여름철에 입는 무명 홑옷.

하루에와 언니 하츠에
ハルエ・ハツエ(ハルエの姉)

제2장
진해의 선주민

가와나미 진이치川浪甚一 씨

1. 마쓰오 누이의 남동생 가와나미 진이치 씨
2. 벚꽃 명소에서의 벚꽃놀이 잔치

구마모토의 규슈약학전문학교를 졸업한 가와나미 진이치가 진해에서 약방을 개업할 때까지의 경위를 전하는 것은 아무 것도 남아 있지 않습니다만, 1912년메이지 45년 간행물에 가와나미 약방 광고가 있으므로 20대였던 진이치는 이미 진해 선주민개척자 중 한 명으로 자립했음을 알 수 있습니다. 그 후에 고향 아리타에서 우타를 아내로 맞이한 진이치는 어머니 미네1852년생 가에이 5년도 초대해 도모에초에 점포가 딸린 주거를 신축했습니다.[01][02]

진이치는 조선으로 건너가기 전에 한번 결혼했던 것 같습니다. 패전 후 아리타에 귀환한 진이치가 동네에서 어떤 여성의 친근한 인사를 받고 어리둥절하고 있으니 '옛 아내를 잊었습니까?'라는 말을 들었다는 어른들끼리의 이야기를 들은 적이 있기 때문입니다. 구마모토에 있는 학교를 졸업하고 아리타에 귀향했을 무렵의 일이라고 생각합니다.

---

01) 1848년에서 1854년까지의 일본 연호.
02) 현 편백로 19번길과 20번길.

'구스리쿠소오바이薬九層倍[03]'라는 말이 옛날부터 있지만 약은 이익의 폭이 매우 큰 상품이었습니다. 약제사 자격을 갖춘 인물이 앞으로 도시의 성장이 현저한 진해와 같은 시가지에서 약국을 개업했다면 성공은 의심할 여지가 없었을 것입니다.

진해 시가지에는 당초 개원 의사도 많았기 때문에 진이치의 타고난 인품과 밖에서의 영업력으로 성공 여부는 의심치 않았을 것으로 보입니다. 말 그대로 원만한 인품으로 진해 시가지에서는 이미 유력자였습니다.

패전으로 가게를 닫을 때까지 장남은 오사카, 차남은 나가사키의 약학전문학교에 진학해 약제사가 되어 있었습니다. 셋째 아들 노부오暢夫는 사가현립중학교 4학년으로 학도근로동원 중이었습니다. 할머니 누이에게 이 남동생 진이치와 가와나미 약국의 존재는 마음이 매우 든든했을 것입니다.

진해를 거주지로 선택한 것은 자연스러운 과정이었다고 생각됩니다. 진이치는 우타와 결혼하여 진해에서 3남 2녀를 얻었지만 아리타에서 어머니 미네도 초대하여 함께 살았기 때문에 누이는 어머니, 남동생과 같은 동네에 살게 되었습니다. 누이의 언니 하쓰도 통영統營에서 약종상을 개업하고 있었으므로 일가족이 진해와 그 근교에 살게 되었습니다.

한편 겐이치는 당시의 영화 팬으로부터 '반츠마'라고 불린 인기 배우, 반도 쓰마사부로阪東妻三郎다무라 다카히로, 다무라 마사카즈, 다무라 료, 삼형제의 아[04][05]버지를 연상시키는 대장부였습니다. 마쓰오도자기 영업의 맨 앞장에서 갈고 닦아 외부에의 권유, 수주 등의 영업은 자신 있었다고

---

03) 약값은 원가에 비해 매우 비싸고, 폭리를 탐한다고 하는 것을 말함.
04) 일본의 가부키배우, 영화배우.
05) 삼형제 : 田村高廣, 田村正和, 田村亮.

생각됩니다.

어머니에게 들은 바에 의하면 나의 어린 시절도 그랬다고 합니다만, 겐이치는 걸핏하면 화를 내는 사람이었습니다. 할아버지가 던진 뜨거운 물이 담긴 철제 주전자를 할머니가 맞은 적도 있었다고 합니다.

누이가 나중에 미수^{88세}를 맞이했을 때에 동생 진이치가 '힘든 고생은 떨쳐 버리고 88세인가'라는 자작시를 단자쿠^{短冊}에⁰⁶⁾ 보내 축하한 것에서 알 수 있듯이 누이의 생애는 강인한 생명력으로 겐이치와 집안을 지탱하면서 힘들고 어려운 고생에 맞섰던 것입니다.

진해의 '사쿠라노바바^{櫻の馬場07)}'에서 매년 찍은 꽃놀이 사진이 몇 장 남아 있습니다.

한 장의 사진에는 누이가 아직 젊고 머리도 묶지 않았기 때문에 이주한지 얼마 되지 않았을 때의 사진이 아닐까요.

진이치의 어머니 미네의 모습이나, 두고두고 누이의 친구였던 이케노보파 꽃꽂이^{池坊華道}의 스승 야마다 할머니의 모습은 보이지만, 진이치의 아내 우타의 모습은 없습니다.

또 한 장에서는 가와나미 진이치를 중심으로 진해병원 원장 시게마쓰 쓰루키치^{重松鶴吉} 씨가 있으며 자가용 인력거와 인력거꾼의 모습도 찍혀 있습니다.

묶은 머리를 하고 있는 누이의 옆에는 진이치의 아내 우타 씨의 모습도 볼 수 있습니다. 겐이치의 모습은 없기 때문에 아마 꽃놀이 장소가 아닌 다른 곳에서 분투하고 있었을 것입니다.

사업이 뜻대로 되지 않아 짜증을 내는 일도 많았던 것으로 생각됩니다.

---

06) 와카(和歌)나 하이쿠(俳句) 등을 쓰는 두껍고 조붓한 종이.
07) 벚꽃장, 현 진해구 충장로 도천초등학교와 드림빌아파트 서쪽.

사쿠라노바바(벚꽃장)에서의 꽃놀이. 한 가운데 앉아 있는 여성은 누이.
가장 오른쪽에 있는 여성은 야마다 꽃꽂이 사범.
桜の馬場での花見. ヌイは真ん中の据わっている女性.
一番右の女性は池坊の華道の山田さん.

사쿠라노바바. 왼쪽에서 세 번째가 가와나미 진이치, 그 안쪽이 진해병원 시게마쓰 쓰루키치
원장. 오른쪽부터 진이치 씨의 아내인 우타와 누이. 여자 아이는 가와나미 진이치의 장녀 다에
코 씨로 추정.
桜の馬場. 左から三人目が川浪甚一 , その奥が鎮海病院重松鶴吉さん. 右から甚一さんの妻ウタさんと
ヌイ. 女の子は甚一の長女の妙子さんではないかと思います.

제3장
청일전쟁, 러일전쟁과 진해

1. 청일전쟁의 승리
2. 러일전쟁의 개전開戰
3. 일본해해전日本海海戰의 대승리

　1894년메이지 27년 일본은 근대일본으로서는 최초의 외국과의 전쟁인 청일전쟁을 개전開戰했습니다.

　이는 한반도의 지배를 둘러싸고 일본과 청나라 사이에 발발한 전쟁으로 선전포고 후 불과 9개월 만에 일본은 승리했고 청나라와의 시모노세키 조약 결과 일본은 대만 외에 랴오둥반도를 청나라로부터 넘겨받은 데 이어 고액국家 예산의 2배에 해당함인 3억 1천만 엔의 배상금을 획득했습니다.

　잠자는 사자로 불리던 강대국에 이름 없는 동양의 작은 나라가 승리를 거둔 것은 제국주의화하여 동양에서의 권익 확대를 호시탐탐 노리는 서구 선진국들에게 큰 충격을 주는 사건이었습니다.

　특히 부동항不凍港[01]인 뤼순항을 놓치고 싶지 않은 러시아는 독일, 프랑스에 압력을 넣어 랴오둥반도를 청나라에 반환하라고 일본에 압박했습니다. 삼국간섭이라고 불립니다. 이로 인해 러시아는 그

---

01) 1년 내내 바닷물의 표면이 얼지 않는 항구.

얼마 뒤 러일전쟁 개전 시에는 뤼순항에 7척의 전함과 10척의 순양함[02]을 배치하여 일본을 위협하게 됩니다. 메이지 일본의, 나라의 흥망을 건 러일전쟁은 1904년메이지 38년 2월 10일[03]에 발발했습니다.

일본 육군은 각지의 지상전 전투에서 대부분의 예상과 달리 승리를 거두게 됩니다.

뤼순과 블라디보스토크를 근거지로 하는 러시아 태평양 함대는 8월 10일의 황해 해전에서 큰 피해를 입었고, 게다가 일본해군에 의한 봉쇄 작전으로 주력이 되는 군함은 항구 내에 갇혀 나가지 못하고 있었습니다.

그래서 전쟁 국면을 단숨에 만회하기 위해 러시아는 제2태평양 함대를 편성해 블라디보스토크에 강력한 함대를 보내면 주변 전체의 제해권制海權을 얻을 수 있다고 생각했습니다.

육지에서 유리하게 전쟁을 계속하고 있는 일본 육군에게 있어, 제해권을 상실하면 보급로가 끊겨 전멸 위기에 처하게 됩니다.

제2태평양 함대승조원 12,785명의 파견은 러시아로서는 기사회생起死回生의 수단이기도 하며 일본에 있어서는 나라의 흥망을 거는 큰일이었습니다.

발틱해에서 블라디보스토크를 목표로 33,340킬로미터 7개월이 넘는 세월의 대항해를 시작한 발틱 함대를 기다리고 있던 것은 도고 헤이하치로 대장이 이끄는 일본 연합함대였습니다.

1905년메이지 38년 5월 27일 오전 6시 도고 헤이하치로 사령관은 "적의 함대를 발견 경보를 접하면 연합함대는 즉각 출동 이를 격

---

02) 배수량이 전함보다 작고 구축함보다 큰 전투함. 속력과 전투력이 우수하여 정찰, 경계, 공격 등 여러 목적에 쓰임.

03) 2월 8일은 선제공격, 2월 10일은 선전포고를 한 날.

멸할 것. 금일 날씨는 맑지만 파도가 높다"며 대본영大本營에 타전⁰⁴⁾
했고, 도고 사령장관을 태운 기함旗艦 미카사는 오전 6시 5분 진해
만을 출항했습니다.

미카사 이하 46척의 일본 연합함대가 움직이기 시작했습니다.

한편 전함 8척, 순양함 9척 등으로 구성된 러시아 제2태평양함
대는 100여개에 달하는 굴뚝에서 검은 연기를 내뿜으며 시시각
각 쓰시마 해협대한해협에 바짝 다가섰습니다.

오후 1시 55분에 도고 헤이하치로 사령관은 기함 미카사에 4색
四色 신호기를 내걸고 모든 함대에 '황국皇國의 흥폐興廢 이 일전一戰
에 있으니 모두 한층 분려奮勵노력하라.'고 명령했습니다. 5월 27⁰⁵⁾
일은 쓰시마와 규슈 북부, 야마구치현의 일본해東海 연안 각지에서
엄청난 포성이 울리고 있었으며 일몰 후 23시경까지는 구축함과
수뢰정水雷艇부대의 야간 공격이 계속되었습니다.⁰⁶⁾

5월 27일 전투에서 러시아 함대 8척의 전함 중 4척이 침몰하고
1척이 크게 폭파되었으나 일본 함대에서는 기함 미카사가 30발
이상 총에 맞아 손상이 가장 심했으나 격침된 함정은 한 척도 없
었습니다. 5월 27일, 28일에 일본해東海 해상에서의 해전은 세계
해전 역사상 전례가 없는 전쟁 성과를 거두며 일본의 승리가 되
었습니다.

블라디보스토크를 향해 1904년메이지 37년 9월 5일에 러시아의 군⁰⁷⁾
항에서 출격한 38척의 러시아 함대는 격침 19척, 포획 5척, 자폭
2척, 억류 8척 총 34척이 전멸에 가까운 큰 타격을 입었고 일본

---

04) 태평양 전쟁에서 일본 천황의 직속으로 최고의 통수권을 행사하던 지휘부.
05) (사람이)기운을 내서 열심히 하다.
06) 어뢰로 적의 함정을 습격하기 위하여 수뢰 발사기를 장비한 작고 속력이 빠른 배.
07) 저자는 원저에 9월 5일 출항으로 썼으나, 1904년 10월 15일 발트해 출발. -역자

함대는 수뢰정 3척만이 침몰하는 대성과를 거두었습니다.

일본해해전의 결과, 9월에 러일강화조약 체결이 진행되었습니다. 같은 해 11월에는 제2차 한일협약이 체결되었고, 12월에는 진해만에 군항을 건설하기 위한 조사가 시작되었고, 이듬해인 1906년 8월에는 건설이 결정되었습니다. 한일병합 1910년메이지 43년보다 일찍 진해 군항 건설 계획이 착착 진행되어 한반도를 식민지화하는 움직임이 진행되고 있었습니다.

진해기념탑鎭海記念塔

진해군항설치기념비 비문사鎭海軍港設置記念碑々文写
[08]
진해군항설치기념비鎭海軍港設置記念碑

해군대장海軍大将

백작 도고 헤이하치로 씀伯爵　東郷平八郎書

〈기사 내용〉 - 역자 변역

진해만의 지세地勢는 동양 유일의 잔잔한 바다 요새지대要塞地帶로 일찍부터 세계가 인식하는 곳이다. 먼 옛날에는 진구황후神功皇后의 외정外征에, 고안·분로쿠노에키弘安·文禄の役, 원나라의 일본 침공·임진왜란에, 가까이는 러일전쟁에서 동양

---

08) 역자 : 원저의 신문 기사는 '쇼와 15년(1940) 5월 2일 진해요항부검열필'로 적혀 있으나 정확한 출처는 알 수 없다. 관련 기사의 원문은 이 책의 일본어판에 실었다. 칠언절구의 해석은 '여기는 동양의 이름 높은 진해만이다. 우리 해군이 그림자를 숨기고, 이 요충을 장악하고 있다. 생각하면 이전의 격렬한 해전에서 우리 해군은 강대한 적 함대를 침몰시켰다. 승패는 손바닥을 뒤집는 짧은 순간의 판단으로 결정되는 법이다.'〈진해의 벚꽃 115-116쪽〉 인용.

해전 역사상에서 밝혀졌다. 이에 따라 러일전쟁 이후 일본과 한국이 함께 국방상 이곳에 해군 설비를 건설할 필요를 인정했다. 우리 정부는 총독부 통감을 통해 한국 정부와 교섭을 개시하고, 메이지 39년[1906] 8월 통감 이토 공작과 한국 참정대신 박제순 사이에 수많은 교섭과 상의商議 끝에 군항 설치가 결정되었다. 양국은 위원을 파견해 군항용지로 거제, 웅천 양쪽 군郡을 인수할 수 있었던 것은 이토 공公이 주선해 애써주신 덕택으로 크게 감사의 마음을 표하는 바이다. 당시 소관은 통감부 소속 무관으로서 이토 공 곁에서 공이 진심으로 애쓰고 계심을 가까이서 뵈었다. 그 후 4년이 지난 지금 이곳에 군항 공사가 시작될 수 있었을 때 뜻밖에도 공은 지금은 고인이 되었다. 당시를 회상하면 감개무량하다. 메이지 42년[1909] 7월 공이 통감의 임무를 마치고 한국에 건너오셔서 이 땅을 통과하실 때 기념으로 공에게 청하여 진해만의 감상으로 주신 즉흥 칠언절구를 높이 내세우고 이것을 기록한다.

即是東洋鎮海湾　　水軍潜影擁重関
즉시동양진해만　　수군잠영옹중관

想曾激戦沈摟艦　　成敗分来反掌間
상증격전침루함　　성패분래반장간

메이지 43년(1910년) 4월
진해방비대 사령관 해군 소장 미야오카 나오키

• 위의 군항기념비 비문은 스기야마 만타杉山萬太의 1912년 저작 『鎮海』에 처음으로 등장하며, 역자는 마쓰모토 겐이치松本堅一의 현대문 번역 자료에 따라 옮김. 〈근대 문헌 속 진해〉 창원시정연구원 창원학연구센터 103~105쪽 참조.

제4장
군항도시 진해의 탄생

1906년^{메이지 39년} 가을부터 시작된 군항도시 건설을 위한 측량 개시 당시의 진해^{진해라는 호칭은 한일병합 후인 1912년 행정개편에 의해 명명되었다는} 반농반어^{半農半漁}의 주민이 살고 있는 논, 밭, 염전 등으로 이루어진 한촌에 불과했지만 토지를 수용하여 옛 주민^{조선인}은 인접한 경화동으로 집단 이주를 시켜 인공적으로 계획 설계된 군항도시가 탄생하게 됩니다.

시가지는, '오오에노키^{큰 팽나무, 대가, 大榎}'로 불리며 아이들의 놀이터이면서 늘 주민에게 친숙한 수령 천년이 넘는 팽나무가 자라고 있는 나카쓰지^{中辻}공원을[01] 중심으로 방사상으로 뻗은 20간^{36m} 15간^{27m} 10간^{18m}의 넓은 도로로 구성되어, 나카쓰지 외에도 미나미쓰지,[02] 기타쓰지[03] 공원을 배치해 규모는 미치지 못하지만, 유럽의 파리 시가지를 모방한 인공 도시가 완성되었습니다.

차도와 보도는 폭이 넓고 깊은 배수구로 구분되어 있었습니다. 공동 수도는 1914년^(다이쇼 3년)에 만들어졌습니다. 내 기억으로 넓은 차도 가운데 일부분만 아스팔트로 포장을 한 것은 소학교[04] 시절인 1940년 무렵이었습니다.

---

01) 현 중원로터리.
02) 현 남원로터리.
03) 현 북원로터리.
04) 현 초등학교를 말함.

옛 그림엽서에서 하쓰네초初音町[05] 도로를 보아도 도로는 비포장이
고 마을 전체가 파헤쳐져 새로운 시가지 구조가 진행되고 있음을
알 수 있습니다만. 시가지 조성은 내가 소학교에 진학하고 나서
도 계속된 것이겠지요.

시대는 거슬러 올라 도쿄 도회지에서 떨어진 교외 조후調布의 시
가지 모습도 파리 개선문 주변을 참고해 1918년에 시부사와 에
이이치渋沢栄一가, 어느 한 구역의 밭농지를 택지로 개발해 부채 모
양의 주택지에 방사상으로 에워싼 도로와 거리를 만든 것입니다.

1912년메이지 45년 진해만 내의 송진포에서 방비대防備隊가 교외로
이전해 왔습니다.

육군요새사령부도 1914년다이쇼 3년에 이전해 왔기 때문에 진해는
육군, 해군이 주둔하는 군사 도시가 되었습니다.

그러나 육군요새사령부는 1944년쇼와 19년[06]에 부산으로 이전합니
다. 그 자리에 나의 모교가 된 진해공립중학교가 개교했습니다.

해군요항부후에 경비부가 됨는 1916년다이쇼 5년에 개설되었습니다. 1918
년다이쇼 7년 경화동을 포함한 진해읍의 인구는 4,282명이었습니다.

---

05) 진해공설운동장에서 중원로터리를 지나 제황산 입구까지의 도로. 현 편백로.
06) 바르게는 1941년(쇼와 16년),「진해의 벚꽃」142쪽.

1. 신흥도시 진해
2. 해군 그라운드의 코스모스

 겐이치가 누이와 하루에를 동반하여 진해에 상륙한 것은 1911
년메이지 44년이었습니다.

 일가족이 이주했을 때는 시가지 구획 정리가 끝나고 해군이 제
1회 민간대여를 실시하던 해였습니다.

 일본 전국에서 이익에 민감하고 머리 회전이 뛰어난 사람들에
게는 일본해해전 대승리의 땅으로 탄생하는, 해군진수부를 거느
린 신흥 도시 진해에의 기대는 크고, 일확천금을 노리는 투자가
들에게는 천재일우千載一遇[01]의 기회로 여겨졌을 것이 틀림없습니다.

 소문난 진수부 개설은 주민과 투자가들에게 큰 희망이자 토목
건설업은 물론 부동산업 등으로 인해 진해는 호황의 신흥도시로
탈바꿈했습니다.

 이주해 온 겐이치 부부에게도 장래에 대한 기대는 무어라 해도
클 것이며, 진해 거주 개척자로서 성공한 누이의 동생 가와나미
진이치의 버팀목도 있어 순조롭게 출발했다고 생각됩니다. 겐이

---

01) 천 년 동안 겨우 한 번 만난다는 뜻으로, 좀처럼 만나기 어려운 좋은 기회를 이르는 말.

치는 고물상, 누이는 해군 군인을 상대로 하숙집을 시작했습니다.

할머니 누이의 이야기를 듣기 전까지는 알아차리지 못했는데, 저의 어머니 하루에의 이마에는 눈에 잘 띄지 않지만 흉터가 있었습니다.

할아버지^{젠이치}가 팔고 있는 상품의 불상佛像에 고풍스러운 색깔^{古色}을 입혀 값을 높이기 위해 모닥불 연기에 대고 그을리고 있었는데 마침 하루에가 도랑에 빠져 다쳤다고 합니다. 얼굴의 상처이기 때문에 상당한 출혈로 부부 모두 매우 놀랐을 것입니다. "할아버지는 부처님의 벌을 받았다고 믿고 그 때 이후로 매우 불심이 깊은 사람으로 변했다."라는 이야기였습니다.

소년 시절에 '설대^{舌代}⁰²⁾'라는 제목의 달필 권지^{卷紙}⁰³⁾를 발견한 적이 있습니다. 아이 마음에도 고물상의 개업 인사인 것은 이해할 수 있었습니다.

내 기억으로는 조동종曹洞宗⁰⁴⁾의 본산本山인 후쿠이현의 에이헤이지^{永平寺, 영평사} 참배는 종종 있었으며, 사후 계명戒名⁰⁵⁾까지 받은 것 같으며, "나의 계명에는 '劍검' 글씨가 들어 있어 불단에서 칼을 휘두르며 날뛰게 될지도 모른다."고 내게 말한 적이 있습니다. 계명을 지어 받을 정도로 에이헤이지에 대한 귀의歸依⁰⁶⁾가 깊었던 것 같습니다.

---

02) 구두(口頭)로 하는 인사말을 대신하는 간단한 인사장.
03) (붓글씨용) 두루마리, 서간용의 길이가 짧은 종이를 옆으로 길게 붙여서 감은 서간용 종이.
04) 선종(禪宗)의 가장 큰 종파로서 가마쿠라(鎌倉) 시대에 도겐(道元)이 송(宋)나라에서 전해옴.
05) 법명. 죽은 이에게 붙여주는 법호.
06) 종교적 절대자나 종교적 진리를 깊이 믿고 의지함.

동네 명사들, 뒤쪽 가운데가 겐이치. 다케시마 미노루, 시게마츠 쓰루기치, 구키 요스쿠스, 가와나미 진이치 씨 등.
町の名士たち, 後列真ん中が謙一. 竹島実, 重松鶴吉, 九鬼芳楠, 川浪甚一さんら.

또 무도가武道家였던 겐이치에게는 숨은 특기가 있었습니다. 생업으로 삼은 적은 없었지만, '접골' 기술입니다.

동네에 의사는 있어도 외과 전문의가 없는 진해의 시가지에서 탈구나 골절 등 크게 다쳤을 때 치료를 할 수 있는 인물의 존재는 매우 귀하고 고마웠던 존재였을 것입니다. 환자는 일본인, 조선인을 불문하고 광범위하게 있었습니다.

나중에 하루에가 결혼한 후에는 사위인 마사미ㅍㅌ도 고도칸講道館, 강도관 유도 2단의 유단자였기 때문에 부모와 자식끼리 접골 자원 봉사를 하고 있었던 것을 나는 잘 기억하고 있습니다.

조선인이 오면 "마사미, 자네가 하게." 하고 할아버지는 시술을 하지 않는 것도 목격했습니다. 당시 일본인의 조선인에 대한 인식의 한 단면을 본 것 같습니다.

일본인 중에도 여러 계층의 사람들이 있었지만 특히 일반 조선인들은 위생에 대한 인식이 부족해서 불결했습니다.

우리 집에서는 내가 장부에 있는 현금을 만지려고 하면 돈은 조선 사람도 만지니까 불결하다고 하니 납득이 가는 것이었습니다.

레지스터금전등록기가 없던 시절이라 현금은 지폐와 동전으로 정리되어 나무 상자에 들어 있었습니다.

여기에는 자녀를 금전에 가까이하지 못하게 하려는 교육적 의미가 더 강했다고 생각합니다만 효과적인 주의였습니다.

나중에 도쿄도東京都의 중학교 교원이 된 진보적 사상의 미야자키히노즈메 야스코 씨는 소야가와征矢川[07]와 가까운 도모에초巴町[08]에서 자랐지만 소야가와에 걸려 있는 다리 난간에 기대기만 해도 '조선인도 만질 테니 더럽다'는 주의를 받았다고 말해 주었기 때문에 놀란 적이 있었지만 어머니가 산파였기 때문에 위생에 대해 일반인보다 더 예민했을 것입니다.

일본인은 주로 시가지에 살았고 조선인은 경화동에 살았는데 내가 다닌 시가지에 있었던 가와조에초川添町[09]의 이발소는 조선인이었고, 정육점 등 내가 아는 것만으로도 조선인이 많이[10] 살고 있었으며, 경화동에 살면서 통학 오는 일본인 동급생도 있었습니다.

내가 가고시마 지사장을 맡고 있던 때에 아마미오시마奄美大島의 나제名瀬 지부 시찰을 위해 출장 가서 나제의 주택가를 방문한 적이 있습니다만, 도로변의 얕은 홈이나 가옥의 모습에서 기시감既視感[11]에 사로잡힌 적이 있습니다.

아마미오시마가 일본 본토에 막 복귀한 1954년의 일이기 때문에 인프라 정비가 본토보다 늦었다는 것은 상상하기 어렵지 않습니다. 시대의 차이는 있지만 쇼와 시대 경화동의 첫 인프라도 비

---

07) 현 여좌천.
08) 현 중원서로의 대천교 주변.
09) 현 중원서로.
10) '조선인이 많이 살고 있었다'는 표현은 당시 저자(어린이)의 시선에서 느낀 판단이며, 아마 일본인의 가게에서 일한 조선인 종업원을 포함해서 말하는 것일 수도 있음. -역자
11) 프랑스어로 데자뷰. 기시체험(既視體驗), 한 번도 경험한 적이 없는 일이나 처음 본 인물, 광경 등이 이전에 언젠가 경험하였거나 보았던 것처럼 친숙하게 느껴지는 일.

슷했다고 생각합니다.

지사장으로 처음 방문한 나제 지부는 건물 2층을 빌렸는데 사무직원이 맨발인 사실에도 깜짝 놀랐습니다. 본토와의 차이에 놀랐습니다만, 일본인의 생활환경이 현저하게 변화, 진보하고 있었다는 증거였다고 생각합니다.

가고시마 지사장이 되기 3년 전인 1958년쇼와 33년에 오사카의 사카이에서 건설 지부장을 맡았을 때에, 당시는 아직 드물었던 신축 철근 2층 규모의 지부에서, 새롭게 채용한 사원이 차를 마시다 남은 것을 플라스틱 바닥재를 붙인 발밑에 버린 적이 있었습니다. 세상의 상식이 앞선 문명을 따라가지 못했지만, 옛 토방土間[12]이라면 마시다 남은 것을 바닥에 내던지면 자연스럽게 흡수되는 것이었습니다.

진해시절로 돌아와 나의 유년 시절입니다.

가와나미 약국에도 마쓰오박신당에도 지배인도우미에는 우수한 조선인 지배인이 있었습니다.

상점에는 지배인이나 스나 또는 스나쨩이라고 불리던 조선인 소녀가 있었습니다.[13] 스나에 대해서는 다케쿠니 씨의 해석이 있습니다만, 진해의 상점이나 가정에서는 소녀는 모두 스나라고 불렀습니다.

박신당의 지배인은 일본 이름을 아오야마 초키치青山長吉라고 하며, 집은 경화동에 있었습니다. 가족사진에는 지배인도 스나쨩도 함께 찍혀 있습니다.

도쿄대학 명예교수 강상중 씨의 어머니도 경화동 출신으로 그의 자서전 소설 『어머니母-オモニ-』에도 써져 있습니다만 민족차별

---

12) 봉당, 흙마루.

13) 일본인이 고용한 나이가 어린 조선인 여성 가사도우미를 '스나 쨩'이라고 불렀다고 함 -마쓰오 히로후미 님 증언.

의 도가니 속에서 나는 자란 셈입니다.

중학교에 진학하자 진해중학교는 일본인과 조선인의 공학共学이었고 조선인 학생은 가정환경도 좋고 성적도 우수한 사람들뿐이었습니다.

한국 해방 후에도 동창회에서 서로 허물없이 어울려 즐겁게 교제하는 일이 계속되고 있었습니다만, 일본인 학생 중에도 부산이나 경성京城에서 온 동급생 중에는 조선인 부락에 사는 사람도 있었습니다.

식민지에서의 차별의식은 오래된 새로운 문제였고, 예를 들어 큰 가위를 쩔그렁거리면서 돌아다니며 파는 조선 엿을 나에게는 사 주지 않았습니다.

그 이유는 제조 과정이 불결하다는 것이었는데, 일본에 귀환한 후 고구마 사탕이나 논키라는 맥아로 만든 사탕을 자주 먹었는데 만들 때는 손에 침을 뱉고 벽의 못에 부딪쳐 펴는 공정으로 만들어진다고 들은 적이 있습니다.

소위 부락차별 문제는 내가 알기로는 없었습니다. 역사적으로 생긴 차별문제는 식민지에서는 익숙하지 않았지만 본토로 귀환하고 나서 다시 뒤집혔다고 볼 수 있습니다.

누이의 하숙집에 대해서는 사진관에서 찍은 진해방비대 수병모를 쓴 두 사람과 해병단 모자를 쓴 수병들이 나오는 술자리 좌석에 어린 하루에가 술을 따르는 포즈를 취하고 있는 것이 남아 있기 때문에 하숙집 시절의 사진이라고 생각합니다. 몇몇 해군 장교의 사진에도 하루에가 찍혀 있어 하숙집을 통한 군인들과의 교류가 이어졌을 것으로 생각되며 결혼 전 하루에의 청춘시절 추억이기도 했겠지요.

코스모스 꽃밭에서, 하루에의 지인인 해군 군인들.
コスモス畑, 母の知人の海軍軍人たち.

앞줄에서 겐이치, 마쓰오, 누이, 노리코, 츠루에.
뒷줄에서 스나짱, 마사미, 하루에, 조선인 지배인(하루에의 옆 최영렬 씨), 배달원.
謙一, 松尾, ヌイ, のりこ, つるえ.
スナさん, まさみ, ハルエ, ハルエの隣が崔さんでその隣は番頭さん.

1. 폐쇄등기부 조사, 현지의 협조

진해에 거주하는 이애옥 씨, 정영숙 씨의 도움으로 폐쇄된 일본 식민지시대의 등기부에서 마쓰오 겐이치의 이름을 찾았습니다.[01]

1925년다이쇼 14년 8월 18일에 부산부 호우스이초釜山府宝水町의 나카무라 다쓰오中村龍雄 명의의 스미요시초 1번지의 건물을 겐이치가 매입한 기록이 발견되었습니다. 내가 태어난 집입니다.

내 기억으로는 전체 2층 규모의 큼직한 목조 건물이었습니다. 1층 대부분은 점포이고 안쪽이 살림 사는 곳이었습니다.

다다미를 깐 응접실, 불간仏間외에 다다미방 두 개, 종업원을 위한 온돌방, 목욕탕, 화장실이 있고, 2층에는 동쪽과 서쪽에 계단과 도코노마[02]가 딸린 다다미방이 있으며, 각각 3개의 일본식 방이 딸려 있고 빨래를 말리던 베란다라고 부르던 곳에는 5월 단오에 고이노보리[03]가 장대 끝에서 나부끼던 것이 생각납니다.

---

01) 마쓰오박신당의 폐쇄 등기부 등본(閉鎖登記簿謄本)은 마쓰오님의 요청으로 진해근대문화유산 보전회 김흥갑 사무국장이 진해등기소에서 발급 신청함. 그 서류를 역자가 마쓰오 님의 자택으로 우편 발송함.

02) (일본식 건물의) 객실 상좌(上座)에 바닥을 조금 높여 꾸민 곳으로 벽에 족자를 걸고 꽃이나 장식품을 놓아 둠.

03) 일본식 잉어깃발로 종이나 천으로 잉어모양을 만들어 사내아이가 있는 집에서 단오 명절에 장대에 매달아 아이의 건강과 행복을 기원하는 풍습.

정원에는 분수가 달린 연못이 나중에 만들어졌는데, 아이 마음에도 정원이라고 부를 만큼 유수幽邃한 멋은 없고 일시적인 충동이나 필요로 인해 만든 것이었을 것입니다.

할아버지가 사들이기 전에 2층은 어떻게 사용되고 있었는지 신기한 구조로, 평소에는 거의 사용되지 않았고, 주로 손님 접대용으로 할머니가 지인들과 마작麻雀 탁자에 둘러앉거나 3월에 히나마쓰리 인형을 장식하고[04], 5월에는 무사 장식을 하는 것도 서쪽 다다미방의 도코노마였습니다.

귀환이 한 달 남짓 늦어진 어머니는 2층 동쪽 도코노마에 애용하는 고토[05]거문고에 손톱을 곁들여 장식해 왔다고 이야기해 주었습니다. 이때 어머니의 심중을 헤아릴 만한 것이 있습니다.

어머니가 거문고를 배우게 된 것은 할아버지 겐이치로부터 내가 듣기로는 만약 일가족이 생계 수단을 잃어 생활이 곤란하게 되었을 때에는 자신의 샤쿠하치와[06] 하루에의 거문고 연주로 돈을 번다는 마음에서였다고 합니다.

할아버지에게 있어서 진해에서의 생활은 아리타에 있을 때와 마찬가지로 앞을 내다볼 수 없는 빠듯한 생활이었다고 생각되며 스미요시초의 점포를 매입했을 때가 할아버지에게는 이른바 유망한 도약기였다고 생각합니다.

내가 가지고 있는 일본 패전 후인 1960년경에 찍힌 옛 박신당 건물 전체 사진의 간판에는 여관이라고 표시되어 있다고 하니 원래는 여관이었을지도 모릅니다.

---

04) 여자 어린이의 성장을 축하하는 일본의 전통축제로 매년 3월 3일에 치러지는 히나마쓰리에서의 장식 인형.
05) 고토(琴) : 일본 옛 현악기의 총칭.
06) 대나무로 만 통소로 앞에 네 개, 뒤에 한 개의 구멍이 있음.

이애옥 씨와 정영숙 씨를 알게 된 덕분에 나는 뜻하지 않은 귀중한 문서를 만나게 되었습니다. 알 수 없었던 과거의 사실을 알았을 때의 감동은 조부모님과의 추억으로 이어져 쉽게 표현할 수 없는 것이었습니다.

1911년메이지 44년 진해에 상륙한 31세의 청년 부부는 이때 45세가 되었고 하루에는 15세가 되었습니다. 무려 14년의 세월이 흘러 두 사람은 자립한 가정의 주인이 될 수 있었던 것입니다.

하루에는 진해소학교를 졸업하고 마산고등여학교에 진학했습[07]니다. 마산으로 가는 통학은 현동 부두에서 소형 증기선으로 통학했지만 해군 군인들의 자녀 교육을 위한 운동이 결실을 맺어 진해공립고등여학교가 개교한 것이 이듬해인 1923년다이쇼 12년이었[08]습니다.

하루에는 진해고녀 제1회 학생으로 2학년에 편입되었습니다. 졸업은 1926년다이쇼 15년이었습니다. 스미요시초의 집으로 옮긴 것은 진해고녀의 마지막 학년인 4학년 때였습니다.

진해고녀 캠퍼스 주변은 가을이 되면 코스모스가 아름답게 피어 있었는데, 이는 하루에와 다른 학생들이 해군 그라운드에 군생하고 있는 코스모스 씨앗을 채취해 모자에 넣어 운반해 교정에 뿌렸다고 어머니는 이야기해 주었습니다.

진해라고 하면 세계 제일이라고 평가받는 봄철의 벚꽃이지만 가을 해군 그라운드에서 바람에 흔들리는 코스모스 물결도 당시의 진해읍민들에게 잊지 못할 경치였습니다. 해군 그라운드아이들은 이렇게 불렀습니다와 여학교 코스모스는 소년시절 나의 기억에도 강렬한

---

07) 줄여서 '마산고녀'라고 부르며, 현 마산여자고등학교임.
08) 줄여서 '진해고녀'라고 부르며, 현 진해여자고등학교임.

인상을 남기고 있습니다.

　나중에 나는 진해소학교 동기모임을 코스모스회로 이름을 붙이고 매년 동기회 개최를 계속했습니다.

한국 해방 후의 마쓰오 님 생가. 가운데 건물로 1960년으로 추정.
敗戦後の元松尾博信堂. 真ん中の建物. 1960年と推定.

제7장
마쓰오박신당松尾博信堂 ①

1. 요나이 미쓰마사米內光政 진해요항부 사령관鎮海要港部司令官

　경상남도의 중심도시인 부산에 박문당서점이라는 대형서점이
있었습니다.

　마쓰오박신당에는 1912년^{다이쇼 원년}에 박문당 진해지점을 일컫는
기록이 있습니다. 그러므로 나는 박문당의 본점^{부산} 지원으로 이
업계에서의 도움닫기를 시작해 스미요시초에 점포를 내고 마쓰오
박신당의 간판을 내걸고 영업을 개시했다고 생각합니다.

　요나이 미쓰마사^{당시 해군 소장}가 진해요항부 사령관으로 부임한 것
은 1930년^{쇼와 5년}이지만 한직閑職이라고 일컬어진 진해요항부 사령
관 시절에 많은 양의 독서를 한 사실은 측근이나 아가와 히로유
키^{阿川弘之씨}의 저작에도 써져 있습니다.

　요나이 사령관은 진해 유일의 서점인 박신당을 찾는 일도 종종
있었으며, 계산대를 지키며 응대를 한 사람은 그 당시 18세의 하
루에였습니다.

　박신당의 앞쪽 가와조에초에 비후쿠아備福屋라는 게다^{왜나막신} 신발
가게가 있고, 나와 같은 나이의 후지사와 히데코^{藤沢秀子}라는 딸이
있었습니다.

진해소학교 1학년 때 나는 흰색 운동화의 오른쪽, 왼쪽 구분이 되지 않은 채 신고 있다가 학교에서 잘못 신고 있는 것을 히데코가 잘못되었다며 바르게 고쳐준 적이 있었습니다.

비후쿠야 신발가게에서는 주인 어르신이 가게 앞에서 솜씨 좋게 게다의 끈을 매고 있는 모습을 보는 것이 즐거워서 자주 보러 가곤 했습니다.

내가 비후쿠야 신발가게에서 어린 아이 마음에도 놀란 것은 소학교 저학년인 히데코가 손님 응대를 하고 거스름돈을 "잔돈입니다."라고 말하며 건네는 것을 보았을 때입니다.

가게에서 손님을 응대한 적이 없고 현금은 더러운 것으로 만져본 적이 없었던 나에게는 경이로운 일이며 이때 가진 히데코에 대한 존경심은 잘못 신고 있던 운동화 건도 있어 아직도 잊지 않고 있습니다.

이제 와서 생각해보면 스미요시초에서 박신당을 개점했을 때, 아직 여학생이었던 15세의 하루에도 상점이라는 환경에서 부모와 개업 노력을 함께 한 것은 의심의 여지가 없으며, 어린 나이이지만 그때부터 집안의 장사를 돕게 되었음이 틀림없습니다.

박신당에서 현금출납의 계산대를 맡는 일은 하루에의 일이었습니다. 이것은 하루에가 결혼하고 아이들이 태어나도 변하지 않는 습관으로, 이후에도 자녀들이 나설 장면은 아니었습니다.

제8장
할아버지
마쓰오 겐이치松尾謙一에 대하여

1. 진해상무회관鎭海尚武会館
2. 할아버지와의 부산 여행

내가 생각하는 겐이치의 모습은 검은 빛을 띤 남색의 면직물 차림에 방한모의 평소 모습입니다. 지금으로 말한다면 청바지 차림이겠지요. 담배는 필터가 달린 '아사히'를 애용하고 있었습니다. '시키시마'가 가장 고급스러웠기 때문에 그 다음 등급을 평소에는 애용했던 것으로 보입니다.

할아버지의 허벅지에는 '대력大力⁰¹⁾'이라는 서투른 글자의 작은 문신이 있었습니다. 할아버지의 소년 시절에 대해서는 전혀 모릅니다만, 문신은 바늘로 찔러 먹물을 묻힌다고 할아버지 본인으로부터 들은 적이 있기 때문에, 개구쟁이였던 소년 시절에 힘이 강한 사람을 동경해 아픔을 참고 작은 문신을 한 것이라고 생각합니다.

도쿄 올림픽과 패럴림픽에 참가한 외국인 선수들 대부분이 문신을 한 것은 문신과 '육체의 힘'에 대해 세계적으로 신앙 같은 것이 있다는 것을 증명한 것이 아닐까 생각했습니다.

---

01) 뛰어나고 힘이 센 것, 매우 강한 힘. 또는 그런 힘을 가진 사람.

마쓰오 가문의 묘지에는 五万嶽고만타케라는 장사^{壯士}의 큰 묘석이 있는데 마쓰오도자기에서 일했다고 전해옵니다. 아리타에서는 서민 오락으로서의 이시바즈모石場相撲[02]가 에도시대부터 행해지고 있었기 때문에 힘이 센 것에 대한 소망이 개구쟁이 소년에게도 있었던 것이 틀림없다고 생각합니다.

신문 배달은 신문 대리점 대표의 가장 중요한 일로 튼튼한 면직물 옷에 뜨개질을 한 니트 모자는 일하는 모습에 가장 적합한 것이었습니다.

마쓰오 가문은 아리타 도자기업이라는 직업에 걸맞게 일가족 모두 몸집이 컸습니다. 하루에의 친아버지인 모모타 시게모리百田重盛가 진해를 방문하여 박신당 앞에서 찍은 사진이 있는데, 형인 겐이치, 동생 시게모리 형제는 거의 같은 키로 보입니다.

내가 성인이 된 후에 할아버지의 일본옷 하오리[03]와 하카마[04]를 입어 본 적이 있습니다. 당시 174,5cm로 몸집이 컸던 나에게 딱 맞았습니다.

박신당 앞에서 촬영한 사진에는 겐이치의 어머니 사타도 찍혀 있는 것으로 보아 조선에서 성공한 아들도 만나고, 여학생이 된 손녀 하루에의 모습을 보기 위해 관부연락선 여행으로 조선 진해까지 왔을 것입니다.

이 무렵 하루에는 시게모리가 친아버지인 것은 이미 알고 있었다고 생각합니다.

---

02) 아리타초의 이즈미야마(泉山)지역의 연례행사로 매년 11월에 시라자가오카 공원 스모장에서 개최. 이시바+스모는 연음이 되어 이시바즈모로 발음.

03) 일본 옷 위에 입는 짧은 겉옷.

04) (일본옷의) 겉에 입는 주름 잡힌 하의(下衣).

문구, 잡지, 국정교과서, 마쓰오박신당
(뒷줄) 마쓰오 겐이치, 그 옆은 모모타 시게모리(마쓰오가의 차남, 하루에의 친아버지)
(앞줄) 왼쪽부터 마쓰오 사타(겐이치의 어머니), 하루에, 누이
文具, 雜誌, 国定教科書, 松尾博信堂,
後列松尾謙一, その隣は百田重盛(松尾家次男, ハルエの実父)
前列左から松尾サタ(謙一の母), ハルエ, ぬい

아리타의 도자기 제조업자에는 주호酒豪가 많다고 들었습니다만,
겐이치와 달리 시게모리는 주호였다고 합니다.

마쓰오 가문의 저녁식사는 조부모가 한 홉의 술로 저녁 반주飯酒
를 하고 있었지만 겐이치는 왠지 거의 술을 마시지 않았고, 아버
지도 술을 못하는 사람이었기 때문에 나머지 술은 할머니가 혼자
처리했습니다. 할머니는 가와나미 일족의 이름에 부끄럽지 않게
술을 잘 마시는 사람이었습니다.

나는 아버지를 닮았는지 술은 전혀 받지 않는 체질로 영업사원
으로는 낙제생이었습니다.

겐이치는 소위 네발짐승 음식을 먹지 않았습니다. 살생을 싫어
하는 메이지 서민들의 습관이 살아 있었던 것일까요. 밥은 '오메
시' 된장국은 '오츠케'라고 불렀습니다. '오오오츠케, 오미오쯔

케[05]'라는 호칭이 비판받는 시대가 있었지만 지금도 괜히 '오'를 붙이는 경향이 일부 고위층이나 정치인에게 볼 수 있으므로 웃어넘겨서는 안 될 일이라고 생각됩니다.

식사 예절은 엄격해서 할아버지의 젓가락 잡는 법이 지금으로 치면 만담가漫談家인 쇼후쿠테이 쓰루베笑福亭鶴瓶와 같았기 때문에 그렇게 하지 말라고 어머니로부터 엄격하게 잔소리를 들었습니다.

음식을 더 달라고 할 때는 밥그릇에 한 입 남기고 더 달라고 하도록 가르쳤습니다. 지금은 한상차림이 많기 때문에 눈에 띄지 않지만 저는 한 입 남기는 것이 아직도 버릇처럼 남아 있습니다.

아버지에게 왜 이렇게 하는지를 물었더니 "나는 무턱대고 욕심부리지 않습니다."라는 뜻과 음식을 내어주는 사람에게 "마침 더 달라고 부탁하려고 했습니다."라는 의미로 음식을 제공하는 사람에 대한 배려라고 들었습니다. 어느 쪽도 '과연 그렇구나.' 하며 납득한 적이 있습니다.

비린내를 싫어하는 할아버지는 기차를 타고 물이 맑은 성주사聖住寺로 황어 낚시를 갈 때도 미끼는 지렁이가 아니라 술지게미酒粕[06]를 둥글게 만든 것을 준비했을 정도였습니다.

내가 1954년쇼와 29년에 교에이생명協栄生命에 입사하여 후쿠오카현의 다가와시田川市에서 건설지부장을 하고 있을 때의 일입니다. 그때 후쿠오카대학을 갓 졸업한 나가사키의 교원 아들인 신입 청년 하라 군이 부하 직원으로 배속되어 왔습니다.

건설지부는 전당포의 가게를 빌려 출발했으므로 화장실도 집주

---

05) 일본어 단어 앞에 '오' 혹은 '고'를 붙여 존경어(정중어, 미화어)를 사용하는 것, 지나친 경어 사용은 올바른 경어법을 벗어나 언어생활의 불편함은 물론 사용법도 정확하게 맞지 않는다는 것으로 보여짐. - 역자

06) 술을 거르고 남은 찌꺼기.

인의 화장실을 빌리는 상태였는데, 이 하라 군이 화장실에 들어가는데 속옷 차림으로 들어가는 것을 보고 '내 할아버지와 같네.' 하고 그리워한 적이 있습니다. 하라 일가에서는 깨끗하지 않은 장소에 들어갈 때의 가정교육이 메이지 시대 그대로 행해지고 있었겠지요.

할아버지가 돌아가신 것은 1945년쇼와 20년 4월 30일 66세였지만 화장실에서 훈도시 모습으로 쓰러져 있었습니다.

이 무렵은 전쟁에 질 것 같은 조짐이 짙어졌으므로 할아버지로부터 이전에 들은 적이 있는 에이헤이지永平寺에서 붙여준 검劒자가 들어간 계명戒名[07]은 어느 때인지 모르지만 일본 본토에서 진해로 돌아오는 관부연락선을 탔을 때 가방을 도난당했다 하여 집에는 없었습니다.

부산의 조동종 본산本山에 전화로 계명을 의뢰했기 때문에 전언傳言 게임처럼 오류 투성이의 계명이 되어 있었습니다. 마쓰오 가문의 계명은 헌거사호軒居士号[08]로 헌에는 송松 글자가 하나 꼭 들어가는데, 결국 할아버지의 계명은 '福昌院賢光良秀居士복창원현광량수거사'가 되었고, 마쓰오 가문의 남자로 단 한 사람 원거사호院居士号의 부처仏가 되었습니다.

패전의 날이 다가올 무렵, '물자 부족이 여기까지 왔구나.' 생각한 것은 관棺의 크기가 작아서 맞지않아 시신의 다리를 구부려 관에 넣은 사실과, 나에게 있어 처음 겪는 화장터 체험으로 할아버지가 애용하던 상아 젓가락이 타다 조금 구부러져 남아 있던 것을 기억합니다.

---

07) 부처의 제자가 된 것을 나타내는 이름으로 죽은 사람에게 붙여주는 이름.
08) 헌(軒) : 옥호(屋号) · 아호(雅号)등에 쓰이는 말. 거사호(居士号) : 남자의 법명(계명) 아래에 붙이는 호.

진해는 해방 후인 현재도 그렇지만 거리가 벚꽃으로 가득 찬, 아름다운 거리였습니다.

어릴 때부터 할머니로부터 "사쿠라노바바^{벚꽃장}의 벛꽃은 아름답고 벛꽃 터널도 있다."고 들으며 자랐습니다. 가족이나 친척들과 같이 꽃구경을 간 기억은 전혀 없습니다만, 가게 박신당 장사가 궤도에 오르고 부터는 가족 저마다가 바빠져 가족 모두 가는 꽃구경처럼 서로 즐겁고 화목한 시간을 가질 기회는 없었던 것 같습니다. 장사꾼의 숙명이겠지요.

젊은 시절의 할머니 누이가 매년 사쿠라노바바에서 꽃구경을 하고 있었던 것은 여유를 가질 수 있었다는 것이겠지요.

그렇다 치더라도 내가 소학생이 되었을 때 바라보았던 줄기가 굵고, 나무 키도 높게 솟아 있던 가로수나 소학교 교정의 벛꽃과 할머니 사진에 찍혀 있는 벛꽃을 비교하면 나무가 어려서 아주 흐드러지게 꽃이 만발한 느낌을 맛볼 수는 없습니다.

벛꽃 식수를 시작한지 햇수가 얼마 지나지 않았음을 보여주는 것 같습니다.

술잔치를 좋아하는 사람들에게는 '꽃보다 경단⁰⁹⁾'으로 벛꽃이 피기만 해도 기분이 들떠 있을 것입니다. 개화하기 전부터 주연^{酒宴}으로 북적이는 우에노 공원에서 지금도 그 의미를 알 수 있습니다.

진해의 벛꽃은 1999년에 아사히 선정도서^{朝日選書}로 발행된 다케쿠니 도모야스 지음 『어느 한일 역사여행 진해의 벛꽃^{ある日韓歴史の旅 鎮海の桜}』에 자세히 서술되어 있습니다. 봄에 일본 전역을 아름답게

---

09) 풍류를 모름을 비유하는 말로 허울보다는 실속을 좇는다는 말.

뒤덮은 소메이요시노에 관한 고찰도 있어 한 번 읽을 만한 가치[10]가 있습니다.

박신당의 주인 겐이치는 진해 시가지의 유력자로 눈에 띄는 위엄 있는 옛 무사풍의 대장부가 되어 있었습니다.

'진해상무회관鎮海尚武会館'이라는 무도장武道場이 경찰서 근처에 있었으며, 낙성식落成式[11]이 1933년쇼와 8년 11월 4일에 열렸다. 겐이치는 하오리, 하카마 차림으로 만족스러운 미소를 지으며 사진에 찍혀 있습니다.

무도장 건물 안에는 '검도 4단 렌시鍊士[12] 마쓰오 겐이치'라고 먹물로 쓴 나무패가 벽에 드리워져 있는 것을 나는 본 적이 있습니다. 렌시鍊士의 칭호는, 대일본무덕회大日本武徳会가 1924년쇼와 9년에 정한 칭호이므로 회관 낙성 후에 주어진 칭호라고 생각합니다.

진해상무회관 낙성 축하연 상황
1923년(쇼와 8년) 11월 4일
鎮海尚武会館落成祝宴の状況
昭和 8 年 11月 4 日

내가 할아버지와 부산으로 여행을 간 것은 앞치마를 겉옷 앞에 걸쳤던 기억으로 미루어 4살 때였을까요. 기차 안에서 위스키 봉

---

10) 벚꽃의 일종으로 일본 각지에서 가장 일반적으로 재배. 꽃은 잎보다 앞서 피고, 꽃봉오리는 처음에는 담홍색이었다가 점차 흰색으로 바뀐다. 성장은 빠르지만 나무의 수명은 짧다. 한국의 왕벚나무와 일본의 소메이요시노에 관한 조사는 번역서『진해의 벚꽃』256쪽에서 262쪽까지 참조.
11) 건축물이 완성된 것을 축하하기 위해 행하는 의식.
12) 전일본검도연맹이 수여하는 칭호의 하나.

봉의 화려한 설탕액으로 앞치마를 알록달록 더럽혔던 추억이 있습니다.[13]

부산에서는 빨간 벽돌 부산역 철도회관 레스토랑에서 점심^{어린이용}을 먹었습니다. 할아버지는 일본 정식을 주문하신 걸로 기억합니다.

부산역은 도쿄역과 같이 다쓰노 긴고^{辰野金吾}의 설계로 도쿄역보다 4년 빠른 1910년^{메이지 43년}에 업무를 시작했습니다. 붉은 벽돌과 흰 화강암 벽면에 천연 슬레이트 검은 지붕으로 호텔도 갖춘, 어린아이 생각에도 매우 훌륭한 건물로 역 안에 텐신아마구리^{天津甘栗}, 텐신감률, 텐신단밤[14] 매점이 있었던 것을 기억하고 있습니다.

현재도 텐신 단밤의 포장을 보면 부산역과 단밤가게가 생각납니다. 이 건물은 광복 후인 1953년 11월 27일 부산 대화재로 불에 모두 타버려 나의 소중한 추억의 장소도 건물도 영원히 없어졌습니다.

경성^{서울}역도 웅장한 건물로 1925년에 완공되었는데, 이곳은 지금도 사적으로 보존되어 예전과 다를 바 없는 모습을 지금도 볼 수 있습니다.

부산으로의 여행은 어릴 때인데도 추억이 아주 많습니다. 부산일보사를 방문했을 때 그 다음날 날짜 신문이 있다는 것이 대단히 신기했던 일이나 진해에서는 전화는 교환수를 경유하는데 부산에서는 자동전화였던 일 등 이른바 시골 유아들에게는 문화 충격이 끊이지않고 이어지는 여행이었습니다.

---

13) 일제강점기의 진해 사진속 일본 아이들(4세 정도까지)이 외출시 앞치마를 하고 있는 모습을 목격할 수 있음. - 역자

14) 天津(톈진)은 중화인민공화국 동부의 직할시. 이 지명의 일본어 발음은 텐신. 닷만이 나게 뜨거운 왕모래에 볶은 밤으로 여기서는 중국의 톈진(天津)을 가리키며 텐신아마구리는 단밤의 대명사와 같이 사용되었다고 함.

백화점에 출입한 것도 처음이라 미나카이三中井백화점 안에 들어
서자마자 풍겼던 바닐라의 좋은 향기는 백화점 특유의 향기로 어
린 기억에 남아 있습니다.

아버지의 이불 냄새, 말린 표고버섯 냄새 등 어릴 적 냄새의 기
억을 더듬어 보면 기분이 좋아지는, 좋은 향기의 기억은 미나카
이백화점의 바닐라 향기가 가장 뛰어납니다. 최근에 알게 된 것
입니다만, 프루스트 효과라는 전문어가 있다고 합니다.[15]

지금 코로나 확진자의 미각과 후각 장애가 문제가 되고 있습니
다. 후각 장애 치료에 장미향, 레몬향, 바닐라향이 사용되고 있다
고 합니다.

프루스트 효과는 옛 기억이나 감정에 향기가 결합된다고 하는
데, 의료에 사용되는 향기에 바닐라가 서양에서도 일본에서도 공
통적으로 사용되고 있다는 것을 알았습니다. 나의 85년 이전의
바닐라 향기의 기억은 바로 프루스트 효과의 증거를 들어 증명하
는 것이었습니다.

부산에서는 진해소학교 입학 전에 중이염을 앓아 부립府立병원
이비인후과에서 치료를 받기 위해 박문당 2층 방 한 칸을 세를
얻어 조부모님과 살았던 적이 있습니다. 그래서 나는 진해소학교
벚꽃 입학식의 추억은 아쉽게도 전혀 없습니다.

부산박문당과 마쓰오박신당의 구체적인 관계를 말해 줄 인물이
지금은 한 명도 남아 있지 않지만, 박문당은 한국 국정교과서 판
매권을 소유하고 있고, 박신당이 창원군의 판매권을 소유하고 있
었던 점에서도 권리 승계가 이루어진 것은 의심의 여지가 없으

---

15) 어떤 특정한 향기에서 그와 관련된 과거의 기억이 되살아나는 심리현상. 프랑스 문호 마르셀 프
루스트의 대표작 '잃어버린 시간을 찾아서'의 주인공이 작품 속에서 비슷한 체험을 한다고 해서
이렇게 불린다.

며, 서적 특유의 유통이나 문구류 도매상 소개 등 계승되는 사안에는 소녀 시절의 어머니 하루에도 관여했을 것입니다.

　패전 후, 박문당의 요시다 신이치吉田新一 씨는 교토에 살고 계시며 어머니 하루에와는 교류가 있었던 것 같습니다만 나는 끝내 만날 기회를 가지지 못한 채로 끝났습니다.

제9장
할아버지 겐이치가 강철선 매입 시세에 큰 손해

1. 해체 중인 선상에서의 기념 촬영

아직은 내가 진해유치원 원아였던 1937년쇼와 12년 할아버지가 철강 시세로 돈을 벌려고 계획했지만 계획이 빗나가 큰 손해를 본 것이 가정 내에서 큰 화제가 되었습니다.

내가 다섯 살 때이므로 자세한 것은 전혀 몰랐지만, 애옥 씨 등에 의해 발견된 폐쇄등기부를 통해 당시 돈으로 3000엔 남짓을 은행에서 빌린 것을 알았습니다. 1939년쇼와 14년에 저당권은 말소된 것 같습니다.

해체 중인 배 위에서 찍은 기념사진이 남아 있습니다. 이 무렵 할아버지는 50대지만 일본 정장인 하카마를 입지 않은 간소한 일본옷차림에 지팡이를 짚은 당당한 모습으로 아주 큰 손해를 본 사람이라고는 생각되지 않습니다.

박신당 경영이 순조로웠다는 것을 보여준다고 생각합니다.

할머니는 배의 내장內裝에 사용되던 티크Teak재로 옷장을 만들기로 마음먹고 가메시마초亀島町[01]의 후지무라 공작소에 제작을 의뢰했습니다. 훌륭한 옷장이 완성되어 전달되었던 것을 잘 기억하고 있습니다.

---

01) 현 중원로 74번길 9.

이 옷장을 만든 후지무라 藤村浄 씨는 니시노미야시로 귀환하여 전일본건구협회全日本建具協会[02]임원을 하시고 100세가 넘도록 건강하셨지만 몇 년 전에 돌아가셨습니다.

나의 가족사를 기록하면서 할아버지가 고철 시세에 손을 댄 것은 다른 장에서 자세히 언급하는 마쓰오 가문의 무덤 개수改修 자금資金과 관련이 있지 않을까 하는 추측을 했습니다. 겐이치가 투기에 손을 대리라고는 도저히 생각할 수 없기 때문입니다.

진해 사이토만(齋藤湾)에서 1937년(쇼와 12년 6월 18일)
할아버지 겐이치는 일본옷 차림에 지팡이를 들고 있음.
鎮海斎藤湾於 昭和12年 6月18日
謙一さん, 和服にステッキをついています.

---

02) 건구: 온갖 창과 문을 통틀어 이르는 말.

제10장
할머니 누이에 대하여

1. 몹시 힘든 고생은 떨쳐 버리고 미수米壽, 88세인가
2. 해삼창자젓갈의 추억

할머니 누이는 여장부 이름에 걸맞은 인물이었습니다. 살생을 싫어하는 사람으로, 내가 지금도 벌레를 짓밟으려다가 그만둘 때가 많은 것은 할머니의 평소 가정교육이 되살아나기 때문입니다.

'힘든 고생은 다 떨쳐 보내고 어느새 88세인가' 남동생 진이치가 미수88세를 맞이한 누나 누이에게 보낸 단자쿠짧은 시입니다.

할머니의 어렵고 힘든 고생에 대해서는 지금으로서는 상상할 수 없지만, 20대의 남동생 진이치와 30세가 조금 넘은 누나 누이의 새로운 땅 진해에서의 고생 이야기는 남동생이므로 알 수 있겠지만, 어린 조카 하루에를 동반한 새로운 생활과 그 이후의 성공에 이르는 과정을 가까이서 지켜본 남동생의 누나에 대한 경의와 따뜻한 눈빛이 느껴지는 구절이라 생각합니다.

내가 알고 있는 할머니 누이는 평소 고통받고 있는 지병인 류마티스 질환에 효능이 있는 야마구치현의 다와라야마 온천에 매년 탕치湯治[01] 가는 것이 즐거움 중 하나였습니다. 다와라야마 온천 기

---

01) 온천이나 약초를 넣은 목욕탕에서 치료함.

넘품인 원숭이 모양의 만쥬饅頭[02]를 잘 기억하고 있습니다만, 지금도 변함없이 다와라야마 기념품으로 판매되고 있는 것 같습니다.

누이는 가와나미 가문의 혈통이겠지요. 술도 좋아했지만, 지인들과 2층 사랑방에서 마작을 즐기는 일도 종종 있었습니다. 나는 '찌'라든가 '펑'하는 할머니들의 목소리를 들으며 어린 시절을 보냈습니다.

이 무렵 할머니가 마작에 쓰던 패는 상하이에 가는 사람에게 부탁해서 구한 것으로 지금은 게타파이下駄牌라고 부른다고 합니다.

자단紫檀[03] 상자에 담긴 패는 할머니의 유품으로 내가 소중하게 보관하고 있습니다. 패전 후 아리타의 가난한 생활 속에서도 가와나미의 친척들이 귀향했을 때는 모여서 탁자에 둘러싸여 마작을 했었다고 합니다.

'초 대신에 손톱에 불'을 붙일 정도의 과도한 절약의 가난한 생활과 내가 생각했던 귀환자의 삶 속에서도 할머니는 슬로라이프 slow life의 표본과도 같은 여유를 가지고 인생을 즐기고 있었다는 것을 알았을 때 나는 안도감이 들었습니다.

누이는 진해의 시가지에 셋집을 네 채 남짓 가지고 있었습니다. 도모에초에 세 채, 스미요시초에 한 채를 갖고 있던 것을 저는 기억하고 있습니다.

도모에초의 세 번째는 1940년쇼와 15년 2월에 2,714엔에 샀던 기록이 발견되었는데, 패전까지 60개월 전인데 얼마 정도의 비상금이 생긴 것일까요. 이것도 '일취지몽'입니다.

할머니 누이는 박신당에서 밖으로 나오는 일은 적었지만, 일가

---

02) 밀가루 · 쌀가루 · 메밀가루 등으로 만든 반죽에 팥을 넣고 쪄서 만든 과자.

03) 콩과에 속한 상록 활엽 교목.

족과 고용원의 식사 제공을 도맡아 했습니다. 소학교가 의무화되어도 여자아이는 학교에 보낼 수 없었던 시절의 사람입니다. "신문 소설은 토가 달려 있어서 읽을 수 있다"고 하시며 돋보기를 끼고 신문을 읽고 있었습니다.

조선인 지배인을 포함하면 열 명이 넘는 큰 살림살이의 식사 준비를 거뜬히 솜씨 좋게 처리하고 있었습니다.

된장 만들기는 연중행사였습니다. 큰 가마솥에서 익은 콩에 소금을 조금 첨가하면 단맛이 느껴진다는 것을 이때 알았습니다. 지금은 술안주로 고급품인 '해삼창자젓갈'은 마쓰오 가문의 식사 때 단골 반찬 메뉴였습니다.

우리들 손주의 목에 걸린다고 해서 가위로 덮밥에 들어간 전어를 짧게 잘라주던 모습이 생각납니다.

일본에서는 노토 반도能登半島[04]의 명산名産으로 되어 있습니다만, 가나자와 오미초 시장에서는 가는 죽순靑竹에 넣어 귀중품으로 팔고 있으며, 술집에서는 별미로 메추라기 알의 노른자위로 양을 늘려 손님에게 제공하고 있으므로 상당히 사치스러운 식사였다고 말할 수 있습니다.

해산물이 풍족한 진해이니까 서민의 식탁에 차려진 것 같습니다만, 귀환 후에도 가와나미 일가족의 큰아들 요시노부 씨가 진해로 여행하는 사람에게 해삼창자젓갈을 사오라고 부탁하는 것을 여러 번 목격했습니다.

가와나미가에서는 주로 술안주의 목적이었겠지만, 음식의 추억은 모두 똑같다고 생각합니다. 진해 시가지 지도 뒷면에는 '진해항 아사히초 해산물 제조업 모리와키 도시히로'라는 광고가 있습니다.

---

04) 일본의 이시카와(石川)·도야마(富山)의 두 현 경계부근에서 동해를 향해 돌출된 반도.

여담이지만 지금은 하카타 명물이 된 '가라시멘타이코辛子明太子, 매운명란젓[05]'는 조선으로부터 귀환한 후쿠야福屋 창업자가 조선에서의 맛을 잊지 못하고 개발한 것이 시초입니다.

박신당의 식탁에는 오르지 않았지만 소학교 시절에 친구 도시락에 들어 있는 것이 맛있을 것 같아서 할머니를 졸라서 먹은 적이 있습니다. 할머니는 구워서 먹게 해 주었습니다.

갯가재는 지금은 에도마에스시[06]에서 작은 것을 볼 수 있지만, 진해에서는 소금에 절인 큰 갯가재가 큰 접시에 담겨져 식탁에 나왔습니다. 젓가락을 꼬리쪽에서부터 꽂아서 껍질을 벗겨 먹는 것이 즐겁고, 암컷 갯가재를 집으면 생선 알이 들어 있어 어린 아이는 기뻐했습니다.

구운 학꽁치도 맛있는 음식이었지만 지금은 좀처럼 먹을 수가 없습니다. 나는 생선은 비린내가 나고 뼈가 있어서 싫어했습니다.

하지만 진해에서는 갈치를 조선인 집 주변에 널어 말리는 것을 자주 목격했고 생선살이 뼈에서 잘 떨어지므로 나도 즐겨 먹었던 기억이 납니다. 최근 일이지만 아내에게 어렸을 때 좋아했다고 말해, 사와 주어서 먹긴 했지만 뼈가 많아 먹는데 고생을 많이 했습니다. 진해의 갈치는 먹기 좋고 맛있었다는 나의 기억은 틀렸던 것입니다.

할머니가 만드시는 정어리튀김도 고등학교에 들어와서도 내가 좋아하는 음식이었습니다. 할머니가 대가족의 요리를 소홀히 하지 않고 아이들이 뼈가 목에 걸리는 일이 없도록 정성껏 뼈를 발라내고 있었다는 것을 뒤늦게 알게 되었습니다.

---

05) 후쿠오카의 명물 절임의 하나로 명란 젓을 고추 등을 넣어 담근 것임.
06) 도쿄만에서 잡힌 물고기를 재료로 만든 초밥에서 유래한 말.

제10장 할머니 누이에 대하여   63

아리타로 귀환해 전후戰後 가난한 생활이 시작될 무렵 취사장에 '불쏘시개附木'와 '불풍죽火吹き竹[07]'이 있는 것이 신기했습니다.

생각해 보니 박신당 취사장에는 장작이 보이지 않았습니다. 우리 집 밥이 맛있는 것은 종이로 짓기 때문이라고 많이 알려져 있었지만 장삿집의 쓸모가 없어 버리게 된 종이는 풍성했고 불쏘시개나 불풍죽이 필요할 일은 전혀 없었습니다.

사물에 대한 판단을 시대의 진보나 자신의 생활환경만으로 행하는 일의 위험을 뒷받침하고 있다고 생각합니다.

셋집을 가졌을 무렵의 할머니 누이는 어머니 하루에, 아버지 마사미 젊은 부부가 결혼하고 10년이 지나 손주도 히로후미博文, 노리코教子, 츠루에弦枝 세 명을 가졌고, 그 후 패전을 맞이할 때까지 구니요邦代, 세츠코節子를 맞이했지만, 가정에서 중심을 차지한안방 주인격인 누이는 여행과 온천 탕치를 좋아하는 부유한 주부가 되어 있었습니다. 하지만 장사의 감각과 각오는 뛰어났습니다.

아리타에 귀환해 부모가 가족을 부양하면서 고생을 하고 있을 무렵 "장사는 도쿄에 가지 않으면 안 된다."라고 아버지에게 자주 말씀하고 있었습니다. 아버지에게 모험심이 없었던 것과 판매 부수는 지극히 적으면서도 1949년쇼와 24년 4월부터 마이니치신문毎日新聞, 사가신문佐賀新聞의 판매점 권리를 사들였기 때문에 아리타를 떠나는 일은 없었습니다.

누이의 금전감각은 예리하고 "딸 하루에는 바보"라고 큰소리로 비난하기에 그 이유를 물었더니 마이니치신문 서부 본사에 패전하는 그 달 신문 대금을 냈다는 것이었습니다.

그 말을 들었을 때는 즉시 이해할 수 없었지만, 외지朝鮮에서는

---

07) 불을 불어 넣거나 붙이는데 사용하는 길이 30~60cm 정도의 대나무 대롱.

8월 신문은 도착해 배달을 계속했을까요? 신문대금은 수금할 수 있었을까요?

할머니와 우리들 손주들은 이미 귀환했고, 아버지 마사미는 소집에 응해 제주도에 주둔하고 있어 아직 집으로 돌아오지는 않았습니다.

만년의 마쓰오 누이와 가와나미 진이치 (누나와 남동생)
晩年の松尾ヌイ・川浪甚一(姉弟)

제11장
백지로 발행된 마이니치신문

1. 패전일 마이니치신문에 대한 기억
2. 압류와 결항

　나에게는 일본 패전 후 67년 동안 해결할 수 없는 의문이 있었습니다. 진해중학 2학년 8월 15일에 패전의 날을 맞은 다음날 아침, 마쓰오박신당에 도착한 8월 16일 마이니치신문은 뒷면이 백지無地, 무지였습니다. 언제부터인가 당시의 신문은 종이 부족으로 인해 타블로이드판 앞뒷면 2페이지로 되어 있었습니다.

　8월 들어 주요 기사는 히로시마, 나가사키에 투하된 신형 폭탄 기사였지만 내가 기억하는 패전의 날 다음날인 8월 16일에 도착한 것은 뒷면이 백지 신문이었습니다.

　나의 이 기억이 잘못이 아님을 확인하고 싶어서 당시 각 신문의 축소인쇄판을 찾아 드디어 신주쿠에 있는 평화기념전시자료관에 보존되고 있는 것을 발견했습니다.

　가슴을 두근거리며 각 신문의 패전일 앞뒤 기사를 찾았지만 공백이나 백지 같은 종이는 하나도 보이지 않았습니다.

　처음 겪는 일본의 패전이라는 비정상적인 사태 속에서 중학교 2학년 때의 내 기억이 틀렸을 리가 없는데 왜 그럴까 하는 의심을 품은 채 67년이나 지났습니다.

2011년 10월 27일에 나는 마이니치신문에 '진해 오오에노키회진해팽나무모임[01]'를 신주쿠교엔新宿御苑의 팽나무 아래에서 개최한다는 통지를 게재했습니다.

이때 마이니치신문 도쿄 본사 지방 담당의 기자 다고 마리田後真里 씨에게 신세를 졌습니다.

진해 오오에노키회진해팽나무모임는 니시무타 야스시 씨와『〈일본국〉에서 온 일본인』의 편집자인 시노다 사토카篠田里香 씨까지 참석해 주어 무사히 발족했는데, 다고 기자는 내 기억의 증거가 되는 신문 기사를 발굴해 주었습니다.

그것은 2008년 9월 8일 마이니치신문 시마네판 '지국장의 편지'라는 기사였습니다. 그 기사를 전재轉載합니다.

백지신문이 발행된 적이 있습니다. 1945년쇼와 20년 8월 16일자 마이니치신문 서부 본사 발행판. 당시에는 앞뒷면 두 페이지 한 장짜리 페라였습니다.[02] 2면은 기사 한 줄 없이 완전히 새하얗다. 1면은 마지막 단락에 큰 공백이 있었습니다. 다음날 17일도 2면은 완전히 백지로 지금의 3분의 1이 공백입니다. 이후 20일까지 큰 공백이 있는 신문 발행이 이어졌습니다. 제2차 세계대전의 패전을 알리는 옥음玉音[03]방송으로부터 5일간의 일입니다. 18일자 1면에는 '오늘 지금의 우리로서 게재揭載 무용無用이라고 믿는 것은 게재를 보류하고 있습니다'라고 하는 전대미문前代未聞의 '사절お断り[04]'이 실렸습니다. 도쿄나 오사카와의 통신선이 간헐적으로 불통이 되어 충분한 원고가 좀처럼 충분히 도착하지 않은 사정은 있었던 것 같습니다만 기계설비의 문제만은 아니었습니다.

---

01) 도쿄도 신주쿠구(東京都新宿区)와 시부야구(渋谷区)에 걸쳐있는 정원.
02) (접거나 철하지 않은) 한 장의 종이.
03) 일본에서 왕(천황)의 목소리를 말함.
04) 사죄함, 사과하는 말이라는 의미로 '오코도와리'로 읽음.

마이니치신문 130년사에 따르면 당시 서부본사 편집국장은 '전쟁을 구가謳歌하고 선도한 책임'에서 즉각 사의를 표명했다. 마이니치신문의 폐간을 진언進言합니다.

그러나 당장의 신문 발행을 계속할 책임은 계속되고 있습니다. '국민도 오늘부터 전환한다는 등 어떠한 궁리나 계획으로 말할 수 있었던 의리인가. 종전終戰 조칙詔勅[05]을 비롯한 공적기관의 발표와 사실의 추이를 있는 그대로 지면에 싣는 것만이 나의 양심이 허락하는 최대한이었다'고 하며 지면의 절반 이상이 백지화될 수밖에 없었다고 밝혔습니다. 이하 생략.

마쓰에 지국장 마쓰모토 이즈미松江支局長 松本 泉

나는 나의 기억이 올바르고 틀리지 않았다는 증명을 얻고는 더할 나위 없는 만족감을 맛볼 수 있었습니다.

조국의 패전이라는 전례 없는 사태 속에 신문을 만드는 측의 고민을 알게 됨과 동시에 백지 신문을 무작정 배달해야 했던 특히 조선의 판매점에서는 구독자가 떠나고 구독료를 받지 못할 것이라는 예감 아래 그래도 배송되어 오는 신문을 매일 배달할 수밖에 없었던 판매점들의 입장은 어땠을까요.

신문 판매점의 아들로 매일 아침 신문을 가지런히 고르는 소리에 눈을 뜨던 나는 철이 들 무렵 신문이 도착하지 않는 날이 있으면 그날은 '결항켓코' 또는 '압류사시오사이'라고 들었습니다. 시모노세키에서 관부연락선으로 운반되는 신문은 연락선이 결항하면 도착하지 않지만, '사시오사이'가 검열에 의한 '압류'임을 알게 된 것은 나중의 일입니다.

무코우다 구니코向田邦子[06] 씨의 작품에 '잠자는 술잔眠る盃, 네무루 사카즈

---

05) 천황(天皇, 텐노)이 자신의 의사(意思)를 나타내는 문서.
06) 텔레비전 드라마 각본가, 수필가, 소설가(1929년 ~ 1981년).

ヶ'이라는 말이 나오지만, 이것을 어린 마음에 '황성의 달荒城の月'에서의 '메구루 사카즈키ぬぐる盃, 에워싼 술잔'로 가사를 잘못 들었습니다, 유아의 기억에도 전쟁이 벌어진 상황에서의 언론통제 에피소드가 있는 것입니다.

1. 죽순대죠宗竹[01)]로 함교를 보호한 해방함海防艦
2. 죽을 뻔했던 여동생 세츠코節子

   박신당에서는 나라의 소집 영장으로 아버지는 없었고 어머니는
천식으로 앓아누운 상태였습니다. 할머니의 지휘로 짐을 꾸리는
데, 나 혼자 남자 손으로는 작업이 진척되지 않았습니다.

   이제는 우스갯소리지만 나는 앨범에서 사진 한 장 한 장 벗겨지
지 않게 가져갔는데, 귀환 짐에는 사진이 뜯겨진 앨범이 들어 있
었습니다. 몹시 놀란 정신 상태에서 누구나 하는 일은 똑같은 것
일까요.

   할머니는 한정된 날짜에 정확한 지시를 하여 짐을 꾸리는 일을
진행했을 것입니다. 전혀 기억이 안 나는데 '초키치최영렬 씨'가 도
와준 게 아닌가 싶습니다.

   스미요시초에서 해군 부두까지의 상당한 거리를 리어카로 짐을
옮겼습니다만 초키치 씨의 도움을 받아 운반한 것 같습니다. 우
리들 다섯 명을 내보내고 넓은 집에 홀로 남겨진 어머니는 무슨

---

01) 죽순대는 지름이 10㎝ 정도 되는데 이 대나무를 둥글게 자른 것을 나란히 놓고 함교를 보호했던
것입니다. 포탄의 파편을 가드(방어)할 수는 있었겠지만 포탄은 방어할 수는 없다고 생각합니다.
전쟁에 진다고 하는 현실을 내다본 생각이었습니다. (마쓰오 님의 메일에서) - 역자

생각을 하고 있었을까요.

일본이 전쟁에 졌다!

8월 23일 아침 일찍 할머니와 여동생노리코, 츠루에, 구니요, 세츠코들과 집을 나선 나는 어안이 벙벙한 상황에서 사고력도 판단력도 잃은 듯, 집에 남은 어머니 일이나, 생가 박신당 건물과의 작별 모습도, 여동생들 가족의 승선 모습도 전혀 기억하지 못합니다. 당시 네 살이었던 구니요는 다에코妙子 씨로부터 엉덩이를 떠밀어주어 줄사다리를 올랐다고 하는데, 내 기억에서는 빠져 있었습니다.

마침 이 무렵 찍은 가족사진이 있는데, 모두 영양실조이거나 기운이 없는 얼굴을 하고 있습니다. 가미나와 일가족과 같은 배를 탔을 것이 확실합니다만 기억이 나지 않습니다.

선박의 독특하다고 생각되는 변소便所 페인트 악취에 시달리며 뙤약볕 아래서 그저 괴롭고 고통스럽다는 생각을 하며 해군함 갑판에서 사세보항에 도착할 때까지의 시간을 보냈습니다.

패전에 따라 사태가 완전 바뀌어 귀환선 역할을 하게 된 해방함의 함교가 죽순대로 둘러싸인 것이 배에 올라타자마자 눈에 띄었고, 이래서는 전쟁에 진다해도 어쩔 수 없겠구나 생각하며 갑판에 올랐던 일은 분명히 기억하고 있습니다.

승선한 지 한참 지난 후에 할머니가 갑자기 "죽는다! 죽는다!"라고 큰 소리를 지르는 바람에 무슨 일인지 눈을 돌렸더니 어린 세츠코가 갑자기 경련을 일으키고 구토를 해서 할머니가 당황하여 소리를 지른 것이었습니다. 그 후 가족 모두는 무사히 사세보에 도착했고 세츠코는 70세가 지나 지금도 건강합니다.

같은 해방함 갑판에는 가와나미 가문의 여성들과 아이들, 장남 요시노부씨의 아내 가즈코和子 씨와 장남 아키치카章史, 차남 다카

토시崇稔, 가와나미 가문의 장녀 다에코 씨와 장남 기요시淸司 군, 차녀 기요코淸子 씨와 그의 장남 아쓰시篤司도 타고 있었을 것이므로 가즈코 씨에게 당시의 기억을 물었더니 "배멀미가 심해 내 아이들을 돌볼 기운도 없었다."고 말씀하셨습니다. 가즈코 씨는 당시 아직 20대였습니다.

결국 이때의 일은 여동생의 어린 추억뿐으로 어른들의 기억은 듣지 못한 채 그대로입니다.

가즈코[02] 씨는 올해 백세를 맞이하여 가와나미 가문의 어른 중에서는 단 한 명 건재합니다.

2021년 6월 24일 홍콩에서 링고일보リンゴ日報라는 신문이 최종판을 발행했습니다.

중국의 언론탄압으로 발행을 포기할 수밖에 없게 되었기 때문인데, 평소 10만 부를 발행하던 링고일보는 최종판을 백만 부 발행하고 홍콩 시민들이 그 출시販賣에 몰리는 풍경이 반복적으로 TV에 보도되었습니다.

패전으로 백지신문을 발행한 마이니치신문 서부본사의 경우와는 상황이 다르지만 최종판을 편집하는 편집부의 어수선한 상황에 당시 편집국의 모습이 겹쳐서 오버랩 되어 보인 것은 나뿐이었을까요.

패전까지의 일본도 언론은 엄격하게 통제를 받던 시절이었기 때문에 남의 일로 끝낼 수 없는 사건입니다.

---

02) 가즈코 씨는 한국어판 출판 준비 중인 2022년 7월에 사망.

할머니, 어머니와 함께 마쓰오 형제 5명
왼쪽부터 세츠코, 하루에, 누이, 구니요, 츠루에
뒷줄 마쓰오(중학교 1학년으로 추정), 노리코
せつこ, ハルエ, ヌイ, くによ, つるえ
松尾(多分中学 1 年生), のりこ

제13장
마쓰오박신당 ②

1. 1925년^{다이쇼 14} 개점
2. 심한 타격을 받아 기력을 잃은 겐이치
3. 바닥에 꿇어앉은 가토^{加藤}선생님

박신당이 스미요시초의 넓은 점포에서 개업한 것은 1925년^{다이쇼} ^{14년} 여름 이후의 일이었습니다.

오사카마이니치신문, 부산일보, 서적, 문구 등을 폭넓게 취급하고 있었는데 부산박문당 진해지점임을 밝히며 어떠한 준비가 진행되어 왔을까요.

새삼스럽게 31세의 겐이치, 누이의 젊은 부부가 어린 하루에^{2세}를 동반해 진해에 이주한 1911년^{메이지 44년}으로 돌아가 일가족의 변천을 되돌아보려고 합니다.

일본해해전 대승리의 흥분은 식지 않고 군항도시 진해건설의 붐은 계속되고 있어 1914년^{메이지 47년}에는 진수부^{鎭守府}가 개청할 것이라는 기대가 커졌습니다. 천연의 양항^{良港}에 동양 제일의 모범적인 군항도시를 건설하려는 움직임은 번성하고, 머지않아 인구 수만 명의 도시가 만들어진다고 떠들썩해져 진해로의 투자나 이주를 생각하는 사람들의 움직임은 붐을 이루고 있었습니다.

겐이치 부부가 그 붐을 미리 예측하고 몸을 던진 것이라고는 생

각되지 않지만, 초기 이주자로서 약국을 개업하고 있던 누이의 남동생 가와나미 진이치의 존재는 지극히 의지가 되는 존재였습니다. 그러나 진수부 개설은 보류되어 규모가 작은 요항부要港部가 개설되는 것으로 되고, 설치가 이루어진 것은 1916년다이쇼 5년이었습니다.

기대를 저버리니 인구도 경화동을 포함해도 수천 명에 머물렀지만 일본해해전 승리에 인연이 닿은 시가지라는 브랜드 힘은 막강했고 거리에는 활기가 넘쳤습니다.

10여 년의 시행착오 기간을 거쳐 부산박문당 진해지점의 간판을 진해 '마쓰오박신당'으로 바꾸고 스미요시초에 큰 점포를 차리게 된 것은 1925년다이쇼 14년 여름이지만 하루에는 15세, 진해고등여학교 4학년이었으므로 상담商談을 하러 부산이나 경성으로 가는 아버지 겐이치를 따라다니는 일도 종종 있었다고 생각됩니다. 마침내 스미요시초에서 겐이치는 일국일성一國一城[01]의 주인이 되었습니다.

스미요시초의 건물로부터 은행의 근저당권이 말소된 것은 1931년쇼와 6년의 일이었습니다.

전쟁이 있으면 신문 구독자가 늘어난다고 합니다만, 이 시대를 반영해 신문 취급 부수도 늘고 서적 문구 판매도 순조로워 부채가 해소된 것이겠지요.

할머니가 웃으면서 "우리 가게에서 진해역 가는 길 근처 화재가 났을 때 할아버지는 깜짝 놀라서 일어날 기력이 없었단다."라고 이야기해 준 적이 있습니다.

집안에서 할머니에 대해 절대적인 권위를 쥐는 남편으로서 위엄이 강했던 할아버지가 깜짝 놀라서 일어날 기력이 없었다는 것

---

01) 하나의 나라에 하나의 성을 두어 남의 간섭이나 원조를 받지 않고 독립함.

은 어울리지 않은 일로 웃음이 나오는 것도 무리가 아니지만, 할아버지 입장에서 보면 10년 넘게 고생 끝에 겨우 도달한 스미요시초 점포에 불이 옮겨 붙어 집이 타는 위기가 닥치면 하는 갖가지 생각이 밀려와 일어날 기력이 없는 것도 이상하지 않다고 저는 공감합니다.사람이 깜짝 놀라 쓰러져 일어날 기력이 없는 것을 내가 처음 본 것은 진해중학 2학년 때이다.

할머니가 침착하게 보인 것은 신문점이라는 장사는 매일 새로운 상품이 도착하고, 장사는 계속할 수 있다는 알아차림이 있었던 것이 아닐까요.

지금 생각하면 우리 집 살림은 검소 그 자체로 사치와는 거리가 멀었습니다. 아이 마음에도 가와나미 일가의 삶과 비교해 부끄럽게 느껴졌습니다.

가와나미 가문은 이미 성공한 사람이었고 장남도 성인이었지만, 비교하면 마쓰오 가문은 발전 도상에 있었습니다. 마쓰오 집안의 집안일을 도맡은 할머니의 집안에서의 존재 크기를 새삼스럽게 다시 느낍니다.

귀환하여 얼마 되지 않은 1946년쇼와 21년에, 지바현의 모바라茂原에서 도시바에 근무하고 있던, 하루에의 남동생 이즈미의 아내 기요코씨가와나미가의 둘째 딸가 차남 다쓰시達司를 출산했습니다.

할머니는 아리타에서 모바라까지 조카딸을 돌보기 위해 떠났던 것입니다. 당시 일본철도 사정을 감안하면 기차표만 사더라도 엄청난 고생이고 열차 혼잡도 살인적인 시대였습니다. 내가 다케오중학교에 기차 통학을 하고 있을 때이므로 실감이 납니다.

그런데 지바에서 돌아온 할머니 누이의 이야기에서 가장 인상에 남는 것은 모바라에는 천연가스가 풍부하고 부엌에는 가스 풍로가 있어 취사는 성냥 하나로 할 수 있는 편리함을 이야기하는 모습이었습니다.

당시의 교통 사정을 생각하면 아리타에서 도쿄를 경유해 모바라까지 주로 SL^{증기기관차}에서의 여행은 어려움이 뒤따랐을 것입니다만, 그 노고에 대한 이야기는 듣지 못했습니다.

할머니가 나의 아내 사다코에게 "나는 여행을 좋아해서 일본 국내에서 안 가 본 곳이 없다."라고 말씀하셨던 것은 사실이지만, 60세가 넘은 누이의 행동력과 긍정적인 사고는 다시금 놀랍습니다.

부모가 신문 판매점의 권리를 사들인 것은 귀환하고 4년 후였습니다.

겨우 500부 남짓한 부수에 시골 마을이라 신문 안에 접어 넣는 전단지도 거의 없고 일가족이 먹고살기에는 거리가 먼, 이익이 별로 없는 장사로, 게다가 신문 판매점에는 숙명과 같은 흡묵지^{압지 03)}도 있기 때문에 나는 어머니에게 이런 장사로 빚을 내서 앞으로는 어떻게 되느냐고 물은 적이 있습니다.

"빚이 있으니까 거래가 계속되는 거야."라고 어머니가 태연하고 침착하게 대답하는 것을 보고, 어릴 때부터 부모님 장사를 돕다보니 몸에 밴 장사꾼 기질이라는 것을 느꼈습니다.

진해중학 시절 할아버지가 좋아하셨던 국어, 한문 담당의 가토 도시히코^{加藤寿彦} 선생님이 "마쓰오 군의 아버지는 양자일 것 같다."고 듣고 "그렇습니다."라고 대답하니 "그렇지, 그럴 줄 알았다."고 들은 적이 있습니다.

어려서부터 부모의 장사를 접해 박신당이 문을 연 뒤에는 더욱

---

02) 흙이나 금속으로 만들어, 음식을 만드는 데 사용하는 것으로, 들고 운반할 수 있는 작은 화로.
03) 잉크나 먹물 따위로 쓴 글씨가 번지거나 묻어나지 않도록 눌러서 물기를 빨아들이는 종이.

책임을 가진 상황에서 자라난 경력이 몸에 배어 어머니의 모습으로 나타났을 것입니다.

가토 선생님은 귀환 후, 후쿠오카현립가시이고등학교에서 교직을 계속하고 일본고등학교교직원조합高教組의 활동도 하고 계셨던 것 같습니다.

치요마치의 아파트에 살고 계시며, 맞벌이였던 자택에, 당시 규슈대학 2학년이던 나는 종종 선생님께 신세를 졌습니다.

진해중학교 시절에는 위세 좋은 청년 교사였던 선생님은 진해중학교 동창회에 거의 매년 참석하셨습니다.

선생님께는 반성과 회한의 기회이기도 한 것 같아 우리들에게 무릎을 꿇고 주먹을 휘두른 것을 사과하신 적도 있었습니다.

학생들도 예로부터 중학교 상급생은 하급생에게 큰 의미도 없이 철권제재鐵拳制裁를 하는 악습이 있었습니다. 진해중학교에서는 1학년이 입학해 오면 우리들이 최상급생입니다.

2학년으로 진급하고 신입생이 입학하면 1학년을 기다렸다는 듯이 산 제물로 삼는 일이 있었습니다.

우리들 학교생활에서는 농사가 많았는데 하급생이 작업을 땡땡이쳤다며 제재를 가한 2학년 학생들이 있었습니다.

그 행위에 대한 벌로 1, 2학년 전원을 모이게 하고 때린 2학년 학생에게 가토 선생님이 모두들 앞에서 주먹을 휘둘렀습니다. 그 중 한 명인 조선인 학생에게 "너희 조선인은"이라고 야단치며 때렸습니다. 쓰러진 학생이 일어서려고 했지만 허리가 비틀거려 일어설 수 없었던 적이 있습니다.

---

04) 옛 지명으로 지금의 후쿠오카시(福岡市) 동구(東区)의 한 지역.
05) 제재를 위해 주먹으로 때리는 것.

나는 사람이 심한 타격을 받아 일어날 기력이 없음을 보는 것은 처음 겪는 경험이자 잊을 수 없는 일이었습니다.

당시에는 선생님이 학생을 때리는 일이 일상에서 늘 일어나 대수롭지 않았으며, 뭔가 이유를 붙여서 자주 때리는 선생님은 있었지만 이날은 모든 학생들을 모아 이루어진 일이라 특히 인상에 남습니다.

가토 선생님에게 있어서의 동창회는 한일 동창생이 모이는 곳이자 참회의 장소이기도 했습니다. 심한 타격을 입고 기력을 잃은 학생은 한국에서 몇 번 실시한 동창회에 얼굴을 내미는 일은 없었습니다.

진해의 번화한 거리에서는 해군 순찰병이 외출중인 수병을 붙잡아 병조장이 때리는 광경을 보는 일은 종종 있었으며, 그 부당함에 눈을 감고싶을 정도였습니다.

상급학교에 진학하면 선배의 철권제재^{구타}가 기다리고 있다는 것은 당시의 아이들에게는 상식이었습니다.

패전의 1945년, 고구마밭에서 다키가와 히로시瀧川廣士 군 외 1학년 학생들이 생고구마를 파먹으려다 다카이 아사오 군^{2학년}에게 들켜서 실컷 두드려 맞겠다고 생각했더니, "생고구마는 껍질을 깎아 이렇게 먹으면 고구마 점액으로 입이 검어지지 않는다."고 가르쳐 주어 모두가 안심한 적이 있었다고 다키가와 군으로부터 직접 들은 이야기입니다만, '하급생은 상급생의 제재 대상이 되어 있었구나' 하는 것을 나는 처음으로 알았습니다.

내가 귀환 후에 전학을 간 곳은 사가현립다케오중학교였습니다. 아버지도 어머니도 아직 돌아오지 않았기 때문에, 작은 할아버지인 슈이치$^{할아버지 젠이치의 막내 동생}$를 따라 다케오중학교 교문을 들어섰습니다. 에조에江剛교장 선생님이 면접하여 2학기부터의 편입을 인정받았습니다. 패전한 지 얼마 안 된 8월의 일로 편입 시험도 없었습니다.

아침 7시 26분 출발하는 기차 통학으로 다케오까지는 약 30분이 걸렸습니다. 패전 후 얼마 되지 않은 시기에 기차는 항상 만원이어서 증기기관차 앞에 타기도 했고, 조개탄차 위에 석탄과 함께 타기도 했고, 기차 갑판에서 빠져 나와 매달려 타기도 했습니다. 원래 개구쟁이가 아니었던 나에게는 스릴 넘치는 통학이었습니다.

돌아올 때는 다케오역에서 호키ホㅋ라고 불리는 보조 기관차가 열차의 맨 끝에 연결되어 다음 나가오永尾역과의 사이에 있는 니시다西田峠 고개를 호키에 밀려 헐떡이면서 올라갔습니다. 지금은 전철로 어려움 없이 지나가니 상상도 못할 일입니다. 복원復員[06]해 온 군인도 있고 기차 바닥도 좌석도 항상 만원이었습니다.

비 오는 날에는 맨발로 통학하는 학생도 있었기에 나도 따라 맨발로 기차를 탄 적이 한 번 있었는데, 그때 발바닥에 느꼈던 젖은 기차 바닥의 불쾌한 감촉은 지금도 잊을 수 없습니다.

온갖 물자가 없던 시절이니 모든 것은 특별히 준비한 것이 아니라 마침 그 자리에 있는 것으로 해결되었습니다. 일반 통학 신발은 게다였습니다만, 굽이 높은 게다는 굽을 갈아 끼울 수 있기 때문에 남자 중학생에게는 인기가 있었습니다. 여성용 게다가 멋있다는 생각에 신고 통학하는 남학생도 있었습니다. 새로운 학제로 바뀌어 고등학교 3학년 졸업사진을 보아도 게다를 신은 여학생이 많이 있습니다.

---

06) 전시 체제에서 평상 체제로 돌려 소집된 군인의 복무를 해제함. 병역에서 해제되어 귀향함.

상급생이 없었던 진해중학교와는 달리 위에는 3, 4, 5학년 선배가 있었습니다. 소문으로 들은 대로 설교와 철권제재가 현실이 되었습니다. '모여!'라는 명령이 있어 지정된 신사神社, 진자경내 등에 가면 선배의 설교가 있고 급기야 얻어맞을 것 같았습니다.

나는 일부러 맞으러 가는 일은 없을 것 같아 움찔했지만 한 번도 얼굴을 내밀지 않은 채 학제개혁으로 구제旧制중학교는 신제新制고등학교[07]가 되었고, 나는 신제 다케오고등학교 2학년이 되었습니다. 상급생은 1회 입학생뿐이며 남녀공학이기도 하여 철권제재를 보지도 듣지도 않고 졸업을 맞이했습니다.

하지만 전학생에게의 통과의례라고 할까, 나에 대한 따돌림과 괴롭힘이지메은 꽤 있었습니다. 큰 천을 뒤집어쓰고 뭇매를 맞은 일, 교실 구석에 있는 네모난 구멍 뚜껑을 젖혀 거기서 떨어지기도 했지만 어둡고 축축한 분위기의 것은 아니었고 오래 가지도 않았습니다.

다케오 지방 언어사투리에 익숙해지는 데는 조금 시간이 걸렸지만 나의 진해사투리도 그들에게는 생소한 말이었겠지요.

선생님이 '너는 어디에서 귀환해 왔어?'라고 물으면 '진카이鎭海, 진해입니다.'라고 가슴을 펴고 대답했더니 교실은 웃음의 소용돌이가 되었고, 이후 나는 '진카이상'이라는 별명이 붙어 교사들로부터도 '진카이'라고 불리게 되어, 지금도 다케오고등학교 친구들로부터는 '진카이상'이라고 불리고 있습니다.

당시의 나에게 '진해'는 둘도 없는 소중한 고향이자 베이징이나 펑톈奉天[08], 경성서울, 부산 등 대도시와 견줄 만한 일본해해전으로

---

07) 일본의 1947년에 실시된 학교교육법에 따른 고등학교.
08) 한글 독음은 봉천, 중국 '선양'의 옛 이름.

유명한 도시라고 나는 생각했습니다.

여담은 제쳐놓고 아마도 일본해군, 육군의 제재制裁를 구제중학이 모방함으로써 시작된 악폐惡弊였겠지만 패전에 의한 민주화와 학제개혁으로 소멸되었기 때문에 나는 신체발부身体髮膚를 손상시키지 않고 규슈대학에 진학할 수 있었습니다.

다케오중학교 학급 사진
마쓰오 님은 뒷줄 가장 왼쪽
武雄中学校のクラス写真
松尾さんは後列の左端

박신당 장사가 순조롭게 나아간 것은 확실하지만, 신문 판매에 따르는 신문 값신문 대금 수금收金은 어떻게 이루어졌을까.

어머니가 평생 자전거를 타지 못한 것은 계산대 전문이었다는 것을 증명하고 있습니다. 배달과 수금에는 자전거가 절대적인 필수품입니다.

개점 초기에는 할아버지 겐이치가 스스로 할 수 밖에 없었다고 생각합니다.얼마 뒤 일본이름 아오야마 초키치최영렬라는 경화동 출신의 호청년[01]이 맨 처음에 지배인으로 일하게 되었습니다만, 그 이후 끝까지 어머니 하루에는 '초키치, 초키치'라고 친하게 불렀습니다.

1989년헤이세이 원년 귀환 후 처음으로 진해를 방문했을 때 손에 들고 다닐 수 있는 간단한 선물로 초키치 씨의 부탁을 받은 '구심救心[02]'을 가지고 왔습니다.

이때 초키치 씨는 동행한 나에게 "당신의 할아버지를 저는 지금도 아버지처럼 생각합니다."라고 그리워하며 말해 주었습니다.

박신당에서 취급하는 신문의 부수도 만주사변滿洲事變, 중일 전쟁中日戰爭의 전쟁이 계속되면서 마을이 발전하고 인구가 증가하는 동

---

01) 누구에게나 호감을 일으키는 느낌이 좋은 청년.
02) 생약으로만 만들어진 강심제.

시에 착실하게 부수가 늘어가고, 서적·문방구의 매출도 파일럿 만년필 특약점이 되는 등 장사가 궤도에 오르기 시작했습니다.

부모와 딸, 세 명만으로는 도저히 가게를 지킬 수 없고, 하루에도 마침 결혼 적령기가 되어 있었습니다.

제15장
하루에의 결혼

1. 이와하시 마사미岩橋正已 25세
2. 9월에 아리타에서 하루에와 맞선
3. 히로후미博文 출생

하루에에게 양자데릴사위를 입양할 기회가 드디어 무르익었습니다. 1930년쇼와 5년 하루에는, 사가현 기시마군 하시시모무라의 농가 이와하시 도기치岩橋藤吉의 차남인 이와하시 마사미를 사위로 맞이해 결혼식을 올렸습니다.

부모와 딸, 세 명이 종업원을 고용하면서 매일 도착하는 신문을 배달하고, 서적·문방구를 장사하려면 믿을 만한 일손이 필요한 것은 당연한 일입니다.

사무를 볼 수 있다는 조건으로 인물 찾기가 시작되었습니다. 아리타 마을에서는 하루에의 아버지 모모타 시게모리百田重盛, 하루에의 언니인 가모치 하쓰에蒲地ハツエ와 리츠시律志 부부, 겐이치謙一의 막내 남동생 마쓰오 히데이치松尾秀一가 중심이 되어 사위감 찾기가 시작되었습니다.

특별히 뽑힌 사람이 아리타 경찰서에서 경찰관으로 일하고 있던 이와하시 마사미 25세였습니다.

결혼에 이르기까지의 세세한 과정은 지금으로서는 불분명하지만, 9월에 하루에가 아리타로 가서 맞선이 이루어진 것 같습니다.

마사미는 사가현립오기小城중학교를 졸업하고 상경하여 니홍대학日本大學에 진학했으나 중도 퇴학하고 사가현 경찰관이 되어 아리타경찰서에 근무하고 있었습니다. 임관은 1927년쇼와 2년경으로 생각됩니다.

하루에 20세, 마사미 25세의 남녀 한 쌍이 완성된 것은 1930년쇼와 5년 11월 18일의 일입니다.

결혼식 당일은 일본으로부터의 손님을 포함해 백여 명 남짓의 참가자 피로연 기록이 남아 있습니다.

축하 물품들은 하루에의 아리타 큰 외삼촌친어머니 고토의 오빠 마쓰모토 에이지松本栄次로부터 호몬기訪問着가 선물로 도착한 것 외에 눈에 띄는 것은 대중적인 견직물인 메이센銘仙의 원단이 많았고, 축하금은 10엔이 최대였습니다. 신발 게다 같은 것도 있었습니다. 이것은 모필毛筆,붓로 써진 기록이 남아 있었기 때문에 알게 된 것입니다만, 1930년대 초기, 서민의 풍속을 엿볼 수 있어 매우 흥미로운 기록입니다. 그리고 1932년쇼와 7년 2월 1일에 히로후미가 첫아이로 탄생했습니다.

마사미, 하루에의 혼인신고는 1932년쇼와 7년 1월 29일에 접수되었습니다.

축하할 일, 축하할 일, 경사스럽고 경사스럽습니다.

히로후미에 이어 장녀 노리코, 차녀 츠루에, 세 번째 딸 구니요, 네 번째 딸 세츠코가 진해에서 태어났습니다. 다섯 번째 딸 가즈미和美는 1945년 이후 아리타에서 태어났습니다.

---

01) (일본 여성의) 나들이옷. 약식 예복. 다른 사람의 집을 방문할 때 등에 입는 옷.
02) 꼬지 않은 실로 거칠게 짠 비단 옷감, 이불감 등으로 씀.

여담이지만, 내 이름 '히로후미博文'라는 작명은 유명인의 이름에서 딴 것이라고 오랫동안 단순하게 생각해 왔습니다만, 이번에 나의 가족사마이 패밀리 히스토리를 엮으면서 부산의 박문당博文堂과의 깊은 인연임을 생각하게 되었습니다.

박신당이라는 가게 이름도, 집안의 대를 이을 후계자로 태어난 장남인 나의 이름도 박문당에서 따온 것으로 생각하는 것이 가장 적절하다고 생각하게 되었습니다만, 작명에 관련한 사람이 한 명도 생존하지 않은 지금은 확인할 길이 없습니다.

진해 마쓰오박신당의 창업자인 마쓰오 겐이치는 일본의 패전일이 임박한 4월 30일에 뇌일혈로 급사했습니다.

이날은 아침부터 외출을 하고 친구와 지인 집을 돌아가며 방문하여 인사를 하고 귀가하여 곧바로 일어난 일이었습니다. 할머니 누이는 손녀 구니요의 목욕 중에 여종업원이 알려준 소식을 듣자마자 목욕탕에서 뛰어나왔다고 합니다.

이것은 잘 지내고 있는 구니요 본인으로부터 직접 들은 이야기입니다. 마치 자신의 죽음을 예지한 것 같은 하루의 행동이었다고 합니다.

하루에, 마사미의 결혼사진
ハルエさんと正巳さんの結婚写真

제16장
아버지 마사미^{正巳}

1. 박신당의 큰 도련님
2. 소집 명령에 따른 아버지
3. 한반도의 무희 최승희
4. 결장암^{結腸癌}

아버지 마사미는 기시마군 하시시모무라^{현 다케오시} 농가의 둘째 아들이었습니다. 진해중학의 가토 선생님이 의미 있게 평가했듯이 나 역시도 아버지가 전형적인 양자 타입의 남성이었다고 생각합니다. 진해에서는 박신당의 신문배달, 수금 역할을 완수했습니다.

마을에서는 박신당의 큰 도련님^{와카단나, 若旦那}으로 불리며, 전시 중에 편성된 진해경방단^{鎮海警防団01)}에서는 부단장을 맡고 있었지만, 할아버지 겐이치의 존재가 있었기 때문에 박신당의 큰 도련님으로서 부단장이었던 것 같습니다. 전황^{戰況}이 악화됨에 따라 마을에서 장정^{壯丁}의 모습을 보는 일이 적어졌습니다. 해원양성소^{海員養成所02)}의 부탁을 받고 유도 지도에 나서기 시작한 것도 이 무렵이었습니다.

1945년 5월 징병검사에서 을종이었던 아버지는 40세를 앞두고

---

01) 일제 강점기, 1937년에 효과적인 전시 동원 체제 구축과 대중 통제를 위해 조직한 소방 조직 단체를 이르던 말.

02) 한국해양대학교의 모태로 정식 명칭은 '진해고등해원양성소' 1919년 1월 31일부터 1945년 8월 15일까지 있었던 진해의 전문학교.

소집되어 대구의 육군부대에 입대하였습니다. 어머니가 여동생을 데리고 면회를 간 적이 있습니다. 우리 집도 드디어 출정병사의 집이 되었구나 하는 심경을 이때 맛보았습니다.

복원復員한 아버지가 진해의 재산을 최영렬 씨초키치에게 맡기고 아리타에 귀환해 온 것은 10월이었습니다.

제주도 방위에 배속되어 소위 고보켄牛蒡劍[03]이 장비로 주어졌을 뿐 다쓰쓰보蛸壺[04]를 캐는 것이 일과였다고 합니다. 아버지가 가지고 돌아온 것은 건빵간멘보이었고 저는 처음 맛본 것이었습니다. 귀환선에 승선할 때 메고 있던 할아버지의 유품 바둑판을 미군에게 몰수당했다며 매우 유감스럽게 말했습니다.

사가의 고향과는 바다를 사이에 두고 떨어져 장인, 장모와 동거하는 생활이었기 때문에 내가 태어나기 전까지는 정신적으로 부담스러워 압박을 느끼고 답답한 나날을 보내고 있었을 것입니다.

나는 어릴 때부터 열이 많이 났는데 자고 있는 나의 이마에 살짝 얼굴을 대러 온 것이 생각납니다. 나도 아이를 갖게 되면서 그 경험을 떠올리고 따라 해봤는데 확실히 부모와 자식의 체온 차이를 느꼈습니다.

아마 서너 살 무렵 마산의 스모 지방 순회공연에 목말을 하고 외출한 적이 있습니다. 이것은 아버지와 아들의 몇 안 되는 스킨십의 추억입니다.

마이니치신문사가 주최하고 한반도의 무희라고 불리던 최승희 씨의 공연이 소학교 강당에서 열린 적이 있습니다. 아버지는 마이니치신문판매점 대표로서 최승희 씨를 만날 기회가 있었던 것

---

03) 총검(銃劍)의 속칭.

04) 문어나 낙지 잡는 항아리. 부표(浮標)를 달아 바다에 가라앉혀, 문어가 속에 들어왔을 때 끌어올려 잡는다.

같아 그 후 흥분하며 이야기해 준 적이 있습니다.

여동생 노리코도 최승희 씨를 기억하고 있었기 때문에 진해 시가지에서는 당시 큰 화제를 모았을 것입니다.

외부로부터 진해에 온 유명인으로 나의 기억에 남는 인물은 작가 니와 후미오丹羽文雄씨입니다. 해군보도반원으로서의 종군보고회가 소학교 강당에서 열리고 학생들도 참가했는데, 어느 해전의 종군 보고였다고 생각되며 '구렌노 호노오紅蓮の炎 붉은 연꽃의 불꽃[05]라는 형용사가 있습니다만' 이라는 대사의 일부를 아직도 기억하고 있습니다.

진해상무회관 1937년 1월 5일
마사미는 뒷줄 왼쪽에서 두 번째
鎮海常武会館 昭和１２. １月５日
正巳は後列左から二人目

아리타경찰서 근무 중의 마사미
뒷줄 왼쪽에서 두 번째
有田警察署勤務中の正巳
後列左から二人目

보도반원이 해전에 참가할 수 있었을 무렵이기 때문에 아직 나는 소학생이었을 것입니다. '붉은 연꽃의 불꽃'이라는 것이 형용사라고 강하게 이미지화된 강연회였습니다. 이때도 아버지가 활약하셨겠지만 기억은 없습니다.

---

05) '세차게 타오르는 불꽃'을 비유함, '홍련지옥(紅蓮地獄)'의 약자.

아버지가 양자라는 입장에서 호주戸主로서 자유롭게 사고하고 행동할 수 있게 된 것은 패전으로 아리타로 귀환한 후부터였겠지요. 아버지가 농가 출신이었던 덕분에 패전 후의 식량난에 다른 가정보다는 쌀밥을 많이 먹을 수 있었습니다.

아버지의 친가는 조부모님과 큰 삼촌, 조카딸들의 대가족이었는데 방문하니 할머니가 반갑게 맞아 주셨습니다. 귀환 직후 처음 방문했을 때 대접받았던 '간즈케蟹漬 계장[06]', '와라스보藁素坊 개소겡[07]'는 첫 별미로 그 맛을 아직도 잘 기억하고 있습니다.

하지만 식량난은 농가에서도 마찬가지였던 것 같고, 나중에 어머니 제사 때 큰 고모로부터 여동생이 들은 바로는 (사촌)아이들에게는 우리의 방문이 불청객이라 반갑지 않았다고 했답니다. (아버지 측의) 할머니 입장에서는 오래 떨어져 있던 아들과 손주를 무조건 환대하고 싶었을 것입니다.

아버지는 귀환 초기에는 오기중학小城中学 동창과 사업을 공동으로 하였으나 패전 당시에는 찐 고구마를 기름에 반죽해 조개껍질에 담아 고약膏薬으로 팔아 돈을 번 이야기 등을 들었으며 혼돈스럽고 가난한 시절이었습니다.

아버지가 자리를 잡은 것은 큰아버지 마쓰마사가 이사장으로 있던 히젠肥前도자기상공협동조합에서 근무하기 시작하면서부터라고 생각합니다.

신문판매점도 어머니와 둘이서 신문소년을 고용해 70세가 넘어서 돌아가실 무렵까지 계속하고 있었습니다.

사세보의 파친코에 나가, 수금하는 곳에서 장기를 두는 것이 즐

---

06) 게장(塩辛)의 일종. 살아 있는 꽃발게를 절구로 찧어서 소금·고추를 넣어서 숙성시킨 것.
07) 개소겡. 망둑엇과의 해산물인 경골어. 뱀장어 모양으로 전체 길이 30㎝에 이른다. 식용.

거움이었지만, 73세를 목전에 둔 1973년쇼와 53년 1월 17일에 결장
암結腸癌으로 기대와 달리 허무하게 돌아가셨습니다.

松倫軒慈覚正道居士。
송륜헌자각정도거사[08]

아버지 본인이 나에게 질병에 대해 말한 것은, 아버지는 치질을
앓고 있는데다 젊었을 때부터 과민성 대장염이 있었기 때문에 장
腸에 이상을 느껴도 깨닫지 못했다고 했습니다. 장에 과민한 것은
나도 같은 경험에 시달리고 있기 때문에 납득이 갔습니다.

하지만 나도 2021년에 결장암을 앓았기 때문에 암 체질은 유
전되는구나 하는 생각이 들었습니다. 나는 내시경에 의한 수술로
완치되어 지금도 무사히 나이 90세卒壽. 졸수를 맞이합니다.

나는 도자기업의 후계자로서 도요업에 부흥 의사가 있었는지,
경영 부진의 도자기업의 보증인이 되어 가옥과 택지를 저당 잡
힌 것을 알았으므로, 귀향하여 등기소에 가서 공정 증서에 따라
채무자에게 부채를 확인시켜 매달 변제를 하기로 했는데, 이때는
아버지도 사세보의 등기소까지 따라왔습니다.

신문 판매점은 다른 사람에게 물려주고 문을 닫았습니다.

---

08) '사후 계명입니다. 지금은 점점 쇠퇴하고 있지만 마쓰오가에서는 남자에게는 '松과 軒' 여자에
게는 '院'이 주어지는 것이 습관이었습니다. 일반적으로 남자는 원・거사호(院・居士号), 여자
는 원・대자호(院・大姉号) 입니다.院도 軒도 집을 나타내는 말로 큰 차이는 없는 것 같습니다
만, 이 계명에도 지금은 등급이 있는 것 같습니다. 또 불교도 종파가 있기 때문에 종파가 다르면
계명이 바뀌는 것 같습니다. (마쓰오 님의 메일에서)_역자

제17장
어머니 하루에

1. 도쇼오코이쿤⁰¹⁾東照公遺訓, 도쇼공 유훈
2. 덴츠오니짓소쿠電通鬼十則

자전거를 탈 수 없는 하루에는 걸어서 신문 대금 수금을 하고 있었습니다. 그 이후 어머니는 본인이 몸이 튼튼한 것은 수금을 위해 걷고 있었기 때문이라고 하셨는데 아마 맞는 것 같습니다.

부친의 사후 24년간을 건강하고, 지식이 풍부한 할머니로서 2002년헤이세이 14년 8월 2일까지 93년을 사셨습니다.

松操院慈室妙涼大姉。

송조원자실묘량대자

내가 공부를 싫어한다고 하면서 어머니가 눈물을 보인 것은 소학교 저학년 때였지만 지금까지도 그때의 일은 잊을 수 없습니다.

그 후에는 어머니가 울지 않도록 공부에 열중했습니다.

진해에서의 소학교, 중학교 시절에는 히다카 치치부日高秩父가 쓴 글인 '도쇼코이쿤東照公遺訓'의 족자軸가 도코노마에 걸려 있어 항상 이 글을 읽었습니다.

---

01) 정도서(政道書). 德川家康(도쿠가와 이에야스) 사후에 남긴 교훈을 빌려 만든 17세기 중엽의 표절 (僞作,위조품). 에도 시대를 통해 이에야스(家康)의 진품으로 간주되어 큰 영향을 미쳤다.

'사람의 일생은 무거운 짐을 지고 먼 길을 가는 것과 같다, 서두르지 말고, 부자유不自由를 늘 있는 일이라 생각하면 부족함이 없고, 마음에 욕망이 생기면 곤궁한 때를 떠올려라, 인내는 무사 장구한 바탕이며, 분노는 적敵이라 생각하고, 승부에 이기는 것만 알고, 지는 일도 있음을 모른다면 몸에 화가 미친다. 스스로를 책망하고 남을 책망하지 마라, 미치지 않음은 지나친 것보다 나으리라.'

이것은 도쿠가와 이에야스德川家康[02]의 유훈이 아니라고 지금은 알려져 있는 것 같습니다만, 어릴 때부터 항상 가까이 해 왔습니다. 어머니가 아끼던 말씀은 '부자유를 늘 있는 일이라 생각하면 부족함이 없다'가 아닐까 생각합니다. 어머니 이야기와는 다르지만, 사회인이 된 내가 가장 영향을 받아 지금도 좌우명으로 하고 있는 것은 '덴츠오니짓소쿠電通鬼十則[03]'입니다.

사회에서의 허래스먼트harassment[04]가 시끄럽게 거론되는 오늘, 공교롭게 덴츠에서 직원의 자살이라고 하는 사태가 생기면서, 오니짓소쿠도 그 영향을 받은 것 같습니다.

하지만 나는 지금이야말로 사원의 마음가짐으로서 지극히 중요한 내용을 포함하고, 한마디 한마디가 함축이 많은 말이라고 생각합니다.

짓소쿠十則

하나, 일은 스스로 만들어야지 주어져서는 안 된다.

하나, 일이란 남이 하기 전에 앞질러 하는 것으로, 수동적으로 하

---

02) 일본 에도 막부의 제1대 쇼군(将軍) (1542년 ~ 1616년).

03) (기업의 그룹이 아닌) 단일 회사로서는 세계 최대의 광고 대리점인 '덴츠(電通)'에는 4대째 사장 요시다 히데오에 의해서 1951년에 만들어진 덴츠 사원, 통칭 '덴츠맨'의 행동 규범이라고도 할 수 있는 '오니짓소쿠(鬼十則)'라고 불리는 매우 유명한 말.

04) 우월한 지위나 위치를 이용하여 남을 괴롭히는 정신적 폭력이나 학대를 말함.

는 것이 아니다.

하나, 큰일과 맞서라! 작은 일은 나를 작게 한다.

하나, 어려운 일을 노려라! 그리고 성취하는 데 진보가 있다.

하나, 맞붙으면 놓지 말 것! 죽임을 당해도 놓지 말고 목적을 완수
하기 전까지는.

하나, 주위를 질질 끌고 다니며 질질 끄는 것과 질질 끌리는 것은
오랫동안 하늘과 땅만큼의 큰 차이가 생길 수 있다.

하나, 계획을 가져라! 장기적인 계획을 가지고 있으면 인내와 궁
리와 올바른 노력과 희망이 생긴다.

하나, 자신감을 가져라! 자신이 없으니까 너의 일에는 박력도 끈
기도 그리고 내용의 깊이조차 없다

하나, 머리는 항상 모든 방면으로 배려하고 한 치의 빈틈도 없어
야 한다. 서비스란 그런 것이다.

하나, 마찰을 두려워하지 마라! 마찰은 진보의 어머니, 적극적인
비료이다, 그렇지 않으면 자신이 못난 모습으로 어리석고
둔하게 된다.

나는 가나자와_{金沢}⁰⁵⁾ 지사장 시절에 지부의 아침 모임에서 이 짓
소쿠^{十則, 십칙}를 매일 아침 사원들에게 다 같이 큰소리로 말하게 했
습니다. 그런데 어느 날 한 여사원으로부터 '맞붙으면 놓지 마라!
죽임을 당해도 놓지 말라'는 부분은 말하고 싶지 않다는 항의를
받은 적이 있습니다. 하나하나의 말에 기백이 서려있고 격한 표
현도 있어 말로 하는데 망설임을 느꼈을 것입니다.

매일의 정치, 사회 사건을 보고 들을 때마다 관계자에게 약간의
주의와 배려가 있었으면 하는 생각이 드는 경우가 허다합니다.

---

05) 일본 이시카와 현(石川県)의 현청 소재지.

'개미의 작은 한 구멍[06]'이라는 속담도 있습니다만 평소의 일에 대한 마음가짐이 사고를 미연에 방지하는 것입니다.

덴츠의 요시다吉田 사장은 스스로의 체험으로부터 짓소쿠+則를 만들어 낸 것이었습니다.

어머니 이야기로 돌아가겠습니다. 어렸을 때 사진을 보면 손뜨개 스웨터를 입은 모습이 많이 나와 있습니다. 내가 다케오중학교로 전학을 가서 귀여워해 주신 모모타 기요시百田喜嘉 선생님이 "아내의 꿈은 아이들 모두에게 털실 스웨터를 입혀주는 것이다."라고 말씀하신 적이 있습니다. 1949년昭和 24년 무렵으로 생각합니다만, 지금은 의식주 모든 것에 걸쳐서 국민 대부분이 불편함이 없는 시대이지만, 이 무렵의 서민 생활을 그리워하고 생각나게 하는 이야기입니다.

털실 스웨터는 작아지면 털실로 풀어 다시 짤 수 있습니다. 재활용으로 낭비함이 없는 생활이었습니다. 아이도 스웨터를 풀어 털실로 되돌리는 것을 도와주는 것이 일과였습니다.

전시중의 의류에는 인조 견사人造絹絲, 인견人絹,징켄으로 불리는 천이 자주 사용되었습니다.

스프라고도 불리며[07] 보기에는 빳빳하고 탄성이 없어 금방 구멍이 뚫리는 천이었습니다. 비단 천 대신이라기보다는 면 대신이었던 것 같습니다.

이 무렵 마이니치신문 통신부 기자가 목욕을 하러 와서 벗은 셔츠가 모직물 울wool로 아이 생각에도 훌륭한 감촉이었습니다. 붉은 줄무늬로 지금 생각하면 와세다 대학의 럭비 웨어이였겠지만

---

06) 아무리 견고하게 쌓은 둑이라도 개미가 파서 뚫린 작은 구멍이 원인이 되어 무너질 수 있다는 것을 나타내는 말.

07) 스테이플 파이버(staple fiber). 일본어로 스프(sufu)라고 불림.

닿은 감촉은 행복을 연상시키는 것이었다고 기억하고 있습니다.

나에게는 세상에서 말하는 '엄마의 손맛' 기억이 없습니다. 어머니 본인으로부터 들은 적도 없기 때문에 어머니가 요리를 잘하지 못한다는 것은 전혀 모른 채 나는 다케오고등학교를 졸업할 때까지 아리타에서 지내며 요리는 할머니가 하고 있었기 때문에 어머니가 요리를 잘 못하는 것을 알게 된 것은 한참 더 시간이 지난 후의 일이었습니다.

어머니가 돌아가신 후 제사 때 우리 부부와 여동생들이 모였을 때 '어머니는 요리를 잘하지 못했다'는 화제로 떠들썩했습니다. 이른바 엄마의 손맛에 대해 물으면 대답을 못하는 나였지만 그 일에 대해 아무런 의문도 갖지 않고 수십 년을 지내온 것이었습니다.

1975년쇼와 50년에 할머니 누이가 돌아가실 때까지 할머니는 전쟁 전부터 일관되게 우리 집 부엌살림을 도맡고 있었습니다. 어머니는 전혀 상관하지 않았습니다.

어머니가 맡은 분야는 계산대였고 부엌을 지키는 일은 할머니 누이였기 때문에 어머니가 요리를 하는 일은 전혀 없었습니다. 따라서 어머니에게는 요리를 잘하고 못하고의 감각도 없었다고 생각합니다.

할머니가 돌아가신 후에는 부모 두 사람만의 생활이 되었는데 아버지는 어떤 음식을 드셨을까요? 할머니가 돌아가신 지 3년이 지나지 않아 아버지는 S상狀결장암으로[08] 돌아가셨는데 아버지가 이 3년간은 어떤 음식을 드셨는지 매우 궁금합니다.

어머니는 아버지가 돌아가시고 24년 후인 93세로 대왕생大往生하[09]

---

08) 결장은 상행, 횡행, 하행, 에스상 결장으로 나누어짐.
09) 편안하게 조금의 고통도 없는 죽음.

셨습니다. 노인 보건 시설 고쥬엔幸寿園에서 여생을 보냈지만 요리를
다른 사람이 해주는 하루하루는 필시 편안했으리라 생각합니다.

※ 마쓰오 님은 역자에게 어머니 하루에 님 진해고녀 1기 졸업
생 동창회 (제1회부터 4회1926년~1929년) 원본 사진을 주셨습니다.

진해고녀 1기 졸업생 제1회 동창회 1926년
鎭海高女1期卒業生第1回同窓会 1926年

진해고녀 1기 졸업생 제2회 동창회 1927년
鎭海高女1期卒業生第2回同窓会 1927年

진해고녀 1기 졸업생 제3회 동창회 1928년 8월 11일
鎮海高女1期卒業生第3回同窓会 1928年8月11日

진해고녀 1기 졸업생 제4회 동창회 1929년 8월 27일
鎮海高女1期卒業生第4回同窓会 1929年8月27日

1. 마이니치 · 아사히신문의 확장 경쟁
2. 대중탕 나니와유浪花湯에서의 첫 체험
3. 모르핀 중독
4. 이타 세쿠스아리스
5. 진해소학교 입학
6. 진해중학교 입학
7. 사가현립다케오중학교에 전입학
8. 철권 체제
9. 진카이상

나는 마에바시前橋[01] 지사장을 지낸 1965년쇼와 40년 경까지 환절기에는 천식 발작이 덮쳐 발작의 고통으로 죽는다고 생각할 정도였습니다. 이것은 소아 천식이 계속되었던 것으로 생각되지만 허약했던 나의 체질과 함께 강한 아이로 키우고 싶은 할머니 누이의 싸움은 유아 시절까지 거슬러 올라갑니다.

할머니는 체질을 바꾸기 위해서는 건포마찰[02]이 좋다며 매일 아침 일어난 나를 붙잡고 잠자리에서 마른 수건으로 온몸을 문질렀

---

01) 군마현(群馬県)의 현청 소재지.
02) 마른 수건으로 온몸을 문지르는 일.

습니다. 이 습관은 패전까지 이어졌습니다. "등이 넓다."라든가 "큰 나무 두릅독활 같다.⁰³⁾"라고 말하면서 온몸을 건포 마찰하는 것입니다.

봄이 오고 당명자나무⁰⁴⁾의 꽃이 피면 "히로후미의 천식이 시작된다."라고 말하며 가족 모두 미리 타일러서 조심하게 했습니다. 성인이 되어 사회인이 되었을 때의 키는 174.5센티미터였기 때문에 같은 시대 사람들 중에서 키는 큰 편이었습니다.

취직해서 상경해 만원 통근열차^{주오선, 中央線}를 탔을 때도 차내의 끝까지 내다볼 수 있었지만, 언제부터인가 차내의 전망이 나빠져, 지금 사람들은 키가 커졌다고 생각했더니 내 키가 작아지기 시작하고 있었습니다. 지금은 8cm 이상 줄어든 셈입니다.

신문 배달이 몸을 단련하는 데는 효과가 있다고 믿었던 할머니는 중학교에 막 진학한 나에게 다치바나도오리^{橘通05)} 방면의 배달을 명령한 적이 있습니다.

'신문이요 신문!'하고 외치며 현관에 신문을 던지는 쾌감은 한 번쯤 체험하고 싶었는데 배달길에 통학 차림의 친구를 본 나는 중간에 배달을 그만두고 가게로 돌아왔습니다. 이때 아버지로부터 처음으로 호되게 꾸중을 들었습니다. 나는 왜 이렇게 혼나야 하는지 납득되지 않았습니다. 신문을 타사^{他社}보다 한시라도 빨리 독자에게 전달한다는 신문사의 혼^魂이 결여되어 있었던 것입니다.

당시의 신문 판매 상황을 나의 기억으로 짚어봅니다.

1940년^{쇼와 15년}에 박신당 앞에서 찍은 사진이 있습니다. 이것은

---

03) (독활은 크게 성장하지만 나무줄기가 연약하여 쓸모가 없다는 말에서) 몸만 크고 쓸모없는 사람을 의미.
04) 명자꽃, 산당화. 장미과의 낙엽관목(落葉灌木).
05) 진해역에서 해군사관학교까지 남북으로 뻗은 큰 도로명, 현 중원로.

마이니치신문의 확장 경쟁에서 우승했을 때의 사진입니다.

　지금도 비슷한 상황과 모습을 보기는 하지만 신문과 확장이라
는 영업 방법은 떼려야 뗄 수 없는 숙명이 있는 것 같습니다. 박
신당 2층 다다미방의 가모이⁰⁶⁾鴨居에는 마이니치신문 사장 '모토야
마 히코이치 옹'의 사진이 마치 천황의 초상화 사진의 그림자처
럼 걸려 있었습니다.

　모토야마 씨는 오사카 도지마大阪堂島의 본사 옥상에서 경합지인
아사히신문 호외號外와 마이니치신문 호외가 배달되어 나가는 시
간을 경쟁했다는 이야기가 전해질 정도입니다.

　모토야마 씨가 오사카마이니치신문의 사장이 된 것은 1903년
메이지 36년이고, 1911년메이지 44년에는 도쿄 니치니치신문日日新聞을 사들
여 마이니치신문은 전국지가 되었습니다. 당시부터 아사히신문 ·
마이니치신문 간의 경쟁은 치열하게 한반도 맨 끝에까지 그 경쟁
심이 전해졌습니다.

　진해선 철도가 개통되기 전까지는 매일 아침 부산항에서 배로
신문이 도착했는데, 박신당의 지배인은 아사히신문의 지배인을

바다에 밀어 넣고 신문 배달 시간을 겨뤘다고도 하며, 철도가 개통되고 나서는 아사히신문의 지배인을 병아대兵兒帶[07]로 역 앞의 굵은 벗나무 줄기에 묶어 두었다는 무용담을 어린 나는 감탄하며 들은 기억이 있습니다.

최근에도 아사히신문에서 오보誤報가 화제가 되었을 때의 요미우리신문, 산케이신문이 보인 추태는 이 신문사들의 전국시대戰國時代[08]가 지금도 계속되고 있음을 보여주고 있어 분별이 있는 사람이라면 발행 부수 제일의 신문 판매 방식을 생각하게 하는 정말로 슬프다고밖에 말할 수 없는 사건입니다.

과거에는 사회의 목탁[09]이라고 스스로 칭하던 신문사가 보여준 부끄러운 일이었습니다. 다른 일이지만 나는 이 사건 전부터 요미우리신문 · 닛폰TV · 산케이신문은 모두 보지 않았습니다.

요미우리신문은 전국 진출에 있어 몰인정하고 추잡한 판매 확장 방침을 나고야에 살던 시절에 보고 들었으며, 산케이신문은 전후파의 새로운 신문이지만, 지적인 자극과는 거리가 먼 기사 내용 때문입니다. '세 살 버릇 여든까지'라는 속담대로 지금도 읽지 않습니다.

기념촬영 사진에 찍힌 지배인을 보아도 당시 소학생인 나로서는 어른으로 보였던 것이 실제로는 이처럼 소년이었고 그들에게도 아사히신문에 대한 격렬한 투쟁심이 심어졌던 것이라 생각하니 인간의 마음人心을 제어하는 것은 경혈經穴을 누르면 쉽겠구나 싶습니다.

1945년 이후에는 진해를 가장 먼저 찾은 사람은 노자키 히로시

---

07) 어린이 또는 남자가 매는, 한 폭으로 된 허리띠.
08) 일본에서 15세기말부터 16세기말에 걸쳐 전란(戰亂)이 빈발하는 시대를 말함.
09) 세상 사람을 깨우쳐 인도할 만한 사람이나 기관을 비유적으로 이르는 말.

군인데, 그가 묵었던 호텔 주인이 그 옛날 박신당의 신문배달 소년으로 배달 중 현관에 배달되어 있던 우유를 훔쳐 마신 적이 있다는 말을 듣고 나에게 전해 주었습니다. 당시의 우유는 지금 보급되고 있는 저온 살균과는 달리 고열로 살균하고 있었기 때문에 사장 노구치 씨가 직접 배달해 오는 우유병 뚜껑에서 우유가 뿜어져 나오고 있었습니다. 배달 소년이 무심코 손을 댄 것도 알 것 같습니다. 이 사건이 어떤 결말을 맞았는지는 모르겠지만, 나는 사건이 일어난 것을 기억하고 있었습니다.

그 후 진해중학동창회에서 진해를 방문했을 때 고바이초紅梅町[10]의 고노 씨 댁 터[11]에 있는 이 호텔에 묵고 호텔 주인을 만나려고 했지만 마침 외출 중이어서 만나지 못했고 숙박료도 받지 않았습니다.

진해에서 태어나 응석받이로 자라 패전·귀환을 처음 겪게 된 철부지 나로서는 마치 '우물 안 개구리' 그 자체로 실제 사회를 전혀 이해하지 못했습니다.

6학년의 연례행사인 경성서울으로의 수학여행도 중단되었기 때문에 진해소학교를 졸업하기 전까지는 외부로부터의 자극이 전혀 없는 나날의 반복이었습니다.

헤어스타일은 유치원 때부터 소학교 졸업 때까지는 단발머리였지만, 이발은 후지사와 신발가게 옆의 조선인이 운영하는 이발소에 50전을 들고 정기적으로 다녔습니다.

딱 한번 다른 이발소에 갔었는데, 움직이지 말라고 해서 혼이 났는지, 당시에는 수동이었던 바리캉[12]에 머리카락이 당겨져서 아팠는지 지금은 이유를 모르겠습니다만 이 가게에는 싫은 기억이

---

10) 현 편백로 13번길.
11) 현 편백로 13번길 7 금강하우스 자리.
12) 이발기, 머리를 깎는 금속제 기구.

남아있고 우메가에초梅枝町[13]의 공작부 집회소 옆에 있었던 이발소 장소까지 기억에 남아 있습니다. 왜 이 이발소에 갔는지 지금으로서는 잘 모르겠습니다.

서너 살 무렵에는 어른의 대화를 막연히 이해할 수 있게 되었습니다.

이웃의 다나카 치과의사 부부와 다카사고초高砂町[14]의 이치노세一ノ瀬 부인은 나를 특히 귀여워해 주셨던 기억이 있습니다. 다나카田中 씨에게 나는 '히모 군'으로 불렸기 때문에, 어머니에게 물었더니 말을 배울 무렵에 내가 나 자신을 '히모ヒモ'라고 했기 때문이라고 말해 주었습니다.

이치노세 씨는 사가현 후지쓰군 고쵸 다무라佐賀縣藤津郡五町田村 출신의 해군 군속군무원의 부인이며, 따님은 미사오操이므로 우리 집에서는 미사짱이라고 불렀습니다. 이치노세 씨 댁 현관에 들어서면 오르간이 놓여 있었습니다. 딸 미사오의 것입니다.

이치노세 부인으로부터 '와카사마도련님'라고 불리며 귀여움을 받았는데, 한 번 마나즈루초真鶴町[15]의 '나니와유浪花湯'라는 대중탕에 데리고 가 주신 적이 있습니다. 당연히 여탕이었습니다만, 첫 대중탕의 욕조가 나에게는 깊어서 좀처럼 발이 바닥에 닿지 않아 무서운 생각이 들었던 일, 겨우 발이 닿은 욕조 바닥 종려나무 깔개의 느낌을 잘 기억하고 있습니다.

발바닥의 감각으로 기억에 남아있는 것은 다케오중학교 등하교의 비 오는 날 기차 통학 때, 맨발로 기차를 탔을 때의 불쾌한 감촉입니다.

---

13) 현 편백로 7번길, 8번길.
14) 현 중원로 86번길.
15) 현 중원로 80번길.

첫 대중탕 경험을 통해 당시 소시민 집에는 가정용 목욕탕 시설이 없고 일상생활에서는 대중탕에 가는 것이 상식이었다는 것을 깨달았습니다. 진해에 대중탕이 많았던 이유를 알 수 있습니다.

이치노세 가문과의 교제는 귀환 후에도 계속되고 있었습니다만, 부인은 어느 여름날 살무사에게 물린 일로 갑자기 돌아가셨습니다. 미사오^{ミサヲ}와는 진해고녀 동창회 등에서 오랫동안 교제가 계속되었습니다.

이케노보^{池坊} 꽃꽂이 스승이었던 우메가에초의 야마다 씨는, 할머니와 친하게 지내고 있었고, 따님이 어머니와 여학교에서 같은 학년이었던 것도 있고, 손녀인 미치코^{道子} 씨는 가와나미 노부오^{川浪暢夫} 씨와도 같은 학년이었기 때문에 가족끼리의 왕래는 와카야마^{和歌山}¹⁶⁾*에 귀환한 전후^{1945년 이후}에도 계속되고 있었습니다.

기쿠가와초^{菊川町}¹⁷⁾의 구키 요시쿠스^{九鬼芳楠} 씨는 오사카에서 식을 올린 나의 결혼식에도 참석을 할 정도였으며, 진해읍사무소의 회계 주임이었습니다.

이번 조사에 따르면 진해의 시가지가 생길 당시 구키 요시쿠스 씨의 아버님은 와카야마의 건축 회사를 경영했던 분이었던 것을 알았습니다. 이른바 진해 초기 이민자의 2대째 해당하는 분입니다.

나는 집이 서점이라는 환경 때문인지 책도 자주 읽는 아이였습니다. 소학교 교의^{校醫}¹⁸⁾는 다루이 미노루^{垂井実} (나중에 다케시마 미노루^{竹島実}가 됨) 선생으로 남자 아이 4명과 여자 아이 1명으로 댁에는 자녀가 많았지만 막내 아들인 유^{有 그ウ} 군이 나와 같은 나이였습니다.

---

16) 긴키(近畿) 지방 서남부의 현(県). 와카야마현 북서부의 시. 현청 소재지.
17) 현 중원로, 중원로 32번길.
18) 학교의 위탁을 받아 그 학교의 위생 업무 및 학생의 신체검사를 맡아보는 의사.

어느 날 가와나미약국에 놀러 가 있던 나는 선생님이 직접 주사 놓는 것을 목격했습니다. 선생님은 우리집 주치의로서 잘 알고 있었습니다만, "유에게는 말하지 마라."라고 하시면서 입밖에 내지 못하게 했습니다. 집에 와서 할머니에게 말했더니 "선생님은 모르핀 중독이니까."라고 말씀하셨습니다. 아이 마음에도 뭔가 어른의 비밀을 알게 된 것 같은 기분이 들었습니다. 이 무렵 유쾌하지 않은 어머니에 대한 기억이 있습니다.

어느 날 거실에서 '슈후노 도모主婦の友 주부의 친구'라는 출산 부록을 선 채로 손에 들고 있었습니다. 읽고 있던 것은 맹모삼천孟母三遷의 일화였습니다. 계산대로 지나가던 어머니가 갑자기 얼굴색이 바뀌며 그 책을 빼앗았습니다.

나중에 출산에 관한 책은 남자 아이가 읽는 것은 아니라는 것을 알게 되었지만, 이때의 어머니 행동에 내 마음은 깊은 상처를 받았습니다.

남자아이를 행실이 나쁘지 않도록 키우려는 모친의 노고에도 마음쓰는 것이 필요하겠지만 내가 지금도 기억하고 있는 것은 사실입니다.

나중에 고학년이 되어 2층 인기척이 없는 방에서 출산에 관한 책을 보고 있다가, 아버지에게 들켜 아버지가 쓴웃음을 지은 적도 있었습니다. 말하자면 저의 이타 세쿠스아리스ヴィタ·セクスアリス[19]입니다.

실제로 모리 오가이森鷗外 작품을 접한 것은 더 나중의 일이지만, 진해시절부터의 성적 기억의 단편을 더듬어 보면, 옛날의 '우라

---

19) 일본어로는 이타세쿠스아리스(『ヰタ · セクスアリス』)로 발음되며 모리 오가이(森鷗外)가 1909년에 발표한 소설. 제목은 라틴어로 성욕적 생활을 의미하는 vita sexualis임. 주인공인 철학자 가네이 시즈카(金井湛)가 고등학교를 졸업하는 장남에 대한 성교육을 위한 자료로 자신의 성 생활에 대하여 탐구하는 내용과 체험에 대해 서술함.

시마타로^{浦島太郎}²⁰⁾의 옛날이야기동화는 소학교 창가^{唱歌}, 2학년²¹⁾로 되어 있고, 가사 2절에는 '시비²²⁾ 히라메노 마이오도리^{참치 넙치의 춤}²³⁾'라는 부분이 있었다고 합니다.

여교사가 보통 학교에서 이 가사를 읽으면 학생들이 일제히 웃음을 터뜨리며 수업이 안 되는 일이 종종 있었기 때문에 가사가 '다이야 히라메노 마이오도리^{도미나 넙치의 춤}'로 변경되었다고 전하는 글을 읽은 적이 있습니다. 오늘날 참치는 고급 생선이지만, 참치의 '시비'라는 호칭은 옛날 나라시대^{奈良時代}²⁴⁾로 거슬러 올라가는 호칭으로 고급스럽게 취급되지는 않았던 것 같습니다. 참치의 복부살 도로²⁵⁾ · 오오토로²⁶⁾는 에도시대에는 거들떠보지도 않았다고 전해집니다.

어쨌든 작사자도 작곡가도 모르는 메이지 시대의 일이기 때문에 지금은 그 일의 진상^{眞相}을 아는 사람은 없습니다만, 소학교 고학년이나 중학생이었던 나는 이것을 알고, 성적인 언어의 느낌을 바로 알았기 때문에 닥치는 대로 조사했습니다. 그러나 진상을 여간해서 알 수 없었습니다. 지금과는 달리 검색 수단이 한정되어 있었습니다.

하물며 조선어는 전혀 모르는데다 당시 국어사전이라고 하면

---

20) 일본 전설의 주인공. 용궁에서 받아가지고 온 작은 상자를 열자마자 피어오르는 연기와 함께 노인이 되었다고 함.

21) 구제(旧制) 소학교 교과의 하나. 주로 메이지(明治) 초기에서 제2차 세계 대전이 끝날때까지 학교 교육용으로 만들어진 노래. 1941년부터 음악으로 명칭을 바꿈.

22) 참치 마구로(マグロ)의 성어(成魚)를 일본어로 '시비'라 부름.

23) 넙치.

24) 나라(奈良)가 수도였던 시기로 좁게는 710년~784년, 넓게는 794년까지를 말함.

25) 초밥 재료 등으로 사용되는 참치의 특정 부위의 호칭. 복부의 살을 가리킨다. 특히 지방이 많은 참치 복부의 살을 오오토로(大トロ)라 한다.

26) 참치의 일본어 '시비'라는 단어는 조선 어린들 사이에 한국어 욕설의 한 가지와 비슷한 발음으로 받아들여진 것을 말함. -역자

산세도三省堂의 고지린廣辭林밖에 없었습니다. 고지린 사전에서 '시비'를 찾아도 나올 리가 없습니다.

그렇지만 가까스로 '자미鮎尾[27]'라는 단어가 검색되었고, 그 해설 문장은 지금도 잘 기억하고 있습니다. 나는 어쩐지 성취감 같은 것을 맛본 듯한 기억이 있지만, 처음부터 조선어를 일본어 사전에서 찾아보는 것은 무리였습니다. 당시의 소년의 지식과 지혜는 그 정도였습니다.

소년 시절의 성적 관심에는 끝이 없고, '아부나에アブナ絵[28]'에 어떤 그림이 그려져 있는지도 전혀 모른 채, 부모가 집 어딘가에 숨기고 있다는 얘기가 중학교 시절의 화제로 입에 오르내려 떠들썩했습니다. 1945년 이후 동창회에서도 "오토나리의 집에 보러 간 적이 있다."는 소 히로시宗·宏 군의 증언을 듣기도 했습니다.

조선 사람이 싸울 때 쓰는 말 '니기미시바라[29]'에 대해서는 동창회에서 고이케 아쓰노스케小池厚之助 군이 김해군 진례면이라는 시골 농가에서 성장하여 조선말을 터득했기 때문에 찾아가 말의 의미를 성인이 된 후 물어서 처음 배웠습니다.

나는 일찍이 박신당의 조선인 지배인으로부터 "히로후미 군, 자네를 어머니와 결혼시켜 줄까?"라고 듣고 그 의미를 전혀 몰랐던 것이 생각났습니다. 지배인이라고 해도 추억의 사진에서 보듯이 나와는 연령에 별로 차이가 있는 것은 아니었지만, 나의 언행이 건방져서 상당히 그는 화를 참지 못했을 것입니다. '니기미시바라'라고 그는 외치고 싶었던 것이라고 생각했습니다.

---

27) 일본어 읽기는 지비(じび), 새나 짐승이 교미하여 새끼를 낳아서 기르는 것.
28) 주로 우키요에(浮世絵, 에도시대 발달한 민중적인 풍속화)를 의미하는 것으로 미인화와 춘화(春画)의 중간적인 그림. 줄여서 '이부나'라고도 함.
29) 우리말 욕설의 일본어식 발음.

패전1945년 8월 후의 다케오중학교 시절에 미국 병사를 동네에서 볼 수 있었던 적이 많았을 무렵에 미국 병사에게 '사루마루벤치[30]'라고 말하면 굉장히 화를 낸다고 하는 대화가 있었습니다. 이것은 '산노부아비치'라는 욕설이라고 알게 된 것은 성인이 된 후의 일이었습니다. '창녀의 자식'이라는 욕설이라고 합니다.

내가 말의 의미를 알았을 때, 옷깃이 둥그런 형태의 셔츠에 'BITCH'라고 적힌 것을 입고 있는 젊은 부인을 자주 보았는데 '무지하다는 것은 이런 일이구나.' 생각했습니다.

소학교 창가4학년의 '하루노 오가와春の小川, 봄의 개울'의 가사 '하루노 오가와와 사라사라 나가레루봄 개울은 살랑살랑 흘러간다'라는 부분이 '사라사라 이쿠요살랑살랑 간다'로 바뀌어 있습니다. 그 밖에도 변경사항이 있습니다만, 이것은 1942년쇼와17년에 국민학교령 시행규칙으로 국어로 문어문文語文을 가르치는 것은 5학년 이상으로 정해져 있기 때문에 수정이 가해진 결과라고 합니다.

작사한 다카노 다쓰유키高野辰之 씨에게는 미안한 일이지만, 우라시마다로浦島太郎의 가사를 바꿀 때에도 이런 소동이 있었을까요.

어린 내 기억의 결정판은 역시 할아버지와 여행했던 부산의 추억입니다.

진해라는 '우물' 속에서 백화점이 있고 전차電車가 달리고 있는, 대도시의 세례를 받았으니 기억은 선명하고 강렬했습니다.

잇신지一心寺, 일심사 주지 야나기柳 씨가 원장인 진해유치원에 들어가서 보육을 2년 받았는데, 운동회 달리기에서 1등상을 받은 기억이 있어서 어머니에게 이야기했더니 "그건 마카베 가메요 선생님이 1등상을 받을 수 있게 다시 짜주신 거야."라고 말했습니다.

---

30) 'son of a bitch'의 일본어식 발음, 금기어, 심한 욕설임.

마카베 선생님은 마쓰오박신당 바로 오른쪽에 있는 마카베 철물점의 부인으로, 소학교에 진학한 후에도 많은 신세를 졌습니다.

제6고등학교에서 도쿄대학 공학부로 진학한 마카베 선생님의 차남 히데키 씨는 나중에 시마즈 제작소島津製作所의 상무를 맡았습니다. 나는 중이염 치료를 위해 부산의 부립府立병원에 치료를 받으러 다니고 있었기 때문에 입학식에는 빠지고 진해소학교에 진학했습니다.

이 무렵 '일본해해전기념탑'을 배경으로 한 단체 사진이 있습니다. 기시모토 히사노岸本寿野 선생님이 담임이었습니다. 경성사범학교를 나온 엘리트 여선생님이었습니다. 나중에 알고 보니 나의 어머니와 동갑이었습니다.

학급은 지금으로서는 생각할 수 없는 64명이었고, 교실은 8×8열의 책상이 꽉 차 있었습니다. 나는 키가 커서 항상 뒷줄이었고, 군사 도시라는 성격상 전학생이 자주 왔었는데 당시 내 솔직한 심정은 나보다 키가 큰 아이가 전학 오지 않았으면 하는 마음이었습니다. 다행히 졸업할 때까지 나는 가장 마지막 줄이었던 것 같습니다.

일본해해전기념탑을 배경으로 한 단체 사진.
담당하는 반 아이들과 기시모토 히사노 선생님.
64명이 정원이었던 것 같은데 교실은 학생들로
가득 참.
日本海海戦記念塔を背景にした集合写真
担当クラスの子供たちと岸本寿野先生
64名が定員だったそうで教室はぎっしり

박신당 건너편에 옛 진해병원인 육각형 첨탑이 있는 건물이 있습니다. 이 건물이 진해병원이었다는 사실은 어머니조차 모르는 옛날 일이었고, 현재의 내가 애옥 씨와의 정보교환으로 알게 되었는데, 나의 소학교 시절에는 오사후네長船 씨의 만쥬집이었습니다. 오사후네 씨에게는 '가보カボ'라고 스스로 칭하는, 동급생에게도 '가보'라고 불렸던 문제아가 있었습니다. 이른바 지적발달장애입니다. 기시모토 선생님에게는 부담이었던 것으로 생각됩니다.

아이들 중에서 꾀가 많으면서 우쭐대는 아이는 가보에게 여학생들의 치마를 들치게 한 적도 종종 있었는데, 어느 날 기시모토 선생님은 가보의 손가락에 뜸을 떴습니다.

가보는 순순히 손을 앞으로 내밀고 뜨거움을 참으며 교실 구석에 앉아서 울고 있던 것을 잊을 수가 없습니다.

우리집에서도 학부모에게도 평판이 좋았던 젊은 기시모토 선생님의 체벌이었지만, 또 가보 어머니의 허락을 받았던 것이었다고 생각하지만, 어린 마음에는 충격적인 일이었습니다. 지금이라면 아동학대로 신문 기사에 나고 일의 본질에서 벗어난 큰 논란으로 떠들썩했겠지요.

기시모토 선생님은, 어느 날 휴대용 축음기로 '수브니르Souvenir'라는 바이올린 곡을 들려주었습니다. 곡명의 의미도 모르는 1학년이었는데 신기하게도 곡명과 멜로디는 기억에 남아 있습니다.

아이의 기억력도 만만치 않습니다. 나중에 체코의 F. 드르들라Frantisek Drdla라는 바이올리니스트의 유명한 곡임을 알게 되었습니다.

코스모스회에서 매년 기시모토 선생님을 만나 뵙고 있어서 여쭈어 보니 선배 선생님에 대한 추억을 이야기하셨습니다. 청춘

---

31) 진해병원은 원래 현동병원으로 개업하였으나 후에 남원로터리 근처로 이전하면서 진해병원이 된 것으로 추정.-역자

시절의 추억의 곡이었을지도 모릅니다. 가보에 대해서는 여쭤 볼게 없었습니다. 가보의 정식 이름도 모르고 동급생으로부터도 잊혀지고, 그 이후로는 아무도 모릅니다.

형이나 누나가 없는 나는 집에만 있는 편이어서, 남자다운 개구쟁이 추억은 전혀 없습니다.

소학생초등학생들이 개구리를 잡고 빨대로 공기를 불어넣어, 배를 부풀어 오르게 하거나 메뚜기를 잡아 불에 구워 먹는 것을 바라보고 있었습니다.

양어장에는 가물치라는 사나운 물고기가 있어 손가락이 잡아먹힌다거나 북방시가北方市街[32] 깊은 산에는 누쿠테가 출몰해 사람에게[33] 해를 끼친다는 소문은 듣고 있었습니다. 누쿠테는 늑대를 뜻한다고 합니다.

내가 전학한 사가현립다케오중학교 친구 중에 노무라 테츠오野村哲夫 군이 있었습니다만, 그는 베이징중학교에서 전학 온 학생이었습니다. 나이가 70세 될 무렵 그가 갑자기 "나는 키가 작았다." 고 말을 꺼냈습니다.

노무라 데츠오 본인은 꼬마라고 말하는데 그렇게 생각한 적도 느낀 적도 없었지만, 본인에게 힘든 문제였던것 같고, 반에서는 항상 맨 앞줄에서 뒤가 보이지 않았기 때문에 자신이 얼마나 손해를 보았는지 모른다는 것입니다.

항상 뒷줄에 앉아 있던 나는, 선생님이 학생에게 손을 들게 할 때 전체 모습을 관찰할 수 있었지만 노무라 군은 상황을 관찰하지 못한 채 거수를 하고 있었다고 합니다. 키의 높낮이나 좌석이

---

32) 현 여좌동 일대.

33) 북방시가지의 깊은 산이란 장복산이나 산성산을 말하는 것으로 추정함. -역자

앞인지 뒤인지에 따라 의식을 좌우할 수 있다는 것을 70세에 깨달은 것이었습니다.

나는 진해의 추억을 더듬으며 남녀동창생들이랑 지인들과의 교우를 이어가면서 느낀 바가 있습니다.

박신당의 외아들로 태어나 자랐지만, 노년이 되어 친구들과 어울리며 행동하다 보니 형이나 누나가 있어 같이 자란 아이와 나와 같이 유아독존唯我獨尊[34]으로 자란 아이는 세상 물정에 대한 수준이 전혀 달랐던 것이 아닌가 하는 생각이 들었습니다.

어릴 때부터 캐치볼 상대를 해주거나, 놀이 상대가 되어주는 형이나 지식을 전해주는 누나의 존재는 유형무형有形無形으로 큰 영향을 남기지 않았을까요.

지금에 와서 생각해보면, 친구들이 본 나의 존재는 무구無垢하고 아무것도 모르는 아이로 보였을 것임에 틀림없습니다. 가보에게 여학생의 치마 들치기를 시킨 것도 좋은 집안의 막내였습니다.

수십 년이 지나서야 깨달은 것이지만 장남과 장녀는 핸디캡을 안고 인생행로를 달리기 시작한 것입니다.

내가 경험한 것으로부터 유명한 사람들을 관찰하면 막내와 첫째 아이와의 삶의 차이를 알 수 있을 것 같습니다.

경마를 하는 후배로부터 말은 혈통이 중요하다고 배웠습니다만, 호모사피엔스의 경우는 혈통뿐만이 아니라 형제자매의 존재와 그 안에서의 위상도 큰 판단 근거가 됩니다.

나는 증손자가 네 명 있는데 첫째 손주에게 세 명, 둘째 손주에게 한 명으로 관찰 대상으로는 부족합니다.

---

34) 세상에서 자기만 잘났다고 뽐내는 태도. 석가모니가 태어나자마자 사방으로 일곱 걸음을 걸으면서 자신이 이 세상의 최고가 될 것을 예견하며 했다는 말.

'혈통보다 환경氏より育ち[35]'이라고 오래전부터 전해지고 있습니다만, 이것은 성장 과정에서의 환경이나 교육의 중요성을 가르쳐 주고 있습니다. 경주하는 말은 혈통도 성장도 소중하게 길러지고 있겠지요.

할머니로부터 애지중지 키워진 탓인지 운동 신경이 발달하지 못해 1학년 체조 시간에 피구를 하던 중, 나는 2반의 다케우치 시게요시武內成義가 던진 공을 받지 못하고 엉덩방아를 찧은 적이 있습니다. 아직도 부끄러운 잊을 수 없는 기억입니다.

체조는 내가 제일 못하는 시간으로 철봉도 아직 거꾸로 올라갈 수 없습니다. 다케우치 군은 진해중학을 통해 존경하는 친구였지만 지금은 소식을 알 수 없게 되었습니다. NHK의 베테랑 아나운서 다케우치 도코武內陶子 씨의 삼촌입니다.

온살배기나 그렇지 않은 생일이 늦은 차이에 대해 지금에 와서 생각해보면 2월생인 저는 일찍 태어났지만 지금까지 살아오면서 손해라고 느낀 적은 전혀 없었습니다. 오히려 몇 개월 이득을 봤다는 의식은 있었습니다.

그런데 4명의 증손주 중 첫 번째가 8월, 두 번째는 이듬해 3월에 태어나 진학을 하면 같은 학년이 되는 것입니다. 지금까지 생각해 본 적도 없었던 것은 집에서 문제가 되지 않았기 때문이라고 생각합니다.

전학해오는 동급생의 키가 자신보다 클지 작을지는 크게 궁금했지만 손실과 이득까지는 느낄 수 없었습니다. 학년 중에 체력 차이가 나고 내가 힘이 약했던 것은 지금에 와서 생각하면 온살배기 때문이었을지도 모릅니다.

---

35) 가문보다는 가정교육(환경)이 중요하다는 말.

기억에 남는 할아버지의 일하는 모습은 아마 겨울 모습으로 생각합니다만, 진해는 조선의 남쪽으로 바다에 면해 있어 겨울은 온화한 기후였다고 생각합니다. 겨울의 통학 모습은 모자, 귀마개에 반바지, 장화였지만 바지 밑으로 양쪽 허벅다리를 통해 입은 좁은 통 모양의 속바지가 돋보이는 학생도 있었습니다. 당시 애창가로는 '미치노쿠陸奥의[36] 눈보라'가 있습니다.

다카쿠라 겐高倉健, 기타오오지 긴야北大路欣也가 출연해 유명해진 핫코다산의 조난을 애도한 1902년메이지 35년에 만들어진 노래입니다만, '오늘의 추위는 어찌할 도리가 없이 영하 18도'라는 가사가 있습니다. 진해에서도 영하 20도인 날도 있고, 이 정도의 추위로 왜 핫코다산八甲田山[37]에서는 조난사고가 났을까 하고 친구와 이야기한 기억이 있습니다.

진해소학교현 도천초등학교에서는 석탄 난로가 교실에 있고 도시락은 난로로 데우고 있었습니다.

진해중학교 시절에는 기숙사생이 목욕탕에 갔다가 돌아오는 길에 수건을 허공에 휘두르다 보면 수건이 얼어 딱딱한 막대기처럼 되었다고 했고, 근로동원으로 경비부警備府 구내에서 작업을 할 때, 바다 물결치는 조약돌 위에 천장을 친 것처럼 얇은 얼음이 깔려 있는 것을 발견하고 진해에서도 바다가 얼어붙는 현실을 만났을 때의 놀라움은 잊을 수 없습니다.

할머니가 평소에 진해의 겨울은 삼한사온이라고 해서 3일간 추운 날이 계속되면 4일간 따뜻한 날이 계속되니 약간의 추위는 참

---

36) 이와키(磐城)·이와시로(岩代)·리쿠젠(陸前)·리쿠츄(陸中)·무쓰(陸奥) 5개 나라의 옛 명칭, 옛날 일본 내 지방 이름.
37) 핫코다산은 아오모리 시의 남쪽에 솟아 있는 오오다케(해발 1,585m)를 주봉으로 하는 18개 산으로 이루어진 복수 화산의 총칭.

으라는 말을 듣고 자랐습니다.

우리집 거실은 내가 어렸을 때 연탄을 사용하는 온돌이 되었는데 시험 삼아 요이불을 펴서 잤더니 베개까지 따뜻하여 거북해서 잠을 못 잔 적이 있습니다.

진해중학동창회에서 서울 힐튼호텔에 숙박했을 때 고가 동창회장의 방을 찾았더니 온돌방이고 내 침대방보다도 더 넓어서 '계절에 상관없이 온돌방쪽이 좋겠다.'고 생각한 적이 있었습니다. 조선인에게 허리가 굽은 노인이 없는 것은 온돌이 있기 때문이라고도 들으며 자랐습니다.

우리 집에서는 이불 속에 히바코火箱[38]라는 숯불을 사용한 앙카行火[39]나 탕파湯婆[40]를 모두가 사용했습니다.

여름에는 선풍기 같은 것은 없었으며, 부채로만 더위를 견디어냈지만 현대와 같은 열사병 대책을 모르고 자랐습니다.

식료품은 파리장蠅帳[41]이라고 불리는 처마 밑에 드리운 진열대에 넣어 보관했습니다. 그 안에 넣어둔 연유練乳를 뜯긴 구멍으로 몰래 마시는게 즐거움이었습니다.

미국 등 연합국과의 전쟁이 진주만 공격으로 시작된 것이 1941년 12월 8일, 소학교 4학년 때였습니다. 군함 행진곡으로 시작하는 라디오ラヂオ, 이 무렵 라디오는 라지오(ラヂオ)로 표기하고 있었습니다[42] 임시 뉴스의 대본영大本營발표에 가슴이 뛰고 있었습니다.

1941년쇼와 16년은, 연일 연전연승의 뉴스가 계속되어, 특히 영국의

---

38) 화로 바닥에 놓는 상자.
39) 각로(脚爐). 이불 속에 넣어 발을 덥히는 작은 화로. 숯불을 넣어서 손발을 따뜻하게 하는 도구.
40) 더운물을 넣어서 몸을 덥히는 데 쓰던 물통.
41) 파리 등의 벌레가 음식물에 앉는 것을 방지하고 통풍이 잘 되도록 하는 기구로 우산망으로 된 접을 수 있는 것이나 전면이나 측면에 망을 친 찬장형의 것이 있다.
42) 현 라디오는 ラジオ로 표기함.

불침 전함 프린스 오브 웨일스와 순양전함 리펄스를 굉침轟沈[43]시킨 하늘로부터의 어뢰魚雷 공격의 전쟁 성과에는 크게 흥분했습니다.

개전 사흘 만에 영국의 동양함대는 주력을 잃고 말았습니다. 시가지에는 영국이 강화講和를 신청했다는 소문이 무성했지만 진상은 알 수 없습니다.

이 무렵의 영화는 '하와이·말레이만 해전'에서 쓰부라야円谷 씨의 특수 촬영特殊撮影이 유명했는데 바다에 떨어진 포탄의 물보라가 잘 올라가지 않아 고생한 것으로 알고 있습니다.

6학년이 막 되었을 때 '말레이의 호랑이'[44]라는 영화가 개봉되었습니다. 6학년은 남자 학급이었지만 음악시간에 아무렇지도 않게 영화 주제가를 부르기 시작하면서 여교사도 손을 댈 수 없을 정도의 흥분 상태가 되었습니다.

"남쪽의 하늘과 땅 널리 활약하며, 이끄는 부하는 3천 명, 하리마오, 하리마오, 말레이의 하리마오 욕심무도한 영국놈, 하늘을 대신하여 해치워라, 하리마오, 말레이의 하리마오"라고 전원이 소리를 지르며 도취상태의 시간이었습니다. 진해소학교 강당은 우리의 합창 소리가 가득했습니다.

대전쟁 개전으로 6학년에 실시되었던 경성으로의 수학여행은 중지되었고 시골 사람들이 도시를 체험할 기회가 빼앗겨 평생 수학여행이라는 것을 맛보지는 못했습니다.

개전 후 2년 남짓 지난 1942년昭和 17년 6월 미드웨이 해전에서 뜻밖의 패전을 당하기 전까지는 각지에서 연전연승을 거듭했지만 전쟁 성과에 취한 것도 얼마 되지 않아, 6학년인 1943년昭和 18년 4월

---

43) 커다란 배가 폭파되어 큰 소리를 내며 가라앉음.
44) 동남아시아의 말레이 반도와 그 주변의 싱가포르 섬을 비롯한 여러 섬들을 통틀어 이르는 말.

연합함대사령장관 야마모토 이소로쿠山本五十六 대장의 탑승기가 솔로몬 섬 상공에서 미군기에 의해 추락하는 비극이 일어났습니다.

전쟁 성과에 취해 있던 나도 일반 국민도 모르고 있었습니다만 전쟁 상황은 나날이 악화되고 있었습니다.

이 무렵 할머니 누이가 항구로 되돌아 온 군함의 막대한 피해상황을 해군의 석유 탱크에 근무하는 모로쿠마諸隈 씨라는 지인으로부터 듣고 있었기 때문에 "전쟁에는 진다."라고 말하기 시작했을 때는 솔직히 놀랐습니다.

"할머니는 필승의 신념을 가져야 돼."라고 노골적으로 반박한 것이었습니다.

일본 역사상 가장 큰 국난으로 불리는 가마쿠라 시대의 몽고 내습 때 가미카제神風가 불어 하루아침에 몽고군의 배가 침몰했다는 전설에서 일본은 신의 나라이기 때문에 반드시 신풍이 불고 싸움에서는 이긴다는 것이 당시 국민의 의식이었습니다.

이것은 태풍이 불어 닥친 결과였지만, 당시의 일본 국민은 가미카제가 부는 것을 기대하고 있었습니다. 참으로 단순했습니다.

1944년쇼와 19년 육군요새사령부 자리에 진해공립중학교가 개교하여 조선 각지에서 입학시험에 합격한 소년들이 입학해 왔습니다. 소 히로시 군이 소유하고 있는 자료로 4월 19일자 영수증에 150엔을 4월분 월사금月謝金으로 납부한 것을 알 수 있습니다.

중학교 입학시험에서는 현수懸垂[45] 3회가 합격 조건이라는 말을 듣고 마당에 철봉을 만들어 연습을 했는데 가와나미 야스히코 씨에게 쇠고기가 매달린 것 같다고 혹평을 받았습니다.

실제 시험에서는 힘껏 뛰어오른 기세로 한 번이 고작이었습니

---

45) 매달림.(기계 체조의) 매달린 자세. 턱걸이.

다. 다행히 중학교 입학시험은 합격했지만, 할아버지의 권위가 미치지 않는 다른 중학교였다면 합격할 수 있었을까요. 우연하게도 어머니가 진해고등여학교 1회 졸업생이었는데, 어머니와 아들 두 사람 다 진해에 개설된 중등학교 첫 학생이었던 셈입니다.

경성이나 부산에서 온 신입생들은 우리들 시골 사람들과는 다른 도시 분위기를 풍기고 있었습니다.

특히 경성에서 온 8명은 검은 가죽 편상화編上靴[46]를 신고 있어서 그것만으로도 매우 멋있었습니다. 스케이트용 신발이라고 하였는데, 진해의 겨울놀이라고 한다면, 돈코산바시[47] 옆에 있던 얼음이 언 연못 위 사과 상자에 호차戸車[48] 용 레일을 달아 타고 미끄러져 노는 정도가 고작이라 도시와는 상당한 큰 차이가 있었습니다. 나는 이걸로 논 적은 없었습니다.

본 적도 없는 식당차 차내 방송 성대모사를 하고 장난을 치기도 하는 것이 진해에서 태어나 자란 아이에게는 새로운 문명이 열린 느낌이었습니다.

개교 초기에는 기숙사가 문을 열지 않았기 때문에 외지의 학생들은 마을 유력자의 집에 분산되어 하숙을 했습니다. 우리 집에는 경성의 이데 고지井出孝二 아카사카 고조赤坂宏三 군이 배정되었습니다. 이미 식량난이 심한 시기였기 때문에 할머니 누이의 고생은 상당했다고 생각합니다.

그들의 소지품에는 경성중학 이데라든지, 용산중학 아카사카라든지 이름이 들어 있었기 때문에 경성의 유명 중학교 입학시험에 실패했음을 말해 주고 있었습니다.

---

46) 끈을 훅(hock)에 걸어 X자 모양으로 엮어 올려서 신는 목이 긴 구두.
47) 우리말은 '말뚝망둥어 부두'라는 뜻으로 현 해군사관학교 내 부지에 있던 부두 이름.
48) 미닫이가 잘 여닫아지도록 문짝 아래에 홈을 파고 끼우는 작은 쇠바퀴.

입학식에는 해군경비부 참모장들도 참석했는데, 전쟁이 이듬해 여름에 패전으로 끝날 것이라는 것을 신이 아닌 무력한 인간으로서는 전혀 알 수 없었으며, 1학년 학교생활도 학과 외에 황무지 개간과 퇴비 만들기와 고구마 모종 심기라는 농사였습니다.

쉬는 시간에는 '비둘기집'이 남아 있는 것이 드물어, 전서구伝書鳩[49] 깃털이 흩날리는 좁은 방에서 놀았습니다. 요새사령부가 퇴거한 지 얼마 되지 않은 때라 비둘기가 사육되던 흔적이 많이 남아 있었습니다.

전서구는 전후戰後에도 신문사의 중요한 정보 전달 수단이었습니다. 지금은 다케바시竹橋에 있는 마이니치신문사 본사 건물에 비둘기 몇 마리가 빌딩을 장식하고 있다는 것을 다고田後 기자에게 배웠습니다.

그런데 상급학교 수업을 처음 듣는 흥분 속에서 진해중학교 개교 1교시 수업은 지리와 역사 담당 사카네坂根 선생님의 역사 시간이었습니다. 교문 근처 잔디밭에 앉아 푸른 하늘 교실 속에 선생님 특유의 주름진 목소리로 '세계 4대 문명의 발상지는'이라는 첫 목소리로 최초의 수업이 시작되었습니다.

생물 시간에는 살아있는 개구리의 해부로 잔혹한 첫 경험에 모두가 조심스레 임했습니다. 꿀벌 분봉分蜂[50]으로 야단법석이었던 것도 입학한지 얼마 되지 않았을 때였습니다.

학교 근처의 황무지를 개간하고, 자신들이 만든 퇴비를 땅에 뿌려 식량 증산의 국책에 따라 고구마를 재배했습니다. 모판에서 모종을 만들어 간노神野 선생님의 지도로 심었습니다만, 맛은 둘째

---

49) 통신에 이용하기 위해 집비둘기를 개량한 비둘기.
50) 봄이나 여름에 벌, 특히 꿀벌이 증식하여 여왕벌을 포함한 한 무리가 옛 집에서 나와서 새로운 집으로 이동하는 것.

문제이고, 수확량이 많은 오키나와 100호라는 품종이었습니다.

1학년 생활은 농사와 근로동원으로 인해 학과 수업은 조금만 하는 매일이었지만 소학교와는 달리 교우나 배움이 신선하고 보람찬 나날이었습니다. 조선인 신입생도 상당한 인원으로 각지에서 입학해 왔습니다.

2학년이 되자 1학년이 입학해 와서 가장 높은 상급생이 된 셈이지만, 전쟁의 형세 악화에 따라 학도근로 동원으로 해군 구내 토목작업이나 허드렛일을 해야 했습니다.

당시 우리는 물자부족 때문에 게다^{일본 나막신}가 많았는데, 수업이 끝났을 때 게다가 없어졌다는 소동이 있었고, 그것을 지켜본 견습 사관이 "너희는 호오바^{朴齒[51]}나 신어라."고 하며 우리들을 마주보게 정렬시켜 서로를 때리는 대항연습^{対抗演習}을 시켰습니다.

상대가 친구이므로 적당히 겨루고 있으면, 다시 시작하라고 하여 여러 번 상대를 때리게 하고, 지금은 그 사관의 얼굴 모습이 자세히 기억나지 않지만 동경하던 해군병학교^{海軍兵學校}에 대한 호감은 금세 상실되어 해군이 정말 싫어지는 사건이었습니다.

아직 열두세 살밖에 안 되는 진해중학생들에게 너무 인기가 없는 청년 사관의 행태였습니다.

신설 진해중학교에서 선생님들이 신입생들에게 암송하도록 제시한 것은 히로세 단소^{広瀬淡窓[52]}의 '게이린소자츠에이 쇼세이니 시메스^{桂林莊雑詠諸生に示す, 계림장 잡영 제생에 제시함}'였습니다. 교가가 없었던 우리에게는 교가 같은 것으로 지금도 암송할 수 있습니다.

말하지 맙시다, 타향에서의 면학은 괴롭고 괴로운 일이 많다고.

---

51) 후박나무로 굽을 만든 왜나막신(호오노키바).
52) 에도시대의 유학자이자 교육자, 한시인(漢詩人).

여기에는 솜옷 한 벌을 빌려주는 동료가 있어 자연스럽게 친해지니까.

새벽에 변변치 않은 문으로(밖으로) 나와 보니 서리가

눈처럼 (하얗게) 내리고 있다.

자네는 물을 길어 오게, 나는 장작을 주워 오겠어.

2학년이 되자, 교실은 공장으로 변하여 '국민 총무장 무기國民総武
装兵器'라고 이름 붙여진 간이 수류탄과라는 박격포迫擊砲의 탄환 제
조를 실시했습니다.

패전 후에 각지에서 귀환한 동창에게 들은 바로는 베이징에서
도, 부산에서도 같은 작업에 종사하고 있었다고 합니다. 수류탄은
윗부분에 성냥과 똑같은 약을 바르고, 파라핀으로 방수한 종이봉
투에 든 마찰지를 꺼내 문질러 점화해 1·2·3으로 던진다고 하
는 유치한 것이었습니다.

반면 서민들의 삶은 일본 본토와 조선이나 만주와 같은 외지와
는 차이가 있었던 것 같습니다.

진해에서도 식량은 옥수수가루가 배급되고 할아버지는 이것으
로 만든 찐빵을 좋아하신 것 같았는데, 쇠비름 기름은 어디에나
자라고 있는 잡초 쇠비름을 "일본 본토에서는 먹는다고 하더라."
라고 어머니가 말했습니다.

이 무렵, 일본 본토에서는 같은 세대의 아이들에게 학동소개学童
疎開[53]가 실시되고 있었습니다.

이애옥 씨와의『〈일본국〉에서 온 일본인』니시무타 야스시 저서를
통해 2020년 7월에 시작된 교류는 세계적인 코로나바이러스 팬데
믹 속에서 메일과 라인LINE으로 매일같이 이루어졌습니다.

---

53) 제2차 세계 대전 말기인 1944년 7월부터 전화(戦禍)를 피해 대도시 아동들을 집단 또는 연고로
시골 등으로 피난시켰던 일.

2021년 3월에 탤런트 후쿠야마 마사하루福山雅治씨의 패밀리 히스토리가 NHK에서 조만간 방영될 예정인데, 그의 친할머니 히사ㅅ씨가 다이쇼시대 진해 마츠바초松葉町16번지에 살고 있었다는 사실을 애옥 씨로부터 뜻밖에 전해들었습니다.[54)]

나는 마쓰오박신당이 1927년쇼와 2년에 진해방비대의 검열을 받아 발행한 '진해시가전도鎭海市街全圖'를 진해중학교 동창회에서 복각했는데, 그 여분을 고가 회장에게서 물려받았기 때문에, 진해의 박물관에 보존 전시하고, 애옥 씨의 동료들이 진해 거리를 안내하는데 사용하면 좋겠다고 생각했습니다. 그 지도 11부와 내가 동창생과 후배들의 도움을 받아 1995년헤이세이 7년에 최종적으로 만든 주택 지도도 곁들여 진해에 보냈습니다.

내가 생각했던 것 이상으로 현지에서는 크게 기뻐해 주어, 바로 이전의 시가지와 현재를 비교하는데 유용하게 활용되었습니다.

마츠바초 16번지도 시가지 지도로 즉각 확인할 수 있어 주택지도에서 1945년쇼와 20년에는 떡집이었던 것이 밝혀지고, 게다가 애옥 씨의 등기부 조사에 의해서 건물이 히라이 잡화상 방물점平井小間物屋에 의해서 보존 등기되고 있던 것도 알았습니다.[55)]

벚꽃이 활짝 필 즈음인 3월 23일에, NHK 한국 협력 취재팀이 진해에 촬영하러 왔고 진해근대문화역사길 해설사 이현호 씨와 애옥 씨가 가이드를 맡았습니다.

지도상으로 마츠바초 16번지는 존재해도 한국 해방 후 거리의 양상은 완전히 변모하여 옛 모습을 그리지는 못했지만 후쿠야마 씨의 할아버지도 해군통신병으로 7년간 진해에서 근무하고 있었

---

54) 현 진해구 중원로 38번길 12(중평동).
55) 여자들이 쓰는 화장품이나 바느질 기구, 패물 따위의 물건을 통틀어 이르는 말.

기 때문에 할머니 히사 씨와의 로맨스도 이 시대라고 생각되어 취재팀의 흥미도 이 점으로 좁혀진 것 같습니다.

4월 26일에 이 프로그램은 일본 전국으로 방영되어 후쿠야마 마사하루의 많은 팬은 물론 진해에 추억을 둔 사람들은 매우 기뻐했습니다. 애옥 씨와 나의 교류가 없었다면 이번 취재 단서는 전혀 없었을 것이고, 현해탄을 넘어선 교류가 낳은 부산물이라고 할 수 있습니다.

1945년 이후 나의 진해를 향한 그리움은 어른들 못지않게 컸지만 어른들은 '진해 친구들 모임鎭海友の会', '진해고녀동창회'가 매년 열려 성대한 모임을 이어가고 있었습니다. 우리의 '진해중학 동창회'는 고가 구스미古賀품住 회장의 노력으로 1972년쇼와 47년에 제1회의 모임을 도쿄 긴자에서 실시한 이래 매년 총회를 일본 국내와 한국 각지에서 실시해 왔습니다.

나의 건강에 대해서

어려서부터 병이 잦았던 것은 이미 말했습니다만 곧 90세를 맞이합니다. 오늘까지 무사히 살아있는 이 몸은 현대의학 덕분입니다.

큰 병력病歷은 2008년 가을에 신장암 진단을 받고 즉시 수술을 부탁하여, 데이쿄帝京대학 부속 미조노구치 병원에서 오오야 의사의 집도로 오른쪽 신장 적출 수술을 했습니다.

당일은 크리스마스 전날이라 의사는 꺼려했습니다만, 부탁하여 결행했습니다.

이 병원은 그 이후에 신축하여 새로운 병원이 되었습니다만 당시에는 신축전의 오래된 병원으로 수혈을 하지도 않고, 오른쪽 신장을 척출해서 지금 저는 한쪽 신장만 있습니다.

신장 적출 후 10년이 경과한 후 새롭게 단장한 데이쿄병원에 원인 불명의 발열로 9월부터 11월까지 입원을 하게 되었는데, 지금도 그 후유증이 아닌가 하는 생각이 드는 보행의 불편이 있어 피트니스 센터에 매일 다니며 체력 회복에 힘쓰고 있습니다.

게다가 2021년 12월 11일에 변 검사가 양성이 되어 상행결장암上行結腸癌[56]으로 진단되어 내시경 수술을 고바야시 의사의 집도로 실시했습니다. 1년이 이미 지났지만, 3개월마다 받는 검사 결과로는 전이도 없이 순조롭다고 합니다.

---

56) 결장(맹장과 직장 사이에 있는 대장의 한 부분)의 상부 영역에서 발생하는 암.

제19장
마쓰오 가문의 묘지에 대해

나의 가족사를 돌이켜볼 때 이와야고치岩谷川内에 있는 이와사키岩崎 묘지의 마쓰오 가문 무덤에 대해 언급해야 합니다. 이 묘지가 현재의 구획이 된 것은 1932년쇼와7년으로 추정됩니다.

상상을 더해 묘지의 정비 상황을 고려하면 이와사키 묘지에서 가장 눈에 띄는 곳이고 묘역도 최대인 것은 당시 장남 겐이치, 차남 시게모리, 셋째 아들 구니지国治, 넷째 아들 히데이치秀一의 합의에 의해 공사가 이루어졌습니다.

이 무렵 아리타에 거주하고 있던 사람은 시게모리와 히데이치이며, 겐이치는 진해, 구니지는 만주에 있었습니다.

조상대대의 무덤을 이장하는 데는 상당한 비용이 들었을 것으로 생각되지만 장남 겐이치는 박신당 경영을 시작한 지 얼마 되지 않았고, 구니지는 만주에 있어 동아동문서원東亜同文書院을 졸업하고 실업계에 들어와 방적紡績 회사의 간부를 맡고 있었습니다.

구니지에 대해서는 주고받은 남겨진 편지 내용으로 미루어 봤을때 돈에 대한 도쿠스케의 무심함은 동문서원 졸업 당시부터 계속되고 있었습니다.

개발 자금을 갖고 싶은 아버지 도쿠스케에게 월급쟁이가 되어 매달 안정적인 수입이 있는 아들은 가까운 돈줄로써 아들로부터의 소식은 반가운 존재였던 것 같습니다.

남겨진 서한을 읽으면 가장家長으로 부터의 끊임없는 자금 조달에 고뇌하는 젊은 구니지의 모습이 손바닥 보듯이 이해가 됩니다.

나중에 만주방사창滿州紡紗廠[01]의 사장이 되어 종업원은 6천명, 일년 후에는 1만 2천명으로 확장했다고 마쓰오 히데이치는 전하고 있습니다.

내가 어렸을 때 어머니로부터 구니지 삼촌은 부실 회사를 살리는 명인名人이라는 설명을 들었습니다. 구체적인 것을 이해할 수 있는 나이는 아니었지만 '훌륭한 사람이구나'생각했습니다. 데루光子 부인과의 사이에 자식이 없었기 때문에, 형 시게모리重盛ㆍ고토コト 부부의 막내아들인 마사루勝를 양자로 삼았지만, 친족 중에서는 가장 경제적으로 풍요로운 생활을 하고 있었습니다.

마쓰오 가문의 보리사菩提寺[02]인 호온지法恩寺, 법은사 본당에 구니지가 기부하여 바친 주홍 옻칠 탁자가 있는데, 당시 구니지의 경제력과 호온지에의 귀의帰依모습을 엿볼 수 있습니다.

귀환 후에 구니지 씨로부터 들은 추억을 회상하며 들려준 이야기 중의 하나입니다. 만주에서 방적 회사를 경영하고 있을 무렵, 중국인 문제로 당시 상하이 총영사였던 요시다 시게루吉田茂氏 씨에게 진정陳情을 했더니 "자네들은 저 패거리를 인간으로 생각하고 있는가. 개라고 생각하시오."라는 말을 들었다고 합니다.

조계租界[03]에 '개와 중국인은 들어가지 말것'이라는 입간판이 있었다고 하는 시대입니다. 일본인들도 비슷한 차별을 서양인들로부터 받던 시대였습니다.

---

01) 방(紡) : 실을 잣다. 방적(紡績)의 준말. 사(紗) : 생견(生絹)으로 성기게 짠 얇고 가벼운 옷. 창(廠) : 지붕만 있고 벽이 없는 건물. 변하여, 작업장, 예) 병기창, 공작창, 공창, 선창 등.

02) 한집안에서 대대로 장례를 지내고 조상의 위패를 모시어 명복을 빌고 천도와 축원을 하는 개인 소유의 절.

03) 19세기부터 제2차 세계 대전까지 중국의 개항 도시에 있었던 외국인 거주 지역.

일본인들도 식민지에서는 똑같이 지배자의 감각으로 차별을 하고 있었던 것입니다. 요시다 시게루 씨의 손자인 아소 다로麻生太郎 씨는 그의 발언이 신문 기사가 되는 일이 많은 사람인데, 피를 이어받았다고는 해도 식민지를 모두 잃은 오늘날의 일본이고, 게다가 차별에 대해 국제적으로도 인식이 진행되어 온 현재와 단순히 비교할 수는 없을 것입니다.

장남인 할아버지 겐이치는 본산 에이헤이지永平寺, 영평사 참롱을[04] 권하며 우리들에게 전하는 이야기에서도 부처님에 대한 귀의帰依 모습은 찾아볼 수 있었지만 아리타 본가에 대한 경제적인 지원을 하는 모습은 알 수 없습니다.

그러나 장남 겐이치, 차남 모모타 시게모리, 셋째 아들 구니지, 넷째 아들 히데이치와 각각 개성이 풍부한 남자 형제들이 세상에서 흔히 볼 수 있는 형제간의 사이가 좋지 않은 불화 모습은 찾아볼 수 없습니다.

상식적으로는 이상한 일이지만, 이것은 고조부 할아버지 가쓰타로의 존재나 증조부 도쿠스케를 빼고는 말할 수 없을 것입니다.

또 내가 지금 보기에는 '가난했다'는 것에 그치지 않을까 싶습니다.

일본 패전 귀환 후 마쓰오 가문이 사가佐賀 은행에서 빌린 돈을 갚은 기록이 있습니다.

할머니 누이가 '이 집은 내 것이니까'라고 평소 말했던 것은 이 일이 있었기 때문이라고 지금은 짐작합니다.

이와사키 묘지 내의 마쓰오 가문의 묘역은 주변 무덤에 비해 넓

---

04) 신사(神社) · 절 등에 묵으면서 밤낮으로 기원하는 것.

고 1833년덴포天保3년의 초대 군병위群兵衛[05] 부인의 묘석이 가장 오래되었는데, 구역 내에는 스모 역사カ士 고만다케五万嶽의 큰 묘석도 있고, 이에 대해서는 여러 구비口碑·구전口傳도 있어 지금은 그것을 믿을 수밖에 없습니다.

회반죽벽에 둘러싸여 철문으로 지켜져 있던 묘역은 소학교 입학 전에 어머니와 방문했던 한 번뿐인 기억으로도 훌륭했지만 전쟁 중에는 금속 공출로 대문이 없어지고 전쟁 후에는 흰 벽도 손상되어 보수에 비용이 들게 되었습니다.

그 후에 나는 지하 납골 공간도 좁아서, 친척분들께 호소해 공동으로 묘역의 개수改修를 실시해 마쓰오 가문 일족의 묘지로서의 모습을 갖추었습니다.

현재 납골되어 있는 사람은 겐이치·누이·마사미·하루에, 무쓰키睦月, 1963년에 가고시마에서 죽은 나의 둘째 딸, 구니지·데루·치요코, 마사루, 히데이치·치요노, 그 밖에 지난 해 같은 이와사키 묘지 내에 있던 나가노 가문의 무덤을 모아 나가노 가네스케永野兼輔·다케タケ 도쿠스케 차녀, 오기 고레요시雄城惟義·시즈코静子, 가즈코和子, 도모유키知行, 나가노 요시토永野義人의 7주柱[06]를 합장했기 때문에 이 묘지를 정비한 쇼와 초년에 도쿠스케의 아이들이 생각한 대로 '구회일처倶會一処, 함께 한 곳에 모임'의 소원을 성취했다고 말할 수 있겠습니다.

---

05) 방위부(兵衛府)에 속하며 궁궐 안쪽 성곽의 문을 지키고 천황의 행차에 수행하는 병사.
06) 접미어로 수를 나타내는 말에 붙여 신체·유골 등을 세는 말 : 위(位).

마쓰오가문의 묘지, 마쓰오 히데이치松尾秀一, 1932년 무렵으로 추정.

松尾家墓, 松尾秀一, 昭和 7 年だと思われます.

제20장
마치며

1911년메이지 말에 시작된 진해 마쓰오박신당 이야기는 1945년에 제2차 세계대전 패전에 따른 조선 진해에서의 마쓰오 일가족의 귀환으로 일단 종결합니다.

니시무타 야스시 씨가 진해에 인연이 있는 네 명의 소년 만주, 북한, 부산으로부터의 귀환을 취재한『〈일본국〉에서 온 일본인』이 슌쥬사春秋社에서 출판된 것이 2013년헤이세이 25년이었습니다.

내용을 훑어보면 아시겠습니다만, 고가 구스미古賀苦住 나의 친한 친구, 노자키 히로시野崎博, 고노 아키라河野愧와 내가 참여한 체험을 니시무타 씨가 꼼꼼하게 조사해『〈일본국〉에서 온 일본인』을 상재하기까지 수년이 걸렸습니다.

출판 당시에는 모두 건강했던 네 명이었지만 쥰텐도順天堂대학 명예교수 고가 구스미는 2019년 1월 1일에 대뇌피질 기저변성증이라는 3만 명 중 1명이라는 난치병 때문에 수년간의 투병도 헛되이 사망했다는 츠타코가た子 부인의 소식을 받았습니다.

그는 진해중학동창회 설립의 공로자이며 병으로 쓰러질 때까지 회장도 계속했습니다.

진해중학 동창회는 동창생이 2학년뿐이며 새롭게 회원이 충원되지 않으면서 회원은 나이가 들수록 감소하여 모임은 자연 소멸의 길을 걷습니다. 고가 회장의 활동이 그침과 동시에 모임의 활동도 종언終焉[01]을 맞이했습니다.

노자키 히로시는 소학교 때 진해에서 부모님과 함께 북한 흥남으로 이사해 현지에서 귀환을 맞이했는데 패전 후 30여 년이 지나 내가 나고야에서 근무할 때 분게이슌쥬文芸春秋, 문예춘추 독자란에 그가 투고한 진해체험기를 통해 그의 소식을 알게 되었습니다. 그가 사는 후쿠이는 당시 나의 관할지로 그와는 곧 만날 수 있었습니다.

나는 나고야 이전 근무지가 가나자와였기 때문에 호쿠리쿠北陸 일대의 말끝이 올라가는 그의 후쿠이 사투리에 놀랄 사이도 없이 1945년 8월 이후 첫 해후를 이루었습니다. 후쿠오카 거주 고노 군과는 이미 연락이 닿았기 때문에, 훗날『〈일본국〉에서 온 일본인』의 멤버들이 모여, 함께 시간을 즐기면서 보내는, 40년을 넘는 교류가 시작되었습니다.

노자키군은 최근 들어 종활終活[02]을 시작해 매년 겨울에는 호쿠리쿠의 겨울에서 벗어나 하와이나 오키나와에 체류하고 있었습니다만 최근 2년여 동안 따뜻한 곳을 찾아 추위를 피하지는 않았는데, 갑자기 쿄코京子 부인으로부터의 연락으로 2020년레이와 2년10월에 친족과의 온천여행 중에 여관의 대욕탕에서 익사하여 돌아가셨다는 것이었습니다.

후쿠이시의 아스와가와足羽川 강변에는 1945년 이후에 심어진 소메이요시노 벚나무가 크게 자라 벚꽃이 만발할 때는 진해를 추억할 수 있다는 그의 말에 이끌려 활짝 핀 벚꽃을 찾아 아스와가와로 꽃구경하러 가고, 살아 있는 친구들을 모아 매년 연중행사로

---

01) 하던 일이 끝남.

02) '인생의 끝을 위한 활동'의 약자. 인간이 자신의 죽음을 의식해 인생의 최후를 맞이하기 위한 다양한 준비와 그것을 향한 인생의 총괄을 뜻하는 말.

할까 이야기를 나누고 있던 참이었습니다. 술을 각별히 사랑하고 우정을 소중히 여기는 호한好漢[03]이었습니다. 그에게 대접받은 요정 긴라쿠吟樂의 요리 맛을 잊을 수 없습니다.

그는 매일 밤 이곳에서 일본술을 즐기는 것이 일과처럼 되어 있었습니다.

만주에서 갖은 고초를 겪으면서 후쿠오카로 귀환해 온 미조카미 아키라溝上愰는 부인을 잃은 뒤에도 치쿠시 여학원 단기대학 교수로 혼자 살다가 시모노세키여자단기대학 창업자의 양녀인 고노 미쓰코河野光子 씨와 인연이 닿아 나의 기억으로는 그가 55세 때 입적되어 미조카미에서 고노로 성姓이 바뀌었습니다.

나는 결혼한지 얼마 지나지 않은 고노 부부를 방문하여 시모노세키에서 만나 복어 요리를 대접받았습니다.

그는 규슈대학 교육학부를 졸업했는데 내가 동문인 것을 알고 나를 찾아주었습니다. 가나자와에서 근무하고 있을때 전화를 받은 것이 처음 그와의 접촉이었습니다.

진해고등소학교 1학년 1반 담임이었던 기시모토쓰루카와,霍川[04] 쥬노 선생님을 찾아준 것도 고노 군이었습니다.

미조카미 군이 2학년 때였습니다. 갑자기 아버지로부터 만주로 간다는 말을 듣고 진해를 떠나게 되었을 때, 진해역에서 배웅해주셨던 분이 선생님 한 분이셨던 것에 도타운 사랑을 느끼고 있어서 기시모토 선생님의 소식을 찾아 나에게 알려주었던 것입니다. 결국 그가 구마모토에 계신 기시모토 선생님도 찾아주었습니다.

기시모토 선생님을 중심으로 첫 모임을, 나는 미조카미, 노자

---

03) 의협심이 강한 사나이, 쾌남아, 좋은 남자, 호감이 가는 남자.
04) 기시모토 선생님이 결혼하여 쓰루카와로 성이 바뀜.

키, 당시 1학년 1반이었던 남학생들을 모아 벳부에 있던 내가 근무하는 회사 휴양소에서 첫 모임을 가졌습니다.

당연한 일입니다만 진해를 그리워하는 동기생은 남녀를 불문하고 많았기 때문에, 나중에는 두 반을 포함한 큰 모임이 되었습니다. 선배격인 진해고녀 동창회 이름에 벚꽃이 사용되고 있었기 때문에 우리들 모임 명칭에는, 내가 '코스모스회'라고 이름을 붙이고 그 후 매년 모임을 계속했습니다.

2반 학생이었던 시오이 스에유키塩井末幸는 도쿄증권 일부─部 상장회사 플레너스의 창업자로서 성공을 거두고 있었기 때문에, 우리 모임은 그에게서 매년 유형무형의 원조를 받았습니다. 동창회로서는 윤택한 자금으로 매년 사치스러운 모임을 개최할 수 있었습니다.

비망록으로 고노 군의 만주 이주 사실에 관한 에피소드를 기록해 두겠습니다.

고노로부터 "내가 이렇게 힘든 고생을 하지 않을 수 없었던 것에 대해서는 마쓰오 너에게 책임이 있다."고 듣고, 그 의미를 물었더니 설날에 받은 세뱃돈으로 박신당에서 고단샤講談社의 그림책 滿洲見物, 만슈겐부츠. 만주 관광을 사가지고 돌아오는데, 고노 군의 아버님이 그 책을 바라보시더니 갑자기 만주에 다녀오겠다고 말하고 길을 떠났다. 그 후 가족들도 만주로 오라고 연락이 와서 만주로 가기로 결정되었다.'라는 이야기였습니다.

『만주 관광』은 나도 그 내용과 삽화까지 잘 기억하는 고단샤 그림책이었습니다.

푸순撫順[05] 석탄 노천 캐기와 만주의 민족행사 등 당시의 어린 나

---

05) 중국 랴오닝 성(遼寧省) 동부의 도시.

에게도 가슴이 뛰는 내용의 그림책으로 농기계 그림이나 축제 기사에 흥미를 불러일으키고 어린아이 마음에도 재미있고 수십 년이 지난 중년의 나에게도 무척 그리운 책이었습니다.

이후 코스모스회 회원의 노화에 따라 쇠퇴하는 추세여서 나는 진해 아이들에게 잊을 수 없는 '벚꽃', '코스모스'와 함께 진해의 추억이 '일본해해전기념탑'과 '팽나무'이기 때문에 『〈일본국〉에서 온 일본인』출간을 앞두고 '진해 팽나무회' 출범을 기획했습니다.

마이니치신문 지방판에 첫 모임을 알렸는데, 진해 관계자로부터의 연락은 없고 경성으로부터의 귀환한 사람으로 '와타나베 스에 코渡邊スエ子'씨가 첫 모임 행사에 가입 의사를 밝혀 참가했습니다.

와타나베 씨는 우리보다 약간 나이가 많지만, 매우 건강한 분으로, 해군의 장성이었던 삼촌은 대동아전쟁大東亞戰爭 개전 전에 야마모토 이소로쿠山本五十六 장군을 비롯한 해군의 상층부를 연루되게 한, 물이 휘발유가 된다고 하는 사기사건의 해명에 관여하여 사건의 기록에도 그 이름이 있는 분입니다.

나는 '진해 팽나무회' 발족 전에 고단샤 그림책 『만주 관광』이 현재 있는 곳을 조사하여 찾기에 착수했습니다.

국립국회도서관 국제 어린이 도서관이 2000년헤이세이 12년에 우에노의 옛 제국도서관을 개장해 개관했다고 하는 보도를 본 기억이 있기 때문에 어린이 도서관이 있는 우에노를 방문했습니다.

도서관 접수처에서 고단샤 그림책이 보존되어 있는지 물었더니 전부 보존되어 있다는 답변을 듣고 『만주 관광』 열람을 신청했습니다. 많이 기다리지도 않았는데 내 앞에 『만주 관광』이 어렸을 때 손에 들었던 표지 그대로 내 앞에 나타나 주었습니다.

원래 나는 눈물을 잘 흘리는 사람입니다만, 그림책을 손에 들고 감동한 나머지 눈물이 쏟아질 것 같은 것을 참을 수 없었습니다.

많은 책에 둘러싸여 자랐는데도 『만주 관광』은 신기하게 어린 기억에 남아 있습니다.

페이지를 넘길 때마다 모든 것이 소학생 당시의 기억 그대로였고, 이 책은 꼭 고노 아키라 군에게 직접 보여줘야겠다고 생각했습니다.

재빨리 마이니치신문사 다고田後기자에게 연락을 취했고, 일반 열람자에게 폐가 되지 않도록 어린이도서관에 별실을 마련하여 우리 '팽나무회' 회원들을 위한 특별대우를 부탁할 수 있는지 어떤지를 당부하였습니다. 모이는 회원은 대부분이 수도권 거주자이지만, 중심적인 역할인 고노 군은 시모노세키, 노자키 군은 후쿠이에서 출석합니다.

이 날의 일은, 2011년헤이세이 23년 11월 8일의 석간 기사가 되어 전국에 전해졌습니다. 21세기인 지금 돌이켜본 마쓰오 가문의 역사는 20세기 서민의 역사였습니다.

20세기의 역사, 특히 러일전쟁과 일본해해전은 당시 진해 아이들에게는 일상속에서 친근한 사건이었습니다.

집 밖으로 나가면 '일본해해전기념탑'이 눈에 띄며, 도고 헤이하치로는 진해소학교 강당에 '충효'의 액자로 걸려 있고, 히로세 다케오나 스기노 병조장은 창가唱歌의 주인공일뿐만 아니라, 친척이 해군으로 진해에 근무하고 있다는 얘기도 있어 매우 친근한 이야기였습니다.

〈신문 기사〉

運命変えた絵本 70年ぶり再会

山口の80歳男性「恨みはない」

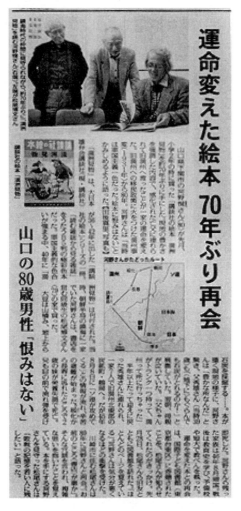

운명을 바꾼 그림책 70년 만의 재회

사진 1 진해 시절의 친구들이 지켜보는 가운데 70여년 만에 『満州見物만주 관광』을 읽는 고노 아키라 씨(오른쪽 끝). 왼쪽 끝이 마쓰오 히로후미 씨.

사진 2 고단샤 그림책『만주 관광』

사진 3 고노 씨가 더듬어 찾은 경로

야마구치현 시모노세키시의 고노 아키라 씨(80)가 지난달, 소학교 2학년 때 산 고단샤의 그림책『만주 관광』을 약 70년 만에 손에 들었다. 현지의 풍요로움을 강조한 내용으로, 그것에 감화된 돌아가신 아버지의 손에 이끌려 옛 만주로 건너간 것이 일가족의 운명을 바꿔놓았다. 옛 만주 이민 정책에 불을 지핀 만주사변1931년이 지난 지 80년. 고노 씨는 "당시에는 군국주의 일색이었다. 그림책에 원한은 없다."라고 되새기듯 말했다.

[다고 마리 글·사진]

　『만주 관광』은 대일본웅변회 고단샤현·고단샤가 1936년에서 1942년 사이에 펴낸 고단샤의 그림책 시리즈의 한 권. '읽는 잡지에서 보는 잡지'를 강조하는 B5판 극채색極彩色[06] 책이었다. 군국주의적 색채가 강해지는 시기, 1940년『만주 관광』은 출간됐다. 당시 한반도 진해에 일가족과 함께 있었던 고노 씨는 서점을 운영하는 동급생 마쓰오 히로후미(79) 씨의 집에서 책을 샀다.

　콩은 산더미처럼 쌓여, 지상에서 석탄을 채굴한다. ─책에서 묘사하는 현지의 모습에, 고노 씨는 "풍요로운 곳이구나."라며 놀라고, 아버지 히데오 씨(당시 39세)도 "(지하에) 웅크리고 있어도 석탄을 캘 수 있다는 말인가!"라고 흥분하고 있었다. 다음날 아침 어머니가 울고 있었다. "너희 아버지가 트렁크 하나 들고 만주라는 곳으로 가버렸다."

　반년 이상 지나 가족을 데리러 돌아온 히데오秀雄 씨를 따라 일가족 7명은 옛 만주 북동부의 탄광마을 쓰루오카鶴岡로... 하지만 1945년 8월 8일에 「소련이 공격해 온다」는 정보가 퍼져, 고되고 험난한 피난길이 시작되었다. 쑤이화綏化에서 창춘長春으로 도망친 곳에서 두 살 여동생이 영양실조로 사망. 형도 눈앞에서 빗나간 탄환을 맞고 즉사했다. 고노 씨 등 남은 가족은 1946년 8월 귀국. 그 이후 교육사를 배워 대학입시학원과 전문대학에서 교편을 잡았다.

---

06)　아주 정밀하고 짙게 칠한 고운 색.

야마구치의 80세 남성 '원망은 없다'

운명을 바꾼 책과의 재회는, 국제어린이도서관東京都台東区, 도쿄도 다이토구에 기증된 것을, 마쓰오 씨가 알려 준 것이 계기. 지난달 28일 마쓰오 씨 등 옛 친구와 함께 도서관을 찾았다. "대부분의 페이지를 기억한다."라고 말하는 고노 씨는 기분이 나쁠 정도의 충격을 받았다.

가와사키시에 사는 마쓰오 씨는 1989년에 고노 씨와 재회. "너희네 (서점)가 나빴나?"하는 그런 농담을 듣고 마음이 복잡했던 것을 기억하고 있었다. 책을 손에 든 고노 씨를 지켜본 마쓰오 씨는 "패전의 기억을 젊은 사람에게 남기고 싶다."라고 말했다.

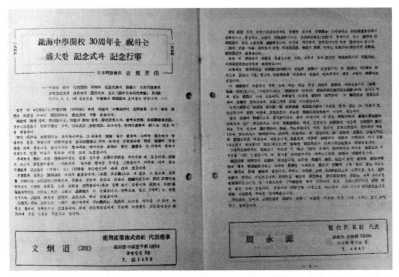

일본 진해중학동창회장 고가 구스미古賀苦住님의
진해중학 개교 30주년(1974년) 기념식 참가 소감문
日本の鎮海中学同窓会会長古賀苦住さんの
鎮海中学校開校30周年(1974年)記念式参加感想文

나의 조부모님과 부모님이 진해에서 보낸 34년은 꿈처럼 덧없는 '일취지몽'이었다는 이 이야기는 90년을 살아온 내가 부감^{俯瞰}한 우리집의 역사였습니다.

20세기, 21세기를 살아오면서 20세기는 일본도 참가하여 이웃 국가들에게 피해를 입힌 제국주의 시대였지만 평화헌법 아래 스스로 전쟁을 치르지 않았던 21세기는 평화로운 일본의 꿈속에 있었던 것 같습니다.

아프가니스탄에서 고귀한 희생이 된 나카무라 데츠^{中村哲} 씨는 지극히 평화적인 수단으로 꾸준히 아프가니스탄 국민들의 삶의 개선에 이바지해왔습니다.

병력을 파견하면서 전혀 업적을 남기지 않은 미국이나 러시아와 비교할 때 무력을 수반하지 않는 평화적인 행동으로 훌륭한 성공을 거둔 것입니다.

나카무라 씨는 이전의 아쿠타가와상^{芥川賞} 작가 히노 아시헤이^{火野葦平} 씨의 조카로 규슈대학을 졸업한 의사입니다.

분쟁을 선호하는 인류에게 전쟁과 평화는 영원한 숙제처럼 보이지만 2022년 1월 3일 핵을 보유한 5개국 정상은 핵전쟁에 승자는 없으며 결코 싸워서는 안 된다고 명기한 공동성명을 발표해 인류도 일보 전진한 듯 보였습니다.

그런데 그로부터 얼마 지나지 않은 지난 2월 24일 러시아는 일

방적으로 우크라이나 침략을 시작했고, 그로부터 매일 대중매체가 전하는 비참한 영상이 세계의 이목을 끌게 됐습니다.

52년 전 개봉한 비토리오 데 시카^{Vittorio De Sica} 감독의 반전反戰 영화 명작 '해바라기'로케이션이 펼쳐진 아름다운 우크라이나의 대지는 얼마 되지 않는 사이에 폐허로 변해 많은 어린이들을 포함한 희생자는 날이 갈수록 증가하고 있는 것입니다.

일본이 세계 대전의 패배로부터 독립한 후, 나는 규슈대학을 졸업하고 교에이생명에 취직해, 1958년쇼와 33년 11월에 다나카 사다코田中貞子와 결혼, 장녀 후미요章代, 장남 겐고謙吾가 태어나고 후미요는 미야타 히데오宮田秀雄와 결혼했습니다.

장녀 부부는 장남 히데토시秀俊, 장녀 유미優美, 차녀 아야綾를 길러 냈고, 또 손주들이 가정을 가져 히데토시는 히로토博都, 가이토開都 증손자 두 명, 유미에게는 증손자 고세이晃誠 한 명, 아야에게는 증손자 이브라힘イブラヒム한 명이 태어나 우리는 지금 네 명의 증손자에게 둘러싸여 있습니다. 다소 사정은 있었지만 평화롭고 무난한 삶이며 평온한 연금생활을 하고 있습니다.

자녀와 손주들, 증손주들 나의 후손들이 살고 있는 일본국은 앞으로 어떻게 되어 가는 것일까요.

푸틴·시진핑·김정은 등의 지도자를 떠받드는 이웃나라와 어울리며 평화를 유지하는 것은 지금의 정치인들에게는 짐이 무거울 듯이 생각되기 그지없습니다.

핵은 말할 것도 없이 생물 화학 무기의 사용도 들리고 있어, 전란은 점점 세계를 휩쓸고 갈 것 같은 형국입니다.

유엔국제연합은 이미 기능 부전機能不全을 나타내고 있습니다.

데우스 엑스 마키나[01]도키노 우지카미, 時の氏神[02]가 나타나기를 기다려야 할까요.

-끝-

진해 나카쓰지 공원(중원로터리) 오오에노키(큰 팽나무) 부근
鎭海中辻公園大榎附近
쇼와 15년(1940년 5월 2일) 진해요항부 검열 완료
昭和 15年 5月 2日 鎭海要港部檢閱済

도시미都市美

진해역에서 직선으로 시가지에의 주요 도로를 따라가면 천수백 년 된 큰 팽나무를 중심으로 방사상 형태로 구획 정연한 도시미를 자아낸다. 도로 양쪽의 벚나무는 무성하고 아름답게 흐드러질 때의 경관을 나타내고 있다 (진해명승)

---

01) 위급할 때에 구해주는 신, 혹은 소설·희곡 등에서 뜻밖의 인물이 나타나 난국을 타결하는 일.
02) 때맞게 나타난 중재인이나 바로 그때의 고마운 사람.

군항제의 벚나무 가로수
軍港祭りの桜並木

일본어 색인 〈인명〉

색인 〈사항〉

旧朝鮮鎮海 松尾博信堂物語

松尾博文 著

目 次

はじめに

　今から八十年前、1941(昭和十六年）の十二月八日、日本が米国ハワイの真珠湾を奇襲攻撃して始まった戦争は、1945(昭和二〇年）に日本がポツダム宣言を受諾し連合国に無条件降伏をして終結しました。

　この日まで日本の植民地であった朝鮮半島は解放されました。解放までの慶尚南道昌原郡鎮海邑は、明治時代の末から数多くの日本人が、それぞれに目的と希望をもって移住して来た新興の日本海軍の軍港都市でした。

　鎮海の市街を俯瞰する兜山の山頂には、この町の歴史的意義を象徴する日本海軍連合艦隊の旗艦三笠の艦橋を模して構築された白亜の「日本海海戦記念塔」が聳えていて町の何処からも眺めることが出来ました。

　私は、この町の中央に位置する「大榎」に近い住吉町１番地で書籍文房具や毎日新聞、釜山日報などを扱っている「松尾博信堂」の長男として1932年(昭和七年）二月一日に生まれました。祖父松尾謙一、祖母ぬい、父正巳、母ハルエが待ちに待った跡継ぎ息子の誕生です。

　ところが祖父母、両親の期待に反して私は、医者の往診が絶えないひ弱な子で、鎮海幼稚園で２年保育を受け、鎮海公立尋常高等小学校(のちに国民学校となる) を経て、昭和 19年(1944) に新設された鎮海公立中学校の第一回生になりました。二年生になった昭和二十年八月十五日に国家の敗戦に遭遇するまでは裕福な商人の家に育ったお坊ちゃまでした。

　後に縁があって2013年、西牟田 靖氏の「日本国から来た日本人」の上梓に深くかかわった私でしたが、この作品には私の友人や私の家庭が取り上

げられていて、大日本帝国時代の鎮海を回顧し、敗戦によって引揚げと云う大変革に直面した鎮海に縁のある日本人たちの姿を伝えるノンフィクションでした。

　この作品の出版から7年経過した2020年の夏、西牟田君からの紹介で、韓国人女性李愛玉さんから、「日本国から来た日本人」を竹国友康氏の「ある日韓歴史の旅鎮海の桜」朝日新聞社刊に続く自分の第2作として韓国語に翻訳して出版したいと云うアプローチを受けました。

　予想もしなかった突然の話でしたが、「ある日韓歴史の旅」は、有田の母から平成十一年(1999)に「鎮海の桜」という本が出版されたよと教えられ早速求めて一読し、その行き届いた調査に「鎮海っ子」として大変に感銘を受けた名著でしたので、一連の鎮海に関連する書籍についての現地の関心への驚きもあって私は躊躇なく快諾しました。

　その日から数か月の間は、中学二年生(13歳)までを過ごした「鎮海」について、李愛玉さんからメールやラインで寄せられるもろもろの疑問と質問に答える毎日でした。

　いわば私の少年時代の短い体験を手掛かりに日韓両国の歴史や文化をすり合わせる作業でしたが、私の周りに当時を知る生存者がすでに殆どいなくなっているので、私は望んで資料を提供し、語り部を務めることになったのでしたが、この数か月の私の体験が、はしなくも自らのファミリーヒストリーを改めて再認識するきっかけになりました。

　大きな店の子として生まれ、なに不自由なく育ったと思い込んでいた私は、この度の調査で祖父母が住吉町に博信堂を構えるまでには、移住から実に14年という歳月を必要としていたことを知りました。

　鎮海の松尾家は、日本が真珠湾攻撃によって始めた戦争の敗戦によって、一家が日本に引揚げるまで、母から「うちは30年以上、この鎮海で暮らしているのよ」と聞かされてずいぶん長く鎮海に住んでいるのだなと思

いながら育ってきたのですが、今、中国故事の「一炊の夢」に従うならば僅か34年間の「夢」にしか過ぎず、私が博信堂の子として育ったのはさらに短い十三年でしたから、齢九十歳を間もなく迎える今になってみるとマイヒストリーに占める鎮海生活の年数は僅かでしかないとも云えます。

　祖父母が新天地の鎮海で体験した苦労の歴史を顧みると明治、大正、昭和の数十年にわたり、この間の日本国は日清戦争、日露戦争という近代日本の国運をかけた戦争と、その勝利に始まった大正時代を経て昭和時代に至ってついに大日本帝国は大東亜戦争(今は太平洋戦争と云います)で、相手として戦った連合国にポツダム宣言を受諾して無条件降伏をし、その歴史を閉じることになる数十年でした。この間を「一炊の夢」としてクールに片づける事に私は当事者の一人としていささか躊躇いを感じるのです。

　この戦争で日本国は三百十万人の戦没者を生み、末期の沖縄戦では一般住民九万四千人、米軍人一万二千五百人を含む二千四万千六百三十二名が犠牲になりました。

　また人類への最初の核攻撃がアメリカによって行われて八月六日には広島、八月九日には長崎に原子爆弾が投下され罪のない多数の一般市民の生命を奪いました。

　長崎では、学徒動員で三菱の給与課で働いていた私の従兄(母の姉ハツエの次男)蒲地和之さんが爆心に近い城山国民学校で犠牲になりました。伊万里商業学校の四年生でした。工場の空襲から免れるために、給与課が鉄筋3階建ての堅固な城山国民学校に疎開をして間もなかったことが遺品の両親や祖父への和之さんの手紙で判ります。

　爆心地から五百m西方、高さ二〇mの丘の上にあった城山国民学校は熱線(5000度)秒速二五〇mの爆風、放射線(1km以内は致死量)をまともに受けて学校にいた教員、三菱兵器製作所員、挺身隊員、学徒報国隊員らが悲惨極まりない爆死を遂げたのです。

敗戦、引揚げという騒動の中で八月二十四日に有田に辿りついた私たち家族が、僅か半月前に起きた身内の悲劇について知ったのは母が引揚げてきた九月に入ってからでした。

　城山国民学校に和之さんの安否を求めて有田から駆け付けた父律志さんが和之さんを偲んで詠んだ「天の川息子の星を探しけり」という句は血族の一人として涙なくしては口ずさむことはできません。

　和之さんの遺品の中に昭和十九年の「つはもの日記」があります。これは物資不足の時世で貴重品だった紙製品を、私の母が有田の甥に贈ったものと思われます。なぜなら、この日記の住所録欄に鎮海住吉町松尾博文と私の名が一人だけ記されているのです。この書き込みを発見した時の衝撃は忘れられません。

　この日記は有田の和之さんの実家に書簡やノート類とともに保存されています。また長崎薬学専門学校の学生であった川浪保彦さん(川浪家の次男)も学校の地下室で被爆しました。

　私が有田に帰省した保彦さんに会った時には、頭髪が抜けて薄くなっていましたが一命をとりとめ無事な姿でした。同じ鎮海で生まれ育ち、幼い時から兄のように慕った人でした。

　日本の戦争の時代はアメリカが投じた二発の原子爆弾によって幕を閉じました。

　私は、江戸時代から続いてきた松尾窯の歴史を子孫に伝え残す語り部としての自覚からこの文章を起稿しました。

　西牟田氏の「日本国から来た日本人」に関わった時には日本人の一人として大戦争の記憶を記録として後世に残すために、彼と春秋社の力を頼ったのですが、長崎県佐世保の黒島にある天主堂に私の曽祖父徳助が日本で初めて創出した磁器タイルが用いられていて、島民悲願の世界遺産指定が実現したという事を知ったのがきっかけで、玄祖父勝太郎に遡る松尾家の

ファミリーヒストリーを、有田町歴史民俗資料館（館長尾崎葉子氏）や家に伝わる古文書を調べ、国立国会図書館にも足を運んで資料を確認し、令和元年(2019) に 「黒島天主堂の有田焼タイル　松尾勝太郎・徳助伝」 を自ら筆を執って纏め上げました。

　この頃の私は帝国主義時代の日本国の歴史についての関心は一般的な日本人の範疇から出ることの無い一市民だったのですが、韓国側の李愛玉さんと朝鮮鎮海の歴史やわが家の移住、その後の生活と歴史を辿っているうち徐々に長年の蒙は開かれ、前の二つの作品に続いていわば三部作となるこの原稿の執筆に取り組み始めたのです。

　私が一念発起して李愛玉さんをはじめ鎮海の皆さんとの交流を始めた結果、新しい知見を盛り込んで子孫に伝える記録を纏める機会が卒寿を前にして恵まれたことに感謝し満足感に浸っています。

　環境が意識を決定すると云われます。かつて私が鎮海に生まれて育ち、戦争に敗北した時代を考えてみてください。鎮海では日本海海戦の大勝利と日露戦争の記憶は、私が生まれる僅か二十七年前の出来事でした。

　一九四五年に、世界で初めて核爆弾の洗礼を受けた日本がポツダム宣言を受諾し無条件降伏をしてから今日までには既に八十年近い年数を数えています。

　私の幼時の記憶の中では東郷平八郎元帥や広瀬中佐・杉野兵曹長はイキイキと息づいていました。引揚げた後にも武雄中学の同級生、小ヶ倉主磨君に 「おじいちゃんが戦艦三笠の水兵だった」 と聞き、その元気なおじいちゃんに会ったこともあります。

　この物語は二十世紀から二十一世紀にわたるマイヒストリーでもあり、さらに祖父母に遡るファミリーヒストリーでもあります。

一. 祖父母の鎮海移住

　祖父謙一、祖母ヌイが２歳の養女ハルエを伴って佐賀県有田町を出て朝鮮鎮海に移住したのは祖父母が三十一歳の時でした。

　謙一は、有田で進歩的な窯元として知られていた松尾徳助の長男として明治十三年(1880) に生まれました。腕白な少年として育った事は想像に難くないのですが実際を伝えるものは全くありません。

　明治四十年(1907) に、同じ有田町で同い齢の川浪ヌイと結婚しましたが、二人の新婚生活は多難でした。

　謙一の祖父勝太郎は窯の経営を若い徳助に任せて、長崎で松尾窯の製品の米国輸出を試みていたので、その勝太郎を手伝ったり、当時景気が良く人口も多かった広島に夫婦で車を牽き窯の製品を商ったりもしていました。

　またヌイから聞いたところによると有田の屋敷内から温泉が出た(私は温泉については疑問視している) ことから温泉浴場の経営にも乗り出したのでヌイは番台に座ったこともあったそうです。

　松尾窯の当主である徳助は開発貧乏と町中で噂されるほどで、例えば従来薪を使ってきた窯の燃料を石炭に代える研究や、もともとの家業であった火鉢や甕などの大物の製造の外に、輸出を目的とした大型の花瓶やアンブレラスタンド （当時はカササシと呼んでいた） を製造し、国内の他の産地との価格競争に勝つために生産コストを低下させる研究などに取り組んで実績を上げていたが、絶えず事業資金難に苦しんでいました。

　2018年(平成 三十年) に世界文化遺産として登録された長崎県佐世保市黒

島にある天主堂には内陣に千八百枚の松尾製造と記された磁器タイルが用いられており、参観者の目を惹きつけていますが、このタイルは制作の依頼を受けた徳助が試行錯誤を重ねたうえで1899年(明治三十二年)に製品化に成功して、1900年に黒島教会に納入したもので、日本で最初に工場生産された磁器タイルでした。

この頃には便器や洗面器などのいわゆる衛生陶器類の製造も行っています。

黒島天主堂と同種のタイルは、現在九州各地で発見が続いています。開発に多くの人がかかわったことは分かっているのですが松尾窯が磁器タイルによって財を成したと云う痕跡は何一つありません。

此処で謙一の父徳助、祖父勝太郎の業績を年表で振り返ってみます。

明治元年　勝太郎輸出用花瓶の製作に着手。

明治四年　勝太郎39歳、ジョセフ彦(34)からアメリカ貿易を勧められる

明治五年　完全無欠の大花瓶製出に成功。

明治六年　長崎広馬場に店を開く。

明治八年　店を閉じる。

明治十年　負債を償却。

明治十三年　謙一、ぬい誕生。

明治十六年　徳助25歳、香港へ。

明治十七年　徳助帰国。勝太郎村会議員となる。

明治十八年　神戸オッペネメール商会と取引開始。

明治二十二年　勝太郎隠居。徳助石炭窯の開発に着手。

明治二十三年　第三回内国博覧会。高等商業学校に作品を寄贈。

明治二十六年　石炭素焼に成功。シカゴ万博に出品受賞。

明治二十七年　日清戦争に勝利。

明治二十八年　第4回内国博覧会。

明治三十年　神戸オッペネメール商会と特約。

明治三十二年　タイル、便器の製造に着手。

明治三十三年　黒島天主堂にタイル納品。

明治三十七年　日露開戦。

明治三十八年　日本海海戦大勝利。正巳誕生

明治四十三年　松尾ハルエ誕生。

明治四十四年　松尾謙一は、ぬい、ハルエを伴って朝鮮鎮海へ移住した。

　松尾勝太郎、徳助の親子は共に進取の気性に富んだ冒険的な人物でした。

　徳助の石炭窯の開発は窯業界に裨益すること大な業績ではありましたが、研究を中止するように忠告する人も多かったといい、燃料費を始めもろもろの開発経費は家族を貧困に追い込むことになりました。一家の長男として謙一夫婦は勝太郎の指揮のもとに懸命に東奔西走を続けていました。

　窯焼きは、すでに妻帯していた次男重盛が徳助を助けており徳助も未だ50歳代で新規の開発に余念がなかったので、製品の販売は謙一夫婦の双肩にかかっていました。

　次男重盛は有田屈指の大商社「松政商店」の娘コトと結婚して既に長女ハツエ、次女ハルエをもうけていましたが、次女ハルエは生後すぐに謙一夫妻の養女となりました。ハルエが二歳の時に謙一夫妻は新天地を求めて有田を後にすることを決意するに至ったのがこの物語の始まりです。

　親娘三人は当初青島(チンタオ)に行くつもりだったと祖母ヌイに聞いたことがあります。しかし結局は鎮海に定住し、日本の敗戦によって1945年に日本に引揚げるまでの三四年間を生活することになりました。有田を去るにあたって身内に摩擦を生じたであろうことは容易に想定できます。

　特に籍は変わっても、暮らすのは一緒だと思っていたハルエの実母コトの悲嘆は如何ばかりかと想像すると胸が痛くなります。此処に一枚の写真

があります。

　ハルエが三歳年上の姉ハツエと写っている写真です。写っているのは二人だけで母親のコトの姿はありません。

　かなり最近までの日本では、写真に写るときに三人写るのを避ける迷信が長く続いていました。関係のない人物を入れて撮影するとか、人形を抱くとか、この迷信のために記念写真を撮るのも大変な事だった時代です。

　ハルエは自分が養女であることを知らずに育ち、高等女学校に進学する頃に知ったらしいが、周りの人たち特にぬいの気遣いは私の幼い記憶でも異常に感じたほどでした。有田の家を出る際に徳助の妻サタがハルエの手に握らせてくれた銀貨が唯一の餞別だったと祖母が話してくれたことがあります。

　当時の一円銀貨は二歳の子に握らせるにはサイズが大きく、今の貨幣価値では二万円位だと思われるので、貧乏な主婦が別れに当たって幼い孫娘の手に握らせる銀貨は十銭か二十銭だったのでしょう。

　この時ハルエは二歳、オムツも今とは違って古い浴衣などから手作りした布製だった時代ですからヌイは新生活が落ち着くまでの間どのように母親の役をつとめたのでしょう。

　三十一歳の働き盛りの若夫婦にとって海を越えての冒険の旅は、ハルエの面倒を見ることに明け暮れたと思われます。

二. 鎮海の草分け川浪甚一さん

　熊本の九州薬学専門学校を卒業した川浪甚一が鎮海で薬房を開業するまでのいきさつを伝えるものは何もないのですが、明治四五年(1912年) の刊行物に川浪薬房の広告があるので二十歳代だった甚一は、すでに鎮海草分けの一人として一城の主と成っていたことが分かります。

　後に郷里有田からウタを妻に迎えた甚一は母ミネ（嘉永５年1852）も招いて巴町に店舗付きの住居を新築しました。

　甚一は朝鮮渡航の前に一度結婚していたようです。敗戦後、有田に引揚げた甚一が町なかで親しく女性から挨拶をされて戸惑ったところ 「昔の妻を忘れたとですか」 と云われたという大人同士の話を耳にしたことがあるからです。熊本の学校を卒業して有田に帰郷した頃の事だと思います。

　「薬九層倍」 と云う言葉が昔からありますが、薬は非常に利幅の大きな商品でした。薬剤師と云う資格を持った人物が成長著しい鎮海のような街で薬局を開業すれば成功は疑いなかったでしょう。

　鎮海の街には当初は開業医も多かったので、甚一の持って生れた人柄と外交力をもってすれば成功は疑いなかったと思われます。言葉通りの円満な人柄で鎮海の街ではすでに有力者でした。

　敗戦で店を閉じるまでに長男は大阪、次男は長崎の薬学専門学校に進み薬剤師になっていました。三男の暢夫さんは佐賀建立鹿島中学校の四年生で学徒勤労動員中でした。

　ヌイにとって、この弟甚一と川浪薬局の存在は大変心強いものだったでし

ょう。鎮海を定住の地として選ぶのは自然な成り行きだったと思われます。

　甚一はウタと結婚し、鎮海で三男二女に恵まれましたが、有田から母のミネも招いて同居したのでヌイは母や弟と同じ町に住むことになりました。

　ヌイの姉ハツも統営で薬種商を開業していたので一族が鎮海とその近郊に住むことになりました。

　一方で謙一は、当時の映画ファンから「バンツマ」と呼ばれた人気俳優、坂東妻三郎(田村高廣、田村正和、田村　亮、三兄弟の父)を思わせる偉丈夫でした。

　松尾窯の営業の第一線にいて磨いた外交力には自信があったと思われます。

　母に言わせると私の子ども時代もそうであったらしいのですが謙一は癇癪持ちでした。祖母は熱湯が入った鉄瓶を投げ付けられた事もあったそうです。

　ヌイが後に米寿を迎えた時に弟甚一が「艱難はふっ飛ばかして米寿かな」の自作の短冊を贈って祝ったことからも判るようにヌイの生涯は強靭な生命力で謙一と家を支えて艱難に立ち向かったのでした。

　鎮海の「桜の馬場」で毎年写した花見の写真が数枚残っています。

　1枚ではヌイは未だ若々しく髪も結っていないので移住から間もないころの写真ではないでしょうか。

　甚一の母ミネの姿や、後々までヌイの友人であった池坊華道の師範、山田のおばあちゃんの姿が見えるが、甚一の妻ウタの姿はありません。

　もう一枚では、川浪甚一を中心に、鎮海病院の院長重松鶴吉氏がおり自家用の人力車と車夫の姿も写っています。

　髪を結っているヌイの隣には甚一の妻（ウタ）さん）の姿も見られます。

　謙一の姿は無いので、おそらく花見どころではない状況の中で奮闘していたのでしょう。

　商売が思うように行かないで癇癪玉を破裂させる事も多かったと思われます。

三. 日清戦争、日露戦争と鎮海

　明治二七年(1894年) 日本国は近代日本としては初めての外国との戦争である日清戦争を開戦しました。

　これは、朝鮮半島の支配をめぐって日本と清国の間に勃発した戦で、宣戦布告から僅か9か月で日本は勝利し、清国との下関条約の結果、清国は朝鮮の独立を認めることになり、日本は台湾のほか遼東半島を清国から譲り受けた上に、多額(国家予算の2倍に当たる) の三億一千万円の賠償金を獲得しました。

　眠れる獅子と呼ばれていた大国に名もない東洋の小国が勝利を収めたことは、帝国主義化して東洋での権益拡大を虎視眈々と狙っている欧米の先進諸国に大きな衝撃を与える出来事でした。

　特に不凍港である旅順港を手放したくないロシアはドイツ、フランスに働きかけて遼東半島を清国に返還するよう日本に迫りました。三国干渉と呼ばれます。

　この事によりロシアは後の日露戦争の開戦時には旅順港に七隻の戦艦と十隻の巡洋艦を配備して日本を脅かすことになります。

　明治の日本が国の興亡をかけた日露戦争は明治37年(1904年) 二月十日に勃発しました。

　地上戦における日本陸軍は大方の予想に反して各地の戦闘で勝利をおさめます。

　旅順とウラジオストックを根拠地とするロシア太平洋艦隊は8月10日

の黄海海戦で大きな損害を受け、更に旅順では日本海軍による閉塞作戦で主力となる軍艦は港内に閉じ込められていました。

　そこで、戦局を一気に挽回するためにロシアは第二太平洋艦隊を編成してウラジオストックに強力な艦隊を送り込めば、一帯の制海権を得ることが出来ると考えたのです。

　陸で有利に戦いを続けている日本陸軍にとって、制海権を失えば補給路が絶たれて全滅の危機に晒されることになります。

　第二太平洋艦隊(乗組員 12785名) の派遣はロシアにとっては起死回生の手段であり片や日本にとっては国の興亡をかける一大事でした。

　バルチック海からウラジオストックを目指して33340㌖約７か月と云う月日をかけた大航海をスタートしたバルチック艦隊を待ち受けていたのは東郷平八郎大将が率いる日本聯合艦隊でした。

　明治 38年（1905）5月 27日午前 6時東郷は、「敵艦見ゆとの警報に接し連合艦隊は直ちに出動これを撃滅せんとす。本日天気晴朗なれども波高し」と大本営に打電し、東郷司令長官を乗せた旗艦三笠は午前 6時 5分に鎮海湾を出航しました。

　三笠以下46隻の日本聯合艦隊が動き始めたのです。

　一方戦艦8隻、巡洋艦9隻などからなるロシア第二太平洋艦隊は百本にも及ぶ煙突から黒煙を吐きながら刻一刻と対馬海峡に迫っていました。

　午後 1時 55分に東郷司令長官は旗艦三笠に四色の信号旗を掲げて全艦隊に「皇国の興廃此の一戦にあり各員一層奮励努力せよ」と命じました。

　5月 27日は、対馬や九州北部、山口県の日本海沿岸の各地で、すさまじい砲声が響いており、日没後 23時ごろまでは駆逐艦と水雷艇隊の夜襲が続きました。

　５月27日の戦闘で、ロシア艦隊８隻の戦艦のうち４隻が沈没し、１隻が大破したが日本艦隊では旗艦三笠が30発以上被弾して損傷が最も激しかっ

たが撃沈された艦艇は皆無でした。

　5月27日、28日に日本海海上で行われた大海戦は世界の海戦史上に全く前例のない戦果を収めて日本の勝利となりました。

　ウラジオストックに向かって明治37年(1904年)9月5日にロシアの軍港から出撃した３８隻のロシア艦隊は、撃沈19隻、捕獲５隻、自爆２隻、抑留８隻計34隻と云う全滅に近い大打撃を受け、日本艦隊は水雷艇3隻が沈没したのみと云う大戦果だったのです。

　日本海海戦の結果、9月に日露講和条約締結の運びになりました。

　同年十一月には第二次日韓協約が締結され、十二月には、鎮海湾に軍港を建設するための調査が始まり、翌1906年8月には建設が決定しました。

　日韓併合(明治43年)1910よりも早く鎮海軍港建設計画が着々と運ばれて朝鮮半島を植民地化する動きが進んでいました。

<記事の現代文訳>
鎮海記念搭
鎮海軍港設置記念碑々文写
鎮海軍港設置記念
海軍大将　伯爵 東郷平八郎書

鎮海湾の地勢は東洋唯一の海鎮として早くから世界の認識する所だ。遠い昔には神功皇后の外征や弘安文禄の役にとして。近くは日露戦争において東洋の海戦史上で明らかになった。このことによって日露戦争後、日本韓国ともにここに海軍の設備を建設する必要を認めた。我政府は総督府統監を通して韓国政府と交渉を開始し、明治39年8月統監の伊藤公爵と韓国参政大臣朴濟純氏との間で数々の交渉と商議を重ねた結果、軍港設置が決まった。両国は委員を派遣して軍港用地として巨濟、熊川両郡の買収出来たのは、伊藤公の斡旋し骨を折ってくれた賜物であり大いに感謝の気持ちを表さなれればならない。当時小官は統監府付武官として伊藤公のそばにいたので、伊藤公が誠実にその労を執っていたのを親しく拝見した。それ以来4年が過ぎた今、ここに軍港工事が開始することができた時、図らずも伊藤公がすぐに当時を追想して、感慨の情に堪えなかった。明治42年7月伊藤公が統監の任を解かれて帰国する途中、この地を通過した際、伊藤公にお願いして鎮海湾の所感として作ってもらった即興の七言絶句を掲げこれを記す。

　　即是東洋鎮海湾、　　水軍潜影擁重関
　　想曾激戦沈摟艦　　成敗分来反掌間

明治43年4月

鎮海防備隊司令官　宮岡直記

　昭和一五・五・二
　鎮海要港部検閲済

四. 軍港都市鎮海の誕生

　明治三九年（1906）秋から始まった軍港都市建設のための測量開始当時
の鎮海（鎮海と云う呼び名は韓国併合後の一九一二年の行政改変によって
命名された）は、半農半漁の住民が住んでいる水田、畑、塩田などからな
る寒村に過ぎなかったのですが、土地を収用して旧住民（朝鮮人）は隣接
する慶和洞に集団移動をさせて、人工的に計画設計された軍港都市が誕生
することになるのです。

　市街は、「大榎」と呼ばれて住民に親しまれ子供たちの遊び場でもあっ
た樹齢千年を超える榎の大木が生えている中辻公園を中心にして放射状に
延びる20間(36m) 15間(27m) 10間(18m) の広い道路で構成され、中辻の外に
も南辻、北辻公園を配置していて規模は及びもつかないものの、ヨーロッ
パの巴里市街を模したような人工都市が出来上がりました。

　車道と歩道とは幅が広く、深い排水溝で仕切られていました。共同水道
は1914年(大正 3 年) に設けられました。

　私の記憶では、広い車道が中央の部分だけアスファルトで舗装をされた
のは、私の小学生時代の1940年のころでした。

　旧い絵ハガキで初音町の通りを見ても道路は未舗装で町全体が掘り返さ
れ、新しい市街地造りが進行していることが分かりますが町づくりは私が
小学校に進んでからも続いていたのですね。

　時代は下がりますが、東京田園調布の街並みも巴里凱旋門周辺を参考に
して 1918年(大正 7 年) に渋沢栄一が、一面の畑地を宅地として開発し扇状

の住宅地に放射状に道路を巡らした街を作ったものです。1912年(明治 45年) に鎮海湾内の松眞浦から防備隊が郊外に移転してきました。

　陸軍要塞司令部も 1914年(大正 3 年) に移転して来たので鎮海は陸軍、海軍が駐屯する軍都になりました。

　しかしながら陸軍要塞司令部は 1944年(昭和 19年) には釜山に移ります。其の跡に私の母校となった鎮海公立中学校が開校しました。

　海軍要港部(のちに警備府となる) は、大正 5 年 1916 1 に開設されました。1918年(大正 7 年) の慶和洞を含む鎮海邑の人口は 4282人でした。

五. 松尾一家の鎮海生活

　謙一がヌイとハルエを伴って鎮海に上陸したのは1911年(明治44年)でした。

　一家が移住した時は市街地の区画整理が終わって海軍が第１回の民間貸
与を行った年でした。

　日本全国の利に聡い人たちにとっては日本海海戦大勝利の地に誕生す
る、海軍鎮守府を擁する新興都市鎮海への期待は大きく、一獲千金を狙う
投資家たちにとっては千載一遇のチャンスと受け取られていたに違いあり
ません。

　噂されている鎮守府開設は、住民や投資家にとって大きな希望であり土
木建設業はもとより不動産業などによって鎮海はブームタウンと化してい
ました。

　移住してきた謙一夫妻にとっても将来への期待はいやがうえにも大き
く、鎮海草分けとして成功しているヌイの弟川浪甚一の支えもあって順調
なスタートを切ったと思われます。謙一は古物商、ヌイは海軍軍人相手の
下宿屋を始めました。

　祖母ヌイの話を聞くまでは気付かなかったのですが、私の母ハルエの額
にはあまり目立たないが傷跡がありました。

　おじいちゃん(謙一）が商売物の仏像に古色をつけて値打ちを高めるため
に、焚火の煙にかざして燻していた丁度その時に、ハルエが溝に落ちて怪
我をした。顔面の傷なのでかなりの出血で、夫婦ともに大変驚いたことで
しょう。「おじいちゃんは仏様の罰が当たったと信じてその時以来とても

信心深い人に変わった。」と云う話でした。

　少年時代に「舌代」と題した達筆の巻紙を発見したことがあります。子供心にも古物商の開業挨拶であることは理解できました。

　私の記憶では曹洞宗の本山である福井県の永平寺参籠はたびたびで、死後の戒名までもらったらしく、「私の戒名には剣の文字が入っているので仏壇で刀を振るって暴れるかもしれない」と私に語ったことがあります。戒名を付けてもらうほど永平寺への帰依存は深かったようです。

　また武道家であった謙一には隠れた特技がありました。生業としたことはありませんでしたが、「骨接ぎ」の技術です。

　町医者はいても外科専門医のいない鎮海の街で脱臼や骨折などの大怪我をしたときに手当てが出来る人物の存在は大変に貴重で有難がられた存在だったでしょう。患者は日本人、朝鮮人を問わず広範にわたりました。

　のちにハルエが結婚してからは、婿の正巳も講道館柔道二段の有段者であったので親子で骨接ぎのボランティアをやっていたことを私は良く覚えています。

　朝鮮人が来ると、「正巳さんあんたがやりなさい」と云って祖父は施術をしないのも目撃しましたが、当時の日本人の朝鮮人に対する認識の一端を見た思いがします。

　日本人にも色々な階層の人がおりましたが、特に一般の朝鮮人は衛生に対する認識が遅れていて不潔でした。

　我が家では私が帳場の現金に触れようとすると、お金は朝鮮人も触るから不潔だと云われて納得させられたものでした。レジスターが無かった時代ですから現金は紙幣と硬貨が整理されて木箱に入っていました。

　これには子供を金銭に近づけないという教育的意味あいの方が強かったと思いますが効果的な注意でした。

　後に進歩的思想の東京都の中学教員になった宮崎（旭爪）泰子さんは、

征矢川に近い巴町で育ちましたが、征矢川にかかっている橋の欄干にもたれただけで、「朝鮮人も触るから汚い」と注意されたと話してくれたので、驚いたことがありましたが、母親が産婆さんだったので衛生について一般人よりも神経質だったのでしょう。

　日本人は主に市街地に住み、朝鮮人は慶和洞に住んでいましたが、鎮海の街には私が通った川添町の床屋さんは朝鮮人でしたし、肉屋など私が知っているだけでも朝鮮人は多く住んでおり、慶和洞に住んでいて、通学して来る日本人の同級生もおりました。

　私が鹿児島支社長を務めていた折りに奄美大島の名瀬支部の視察に出張し、名瀬の住宅街を訪れたことがありますが、道路脇の浅い溝や家屋の佇まいに既視感にとらわれた事があります。

　奄美大島が本土に復帰したばかりの昭和36年の事ですから、インフラ整備が本土より遅れていたことは想像に難くありません。時代の差はあるものの昭和の初めの慶和洞のインフラも似通っていたのだと思います。

　支社長として初めて訪れた名瀬支部は建物の2階を借りていたのですが、事務職員は裸足なのにびっくりしました。本土との違いに驚かされたのですが、日本人の生活環境が著しく変化、進歩していたことの証であったと思います。

　鹿児島支社長になる3年前の昭和33年に大阪の堺で建設支部長を務めた時に、当時はまだ珍しかった新築の鉄筋2階建ての支部で、新しく採用した社員が茶の飲み残しをプラスチックの床材を張った足元に棄てたことがありました。世間の常識が、進んだ文明に追いついてなかった訳ですが、旧来の土間であれば飲み残しは床に抛れば自然に吸収されるのでした。

　鎮海に時代は戻り私の幼年時代です。

　川浪薬局にも松尾博信堂にも番頭さんには優秀な朝鮮人の番頭さんがいました。

商店には番頭さんやスナ、またはスナちゃんと呼ばれていた朝鮮人の少女が必ずいました。スナについては竹国さんの解釈がありますが、鎮海の商店や家庭では少女はすべてスナと呼ばれていました。

　博信堂の番頭さんは日本名を青山長吉さんと云い家庭は慶和洞にありました。

　東大名誉教授姜尚中氏の母も慶和洞の出身と彼の自伝小説「おもに」に書かれていますが民族差別の坩堝の中で私は育ったわけです。

　中学に進学すると、鎮海中学は日鮮共学で、朝鮮人の生徒は、家庭環境もよく成績も優秀な人ばかりでした。

　戦後も同窓会での交歓が続いていましたが、日本人の生徒の中にも釜山や京城からの同級生には朝鮮人部落に住まいがある者もおりました。

　植民地では差別意識は古くて新しい問題で、例えば、大きな鋏をチョキチョキ鳴らしながら売り歩く朝鮮飴を私は買って貰えませんでした。

　理由は製造の過程が不潔だと云う事だったのですが、日本に引揚げてからは芋飴やノンキーという麦芽から作った飴をよく口にしましたが、作るときは手に唾を吐き、壁の釘にぶつけては伸ばす工程で作られると聞いたことがあります。

　いわゆる部落差別問題は私の知る限りにおいては、ありませんでした。歴史的に生じた差別問題は植民地には馴染まなかったのですが本土に引揚げてからは蒸し返されたとおも割れます。

　ヌイの下宿屋については、写真館で写した鎮海防備隊の水兵帽をかぶった二人と海兵団の帽子の水兵たちが写る宴席に、幼いハルエがお酌をするポーズをとっているものが残っているので下宿屋時代の写真だと思います。

　何人かの海軍士官の写真もハルエガ残しているので下宿屋を通じた軍人たちとの交流が続いていたと思われ、結婚前のハルエの青春時代の思い出でもあったのでしょう。

六. 住吉町１番地

　鎮海在住の李愛玉さん、鄭英淑さんのお骨折りによって閉鎖された日本植民地時代の登記簿から松尾謙一の名を捜していただきました。

　大正14年(1925) 8月 18日に釜山府宝水町の中村龍雄名義の住吉町１番地の物件を謙一が買い取っている記録が見つかりました。私が生まれた家です。

　私の記憶では、総二階建ての大きな木造の建物でした。一階の大部分は店舗で、奥が住まいです。

　座敷、仏間、のほかに和室二室、従業員のためのオンドルの部屋、風呂場、便所があり、二階には東側、西側に階段があって西と東に床の間がついた座敷があり、それぞれに三室の和室が付属しており、ベランダと云っていた物干し場には五月の節句に鯉のぼりと吹き流しが泳いでいたのを思い出します。

　庭には、のちに噴水のついた池が造られましたが、子供心にも庭園と呼べるほど幽邃な趣はなく出来心からの産物だったのでしょう。

　祖父が買い取る前はどのように使われていたのか不思議な造りで、二階は来客用で日頃は殆ど使われてなく、祖母が知り合いとマージャンの卓を囲んだり、三月に雛人形を飾り、五月には武者飾りをするのも西側の座敷の床の間でした。

　引揚げが１カ月余り遅れた母は、二階東側の床の間に愛用の琴に爪を添えて飾ってきたと話してくれました。この時の母の心中を察するに余りあるものがあります。

母が琴を習わされたのは、祖父謙一から私が聞いたところでは、もし一家が路頭に迷うようになったときには、自分の尺八とハルエの琴の演奏で銭を稼ぐという気持ちからだったといいます。

　祖父にとって鎮海での生活は、有田にいた時と同じく先の見通しの立たないぎりぎりの暮らしであったと思われ、住吉町の店舗を買い取った時が祖父にとってはいわば双六の上がりだったのだと思います。

　私が所持している敗戦後 1960年頃に写された旧博信堂の建物の全景写真の看板には旅館と表示されているそうなので、もともとは旅館だったのかもしれません。

　李愛玉さん鄭英淑さんと知り合ったおかげで、私は思いもかけない貴重な文書に巡り合うことができました。知ることのなかった過去の事実を知った時の感動は祖父母の思い出に繋がり容易に表現しようのないものでした。

　明治44年(1911) に鎮海に上陸した31歳の青年夫婦はこの時45歳になっておりハルエは１５歳になっていました。実に14年の歳月を要して二人は一国一城の主となることが出来たのです。

　ハルエは、鎮海小学校を卒業して馬山高等女学校に進学しました。馬山への通学は、県洞桟橋から小型蒸気船での通学でしたが、海軍軍人たちの子女の教育のための運動が実って鎮海公立高等女学校が開校したのが、翌大正　12年(1923) でした。

　ハルエは鎮海高女第１回生として２年生に編入されました。卒業は大正15年(1926) 年でした。住吉町の家に移ったのは鎮海高女の最終学年である4年生の時でした。

　鎮海高女のキャンパスの周りは秋になるとコスモス（秋桜）が美しく咲き乱れていましたが、これはハルエたち生徒が、海軍グラウンドに群生しているコスモスの種子を採取して帽子に入れて運び校庭に播いたのだと母は話してくれました。

鎮海と云えば先ず世界一とも評される春の桜花ですが、秋の海軍グラウンドで風に揺れるコスモスの波も邑民にとって忘れられない景色でした。

　海軍グランド（子供たちはこう呼んでいました）と女学校のコスモスは少年時代の私の記憶も強烈な印象を残しているのです。

　のちに私は鎮海小学校の同期会にコスモス会と名付けて毎年開催を続けました。

七. 松尾博信堂 ①

　慶尚南道の中心都市である釜山に博文堂書店と云う大書店がありました。

　松尾博信堂は、大正元年に博文堂鎮海支店を称した事実があるので博文堂の支援によってこの業界での助走を始め、住吉町に店舗を構えて松尾博信堂の看板を掲げ営業を開始したと私は考えます。

　米内光政(当時海軍少将)が鎮海要港部司令官に着任したのは昭和5年(1930)ですが閑職と云われた鎮海要港部司令官時代に大量の読書をしたことは側近や阿川弘之氏の著作にも書かれていることです。

　鎮海唯一の書店である博信堂を訪れることも屡々であり、帳場を守って応対をするのは当時13歳のハルエでした。

　博信堂の前側の川添町に備福屋という下駄屋さんがあり、私と同年の藤沢秀子ちゃんという娘さんがいました。

　鎮海小学校1年生のときに私は、白い運動靴の右、左の区別がつかずに履いていて、学校で間違って履いているのを秀子ちゃんに直してもらったことがありました。

　備福屋さんの店ではご主人が店先で器用に下駄の鼻緒をすげるのを見るのが楽しく、たびたび眺めに行ったものです。

　私が備福屋さんで子供心に驚いたのは小学校低学年の秀子さんが、客の応対をして釣銭を「お釣りです」と云って渡すのを見たときです。

　店で客の応対をしたことはなく、現金は汚いものとして触らせて貰ったことのなかった私には驚異的な出来事で、この時に持った秀子さんへの尊

敬の念は、誤って履いていた運動靴のこともあり未だに忘れていません。

　今にして思えば、住吉町で博信堂を開店した時に、まだ女学生で１５歳のハルエも商店と云う環境で父母と開業の努力を共にしたことは疑いありませんし、それまでも幼いながらも商売の手伝いをやらされていたに違いありません。

　博信堂では帳場に座るのはハルエの仕事でした。これはハルエが結婚し子供たちが生まれても変わることのない習慣で、その後も子供が出る幕ではなかったのです。

八. 祖父謙一について

　私が思い出す謙一の姿は紺色のアツシ姿に毛糸の目だし帽という普段の姿です。今で云うならばジーンズ姿でしょう。タバコは吸い口のついた「朝日」を愛用していました。

　「敷島」が最も高級だったので次のランクを日頃は愛用していたと思われます。

　祖父の太腿に「大力」と下手な文字の小さな刺青がありました。祖父の少年時代については全く分からないのですが、刺青は針で刺して墨を付けると祖父本人から聞いたことがあるので、腕白だった少年時代に大力にあこがれて痛みに堪えてささやかな彫り物をしたのだと思います。

　東京オリンピック・パラリンピックに参加した外国人選手の多くが刺青をしていたのは、刺青と「肉体の力」について世界的に信仰のようなものがある事の証左ではないかと思いました。

　松尾家の墓地には四万嶽という力士の大きな墓石があり、松尾窯で働いていたと伝えられています。有田では庶民の娯楽としての石場相撲が江戸時代から行われていたので大力願望が腕白少年にあったことは間違いないと思います。

　新聞配達は新聞店主の最重要な仕事でアツシにニット帽は最適な仕事姿でした。

　松尾家は有田の窯焼きと云う職業柄もあってか、一族は皆が大柄でした。ハルエの実父である百田重盛が鎮海を訪れて博信堂の前で写した写真

があbにますが、謙一、重盛の兄弟はほぼ同じ背丈に見えます。

　私が成人した後に祖父の和服に羽織袴をつけてみたことがあります。当時一七四、五ｃｍで大柄だった私にぴったりでした。

　博信堂前で撮影した写真には謙一の母サタも写っているので、朝鮮で成功した息子に会い、孫娘の女学生姿を見るために関釜連絡船の旅をして朝鮮鎮海まで来たのでしょう。

　この頃ハルエは重盛が実父であることはすでに知っていたと思います。

　有田の窯焼きには酒豪が多いと聞きますが、謙一とは違って重盛は酒豪だったそうです。

　松尾家の夕食は祖父母が１合の酒で晩酌をしていましたが謙一は何故か殆ど呑まず、父も下戸でしたので残りの酒は祖母が独りで始末していました。祖母は川浪の一族の名に恥じない呑める人でした。

　私は父に似たのか全く酒類は受け付けない体質で営業マンとしては落第生でした。

　謙一は、いわゆる四つ足を食べませんでした。殺生を嫌う明治の庶民の習慣が生きていたのでしょうか、ご飯は「オメシ」味噌汁は「オツケ」と呼んでいました。

　「御御御付、オミオツケ」という呼称が批判される時代がありましたが、今もやたらと「御」を付ける傾向が一部の高官や政治家に見られるので笑っては済まされないことだと思わされます。

　食事のマナーは厳しく、おじいちゃんの箸の持ち方が、今で云うと笑福亭鶴瓶のような持ち方だったので、あのようにならないようにと、母にやかましく言われました。

　お代わりをするときは茶碗に一口残してお代わりをするように躾けられました。今は一膳めしが多いので、目立ちませんが私は一口残すのがいまだに癖のようになっています。

父になぜこのようなことをするのかと聞いたら、「私はがつがつしてませんよ」という意味と、お給仕の人に「ちょうどお代わりをお願いするところでした」と給仕をする人への心遣いだと聞いて、どちらも成程だなと納得したことがあります。

　祖父の生臭嫌いは、汽車に乗って聖住寺の清流にハヤ(ウグイ)釣りに行くときも、餌はミミズではなく酒粕を丸めたものを用意していたほどでした。

　私が昭和29年に協栄生命に入社し、福岡県の田川市で建設支部長をした時の部下に、長崎の教員の令息で原君という福岡大学新卒の青年が配属されて来ました。

　建設支部は質屋さんの店先を借りてのスタートで厠も家主さんの厠を借りるという状態でしたが、この原君が厠に入るのに下着姿になって入るのを見て「おじいちゃんと同じ」だと懐かしく思った事がありました。原家では不浄の場所に入るときの躾けが明治時代のままに行われていたのでしょうね。

　祖父が亡くなったのは昭和二十年四月三十日六十六歳でしたが、厠で倒れて褌姿でした。

　このころは戦争の敗色が濃くなった頃で、祖父から以前に聞いたことのある永平寺で付けて貰った剣の字が入った戒名は、いつの時か分かりませんが内地から帰りの関釜連絡船に乗るときに鞄を盗まれたそうで家にはありませんでした。

　釜山の曹洞宗の本山に電話で戒名を依頼したために伝言ゲームのように間違いだらけの戒名となっています。松尾家の戒名は軒居士号で軒には松が一文字必ず入るのですが結局祖父の戒名は「福昌院賢光良秀居士」となり、松尾家の男子でただ一人、院居士号の仏になりました。

　敗戦の日が近いこの頃、物資の不足がここまで及んでいたのかと思ったのは、棺桶のサイズが小さくて合わないので遺体の足を曲げて納棺したこ

とと、私にとって初めての火葬場の体験で祖父愛用の象牙の箸が少し曲がって焼け残っていたのを覚えています。

　鎮海は、光復後の現在もそうですが街中が桜で埋め尽くされ、桜が美しい街でした。

　子供の時から祖母に「桜の馬場」の桜は美しく、桜のトンネルもあると云われて育ちました。家族や親戚らと花見に行った覚えは全くないのですが、博信堂の商売が軌道に乗ってからは家族それぞれが忙しくてそのような家庭団欒の時間を取る機会はなかったのだと思います。商売人の宿命でしょう。

　若い時代のヌイが毎年桜の馬場で花見をしていたのは、暇が作れたと云うことでしょう。

　それにしても私が小学生になった頃に眺めた幹が太く、樹高も高くそびえていた街路樹や小学校の校庭の桜と祖母の写真に写っている桜を比べると木が幼くてとても爛漫と花が咲き誇っている感じを味わうことは出来ません。

　桜の植樹を始めて日がまだ浅かったことを示していると思います。

　酒盛りが好きな人たちにとっては 「花より団子」 で桜は開花しただけで気がウキウキするのでしょう。開花する前から酒宴で賑わう上野公園で今もその現実を見ることが出来ます。

　鎮海の桜については1999に朝日選書として発行された竹国友康著「ある日韓歴史の旅鎮海の桜」に詳しく述べられています。春日本全土を美しく覆うソメイヨシノについての考察も一読の値打ちがあります。

　博信堂の主人謙一は鎮海の町の有力者として目立った、威厳のある古武士風の偉丈夫となっていました。

「鎮海尚武会館」という武道場が警察署の近くにあり、その落成式が昭和8年(1933) 11月 4日に行われていて謙一は羽織、袴姿で満足そうな笑みを浮

かべて写真に写っています。

　道場の建物の中には「剣道４段錬士松尾謙一」と墨書された木札が壁に下がっているのを私は見たことがあります。錬士の称号は、大日本武徳会が昭和９年に定めた称号なので会館落成後に与えられた称号だと思います。

　私が祖父と釜山に旅行をしたのはエプロンをしていた記憶から４歳のころだったでしょうか。汽車の中でウイスキーボンボンの派手な砂糖液でエプロンを色とりどりに汚した思い出があります。

　釜山では赤煉瓦の釜山駅鉄道会館のレストランでお子様ランチを食べました。祖父は和定食を注文したのを覚えています。

　釜山駅は東京駅と同じ辰野金吾の設計で東京駅の開業よりより４年早い明治43年(1910)に開業した赤煉瓦と白い花崗岩の壁面に天然スレートの黒い屋根で、ホテルも備えた子供心にも非常に立派な建物で構内に天津甘栗の売店があったのを覚えています。

　現在も天津甘栗の包装を見ると釜山駅と甘栗屋さんを思い出します。この建物は光復後の1953年 十一月二十七日 の釜山大火によって全焼し私の大事な思い出の場所も建物も永遠になくなりました。

　京城(ソウル)駅も壮大な建物で、1925年に完成していますが、此処は現在も史跡として保存されているので昔と変わらない姿を今も見ることが出来ます。

　釜山への旅は幼い時なのに非常に思い出が多く、釜山日報社を訪問した時に翌日の日付の新聞があることが不思議でならなかった事や鎮海では電話は交換手を経由するのに釜山では自動電話だったことなどいわば田舎の幼児にとってはカルチャーショックが連続する旅でした。

　デパートに入ったのも初めてで三中井(ミナカイ)デパートの中に入るなり漂っていたバニラの好い香りはデパート独特の香りとして幼い記憶に残っています。

父の布団のにおい、干しシイタケの臭いなど幼い時のにおいの記憶を辿ると心地よくなる、好い香りの記憶は三中井デパートのバニラの香りに止めを刺すと思います。

　最近知ったことですが、プルースト効果という専門語があるそうです。

　今、コロナの感染者の味覚や嗅覚の障害が問題になっています。嗅覚障害の治療にバラやレモンの香りとバニラの香りが用いられているそうです。

　プルースト効果は、旧い記憶や感情に香りが結びつくと云うのですが、医療に用いられる香りにバニラが西洋でも、日本でも共通して用いられていることを知りました。

　私の八十五年以前のバニラの香りの記憶はまさしくプルースト効果を証拠立てるものだったのです。

　釜山については、鎮海小学校の入学前に私は中耳炎を患って府立病院の耳鼻科で治療を受けるために、博文堂2階の一室を間借りして祖父母と暮らしたことがありました。そのために私は鎮海小学校の桜の入学式の思い出は残念にも全くありません。

　釜山博文堂と松尾博信堂との具体的な関係を語ってくれる人物は今となっては一人も残っていませんが、博文堂は南朝鮮の国定教科書の販売権を所有しており、博信堂が昌原郡の販売権を所有していたことからも権利の承継が行われたことは疑いが無く、書籍独特の流通や文房具類の卸問屋の紹介など引き継がれる事柄には少女時代のハルエもかかわっていたのでしょう。

　敗戦後、博文堂の吉田新一氏は京都に住んでおられ母ハルエとは交流があったようですが私はついにお会いする機会がないままに終わりました。

九. 謙一が鋼鉄船を買って大損

　未だ私が鎮海幼稚園の園児だった昭和 12年(1937) 祖父が鉄の相場で儲けようと企んだが、目論見が外れて大損をしたことが、家庭内で大きな話題になりました。

　私が五歳の時ですから詳しいことは全く知りませんでしたが、愛玉さん等によって見つかった登記簿によって当時の金で3000円余りを銀行から借りていることが分かりました。昭和一四年に抵当権は抹消されたようです。

　解体中の船の上で写した記念写真が残っています。この頃の祖父は五〇歳代ですが和服の着流しにステッキを構えて堂々とした姿でとても大きな損をした人とは思えません。

　博信堂の経営が順調だったことを示していると思います。

　祖母は船の内装に使われていたチーク材でタンスを作ることを思い立ち、亀島町の藤村工作所に製作を依頼しました。立派な衣装ダンスが出来上がって届けられたことはよく覚えています。

　このタンスを作った藤村浄さんは西宮市に引揚げて全日本建具協会の役員をされ一〇〇歳過ぎまでご壮健でしたが数年前にお亡くなりになりました。

　ファミリーヒストリーを記録しながら、祖父が屑鉄相場に手出しをしたのは別の章で詳しく触れる松尾家の墓の改修資金と関りがあるのではないかと推測をしました。謙一が投機に手を出すとはとても思えないからです。

十. 祖母ヌイについて

　祖母ヌイは女丈夫の名にふさわしい人物でした。殺生を嫌う人で、私が今も虫を踏みつぶそうとしては思いとどまることが多いのは、祖母の日頃の躾が蘇るからです。

　「艱難はふっ飛ばかして米寿かな」弟甚一が米寿を迎えた姉ヌイに贈った短冊です。

　祖母の艱難については今となっては想像する事さえできませんが、二〇歳台の弟甚一と三〇歳をわずかに過ぎた姉ヌイの新天地での苦労談は弟だから知ることなのでしょうが、幼いハルエを伴っての新生活とその後の成功に至る過程を間近に見ていた弟の姉に対する敬意と温かいまなざしが感じられる句だと思います。

　私が知っているヌイは、日頃から苦しんでいる持病のリウマチに効能がある山口県の俵山温泉に毎年湯治に行くのが楽しみの一つでした。俵山温泉土産のサルの形の饅頭をよく覚えていますが、今も変わらず俵山土産として売られているようです。

　ヌイは川浪一族の血なのでしょう酒も好きでしたが、仲間と二階の広間でマージャンに興じることも度々でした。私は、チーとかポンと云う祖母たちの声を聴きながら幼時を過ごしていました。

　この頃祖母がマージャンに使っていた牌は上海に行く人に頼んで求めたもので、今は下駄牌と呼ばれるそうです。

　紫檀の箱に納められた牌は祖母の形見として私が大事に保管しています。

マージャンは、敗戦後有田の貧乏暮らし中でも川浪の親戚が里帰りをしたときには集まって卓を囲んでいたそうです。

爪に火をともすような貧乏生活と私が思っていた引揚者の暮らしの中でも祖母はスローライフの見本のような余裕をもって人生を楽しんでいたことを知った時の私はほっとした気持ちになりました。

ヌイは、鎮海の街中に貸家を四軒余り持っていました。巴町に 3 戸、住吉町に 1 戸あったことを私は覚えています。

巴町の 3 戸は昭和十五年 2 月に 2714 円で買った記録が見つかりましたが、敗戦までの 60 か月でどれ位の金額のへそくりが出来たのでしょうか。これも「一炊の夢」ですね。

ヌイは博信堂では表に出ることは少なかったが、一家と使用人の賄を一手に引き受けていました。小学校が義務化されても女の子は学校に行かせて貰えなかった時代の人です。「新聞小説はルビがあるので読める」と云って老眼鏡をかけながら新聞を読んでいました。

朝鮮人の番頭さんを含めると十人を超える大所帯の賄を事もなくこなしていました。

味噌づくりは年中行事でした。大きな釜で煮られた大豆に塩を少し加えると甘みが感じられることをこの時に知りました。

今では酒肴として高級品の「このわた」は、松尾家の飯の友でした。

私たち孫が喉に詰まらせるからと云って、鋏で丼ぶりに入ったコノワタを短く切っていたのを思い出します。

日本では能登半島の名産になっていますが、金沢の近江町市場では細い青竹に入れて貴重品として売っており、居酒屋では珍味としてウズラの卵の黄身で増量して客に提供しているのですから、ずいぶん贅沢な食事だったと云えます。

海産物に恵まれた鎮海だから庶民の食卓に供されたのだと思いますが、

引揚げた後も川浪家の長男の芳信さんが、鎮海に旅行する人にコノワタを買って来てくれと頼んでいるのを再三目撃しました。

　川浪家では酒肴の目的が主だったと思いますが、食べ物の思い出は皆同じだなと思います。鎮海市街地図裏面には「鎮海港旭町海産物製造業森脇利洋」という広告があります。

　余談ですが、今や博多名物となった「辛子明太子」は朝鮮引揚げ者の福屋の創業者が朝鮮時代の味が忘れられずに開発した2のが始まりなのです。

　博信堂の食卓には上ることは無かったのですが、小学校時代に仲間の弁当に入っているのがおいしそうなので、祖母にせがんで食べたことがあります。

　祖母は焼いて食べさせてくれました。

　シャコは今では江戸前寿司で小さなのを目にしますが、鎮海では大きなシャコが塩ゆでにされ大皿に盛られて食卓に出ました。箸を尻尾のほうから差し込んで皮をはがして食べるのが楽しく、オンナに当たると卵が入っていて子供は喜んだものです。

　焼いたサヨリもおいしい食べ物でしたが今はなかなか口にすることが出来ません。私は魚は生臭く、骨があるので嫌いでした。

　しかし鎮海では太刀魚を朝鮮人の家の周りに干してあるのを良く目撃しましたし身離れがよいので私も好んで食べた覚えがあります。最近の事ですが妻に子供の頃に好きだったからと云って買ってはみたものの、骨が多く食べるのに大変苦労をしました。鎮海の太刀魚は食べやすくおいしかったと云う私の記憶は間違っていたのです。

　祖母が造る鰯のフライも高校に入ってからも私の好物でした。今になって分かったのは祖母は大家族の料理を手抜きをすることなく、子供が骨を喉の立てることが無いように丹念に骨を処理をしていたのだろうという事に思い至りました。

　有田に引揚げて戦後の貧しい生活が始まった頃、炊事場に「附木」と「火吹

き竹」があるのが不思議でなりませんでした。

　考えてみると博信堂の炊事場には薪が見あたらなかったのです。我が家のご飯が美味しいのは紙で炊くからだとよく言われていたのですが、商売柄古紙はふんだんにあり、附木や火吹き竹の出番は全く無かっ2のでした。

　物事の判断を時代の進歩や、己の生活環境だけで行う事の危険を証拠立てていると思います。

　貸家を持ったころのヌイは、ハルエ、正巳の若夫婦が結婚後十年経ち、孫も博文、教子、弦枝と三人になり、その後敗戦を迎えるまでに邦代、節子を恵まれたが、家庭でドンと構えたヌイは旅行と温泉湯治が好きな裕福な主婦になっていました。しかし商売の感覚と覚悟は優れていました。

　有田に引揚げて父母が家族を養うのに苦労をしていたころ「商売は東京に行かんば駄目」と父によく話しかけていました。父に冒険心が無かったのと、部数は極めて少ないながらも昭和二四年四月から毎日新聞、佐賀新聞の販売店の権利を買い取ったので有田を離れることはありませんでした。

　ヌイの金銭感覚は鋭く、「ハルエは馬鹿だ」とののしるのでその訳を聞いたら毎日新聞西部本社に敗戦の月の新聞代を払ったとの事でした。

　それを聞いた時には直ちに理解できなかったが、外地では八月の新聞はいつまで届きいつごろまで配達を続けたのでしょうか。新聞代は集金できたのでしょうか。

　祖母と私たち子供はすでに引揚げ、父正巳は応召で済州島に駐屯していて未だ家に戻ってはいませんでした。

十一. 白紙で発行された毎日新聞

　私には敗戦後六七年の間解決できない疑問がありました。

　鎮海中学二年生の八月一五日に敗戦の日を迎えた翌朝、松尾博信堂に届いた八月一六日の毎日新聞は裏面が無地だったのです。いつの頃からか当時の新聞は、紙不足からタブロイド判の裏表２ページになっていました。

　８月に入ってからの主な記事は、広島、長崎に投下された新型爆弾の記事だったが、私が記憶する敗戦の日の翌日、八月一六日に届いたのは裏面が無地の新聞でした。

　私の此の記憶が誤りでないことを確認したくて、当時の各紙の縮刷版を探し求めて、ついに新宿にある平和祈念展示資料館で保存されているのを発見しました。

　胸を躍らせながら各紙の敗戦の日前後の記事に当たったのですがブランクや白紙のものは一紙として見当たらなかったのです。

　初めて体験する国の敗戦という異常な事態の中で、中学二年生の私の記憶が間違っているはずはないのになぜだろうと云う疑念を抱いたまま六七年もの時日が経過しました。

　2011年10月27日に毎日新聞に私は「鎮海大榎の会」を新宿御苑の榎の下で催すと云う通知を掲載しました。

　この時にお世話になったのが毎日新聞東京本社地方部の記者田後真里さんでした。

　鎮海大榎の会は西牟田靖氏や「日本国から来た日本人」の編集者である篠

田里香さんまで参加していただき無事に発足したのですが、田後記者は私
の記憶の証拠となる新聞記事を発掘してくださったのです。

　それは2008年9月8日の毎日新聞島根版の「支局長の手紙」と云う記事で
した。

　その記事を転載します。

「白紙の新聞が発行されたことがあります。1945年(昭和20年)8月16日付の毎日新聞西部本
社発行版。当時は表裏2ページの1枚ペラの新聞でした。2面は1行の記事もなく完全に真っ
白。1面は最終段に大きな空白がありました。17日も2面は完全に白紙ではただいまの3分の
一が空白です。その後20日まで大きな空白がある新聞の発行が続きました。第二次世界大
戦の敗戦を告げる玉音放送から5日間の事です。18日付1面には「今日只今のわれわれとして
掲載無用と信ずるものは掲載を見合わせております」という前代未聞の「お断り」が載りまし
た。東京や大阪との通信線が断続的に不通になり十分な原稿がなかなか届かないという事
情はあったようですが機械設備のトラブルと云ったものではありませんでした。

　毎日新聞130年史によると、当時の西部本社編集局長は「戦争を謳歌し先導した責任」から
すぐに辞意を表明。毎日新聞の廃刊を進言します。

　しかし当面の新聞発行を続ける責任は続いています。「国民も今日から転換するのだなど
と、どの面下げて言えた義理か。終戦詔勅をはじめ公的機関の発表と事実の推移ありのまま
を紙面に載せるだけが私の良心の許す最大限だった」と云い紙面の半分以上が白紙となら
ざるを得なかったとしています。　　以下略

松江支局長 松本 泉

　私は、自分の記憶が正しく誤りなかった証明を得てこの上もない満足感
を味わうことが出来ました。

　祖国の敗戦という前例のない事態の中での新聞を作る側の苦悩を知ると

同時に白紙の新聞を当てもなく配達をしなくてはならなかった特に外地の販売店では、購読者は去ってしまい購読料はもらえないだろという予感の許に、それでも届いてくる新聞を毎日配達せざるを得なかった販売店の立場はどうなるのでしょうか。

　新聞販売店の子として、毎朝の新聞を揃える音で目覚めていた私は、物心がついたころ新聞が到着しない日があると、その日は「ケッコウ」または「サシオサイ」と云われていました。下関から関釜連絡船で運ばれてくる新聞は連絡船が欠航すると届かないのですが、サシオサイが検閲による「差し押さえ」であることを知るのは後のことです。

　向田邦子さんの作品に「眠る盃」という言葉が出てきますが、これは子供心に聞く「荒城の月」の「めぐる盃」という歌詞を聞き誤ったものですが、幼児の記憶にも戦時下の言論統制のエピソードがあるのです。

十二. 敗戦と突然の引揚げ

　博信堂では応召で父はおらず、母は喘息で病臥中でした。祖母の指揮で荷造りをするのですが、私ただ一人の男手で作業ははかどりませんでした。

　今となっては笑い話ですが、私はアルバムから写真を一枚一枚はがしかさ張らないように持ち帰ったのですが、引揚荷物には写真を剥がされたアルバムが入っていました。気が動転した状態でやることは誰でも同じなのでしょうか。

　祖母は限られた日数で的確な指示をして荷造りを進めたのでしょう。全く記憶がないのですが「長吉さん」が手伝ってくれたのではないかと思います。

　住吉町から海軍桟橋までかなりの距離をリヤカーで荷物を運んだのですが長吉さんに助けられて運んだような気がします。私たち5人を送り出して、広い家に独り取り残された母は何を考えていたのでしょうか。

　日本が戦争に負けた！

　8月23日の朝早く祖母や妹(教子、弦枝、邦代、節子)たちと家を出た私は呆然自失の状況で思考力も判断力も失っていたらしく、残る母のことや、生家博信堂の建物との惜別の様子も、妹たち家族の乗船の様子も全く記憶していないのです。当時四歳の邦代は妙子さんからおしりを押されながら縄梯子を登ったと云うのですが私の記憶からは欠落しているのです。

　丁度この頃写した家族写真がありましたがみな栄養失調か元気がない顔をしていますね。確かに川浪の一族は同船した筈なのですが記憶がありません。

　船舶独特と思われる便所のペンキの悪臭に苦しみながら炎天の下でただ

辛い、苦しいと思いながら海防艦の甲板で佐世保港に到着するまでの時を過ごしました。

　敗戦により一転して引揚船の役目を負うことになった海防艦の艦橋が青竹で囲ってあるのが乗り込むなり目に留まり、これでは戦争に負けるのもしょうがないなと思いながら甲板に上ったことはよく覚えています。

　乗船してかなりの時間が過ぎたのちに、祖母が突然「死ぬ！死ぬ！」と大声で叫ぶので何事かと目をやったら幼ない節子が突然ひきつけを起こし嘔吐したので祖母が狼狽して大声を上げたのでした。その後家族一同は無事に佐世保に到着し節子は今も70歳を過ぎて元気です。

　同じ海防艦の甲板には、川浪家の女子供（長男芳信さんの妻和子さんと長男章史、次男崇稔）、川浪家の長女妙子さんと長男清司君、次女清子さんとその長男篤司君）も乗っていた筈なので、和子さんに当時の思い出を尋ねたら「船酔いが激しくて自分の子供たちの面倒を見る元気もなかった」と話しておられました。和子さんは当時まだ20歳代でした。

　結局この時のことは、妹の幼い思い出だけで大人の記憶は聞かないままになっています。

　和子さんは今年百歳を迎えられ川浪家の大人の中ではただ一人健在です。

　2021年6月24日、香港でリンゴ日報という新聞が最終版を発行しました。

　中国の言論弾圧によって発行を断念せざるを得なくなったためですが、日頃10万部を発行しているリンゴ日報は、最終版を百万部発行し、香港市民がその発売に殺到している風景が繰り返しテレビで報道されました。

　敗戦によって白紙の新聞を発行した毎日新聞西部本社のケースとは状況は異なりますが、最終版を編集する編集部の騒然とした状況に当時の編集局の様子が二重写しになって見えたのは私だけだったのでしょうか。

　敗戦までの日本国も厳しく言論は統制を受けていた時代でしたので他人事では済まされない出来事です。

十三. 松尾博信堂 ②

　博信堂が住吉町の広い店舗で開業したのは大正十四年(1925)夏以降の事でした。

　大阪毎日新聞、釜山日報、書籍、文房具などを手広く取り扱っていたましたが、釜山博文堂鎮海支店を名乗ってからどのような準備が進められて来たのでしょうか。

　改めて 31歳の謙一、ヌイの若夫婦が幼い(2歳)ハルエを伴って鎮海に移住した明治44年(1911) に戻って一家の変遷を振り返ろうと思います。

　日本海海戦大勝利の興奮は冷めやらず軍港都市鎮海建設のブームは続いていて明治 47年(1914) には鎮守府が開庁するという期待は膨らみ、天然の良港に東洋一の模範的な軍港都市を建設するという動きは盛んで、やがて人口数万人の都市が出来上がると喧伝されて、鎮海への投資や移住を考える人たちの動きはブームを呈していました。

　謙一夫妻が其のブームにあらかじめ予測をして身を投じたとは思えませんが、草分けとして薬局を開業していたヌイの弟川浪甚一の存在は極めて頼りになる存在でした。しかし鎮守府開設は見送られて規模の小さい要港部が開設されることになり、設置されたのは大正5年(1916) でした。

　期待を裏切られたので人口も慶和洞を含めても数千人に留まったが、日本海海戦勝利にゆかりの街というブランド力は強大で、街には活気があふれていました。

　10年余りの試行錯誤の期間を経て釜山博文堂鎮海支店の看板を鎮海「松尾

博信堂」に書き換えて、住吉町に大きな店舗を構えるに至ったのは大正14年(1925)の夏ですが、ハルエは十五歳、鎮海高等女学校の四年生だったので、商談に釜山や京城に赴く父謙一に付き添うことも度々だったと思われます。ついに住吉町で謙一は一国一城の主となりました。

住吉町の物件から銀行の根抵当権が抹消されたのは昭和6年(1931)のことでした。

戦争があると新聞購読者が増えると云われますが、この時代を反映して新聞の取り扱い部数も増え、書籍文房具の販売も順調で負債が解消されたのでしょう。

祖母が笑いながら「店から駅よりの近くで火災があった時に、おじいちゃんは腰を抜かしたのよ」と話してくれたことがあります。

亭主関白として威厳が売り物であった祖父が腰を抜かすとはアンマッチで笑いが出るのも無理はないのですが、祖父にしてみれば、10年以上苦労を重ねてやっと到達した住吉町の店舗に類焼の危機が迫って来たら万感胸に迫って腰を抜かすのも不思議ではないと私は共感を覚えます。(人が腰を抜かすのを私が初めて見たのは鎮中2年生のときである)

祖母が落ち着いているように見えたのは、新聞屋という商売は毎日新しい商品が届き、商いは続けられるという読みがあったのではないでしょうか。

今、思えば我が家の暮らしは質素そのもので贅沢とは程遠いものでした。子供心にも、川浪家の暮らしと比べてつつましいものでした。

川浪家は既に成功者であり、長男も成人していたので、比較すると松尾家はなお発展途上にありました。松尾家の家事を取り仕切った祖母の家の中での存在の大きさを今更ながら感じます。

引揚げて間もない昭和21年に、千葉県の茂原で東芝に勤めていた、ハルエの弟泉の妻清子さん(川浪家の次女)が次男達司を出産しました。

祖母は、有田から茂原まで姪の面倒を見るべく赴いたのです。当時の国鉄

の事情を考えると、汽車の切符を買うだけでも大変な苦労で列車の混雑も殺人的な時代でした。私が武雄中学に汽車通学をしていた頃なので実感があります。

　ところが帰って来たヌイの話で最も印象に残っているのは、茂原は天然ガスが豊富で台所にはガスコンロがあって、炊事がマッチ一つでできる便利さを語る姿でした。

　当時の交通事情を考えると有田から東京を経由して茂原までの主にＳＬでの旅は困難が伴った筈ですがその苦労について話を聞かされることはありませんでした。

　祖母が旅行好きで、私の妻貞子に「私は日本国中行ったことの無か処は無か」と云っていたことは事実ですが、六十歳を過ぎたヌイの行動力とプラス思考には今更ながら驚かされます。

　父母が新聞販売店の権利を買い受けたのは引揚げから４年後でした。

　僅か 500 部余りの取り扱いで、田舎町ですから織り込みチラシもほとんどなく一家が食べてゆくには程遠い薄利の商売で、しかも新聞販売店には宿命のような押し紙もあるので私は母にこんな商売で借金を作って将来はどうなるのかと母に聞いたことがあります。

　「借金があるから取引が続くのよ」と母が平然と答えたのを見て幼い時から両親の商売に参画して来て身についた商売人魂だなと感じ入りました。

　鎮海中学時代、祖父のお気に入りだった、国語、漢文担当の加藤寿彦先生から「松尾君のお父さんは養子さんだろう」と云われ「そうです」と答えたら「そうだろう、そうだと思った」と云われたことがあります。

　幼い時から親の商売にタッチし博信堂が開業してからは一層責任のある立場に育っていったキャリアが身について母の外に顕れていたのでしょう。

　加藤先生は引揚げ後、福岡県立香椎高等学校で教員を続け高教組の活動にもタッチしておられたようです。

千代町のアパートに住んでおられ共働きだったお宅に、当時九州大学の2年生だった私はたびたびお世話になりました。

　鎮海中学時代は威勢の良い青年教師であった先生には、鎮海中学同窓会には殆ど毎年参加していただきました。

　先生には反省と悔恨の機会でもあったようで吾々に土下座をして鉄拳を振るったことを詫びられたこともありました。

　生徒たちも、昔から中学の上級生は下級生に大した意味もなく鉄拳制裁をするという悪習がありました。鎮中では1年生が入学してくると私たちが最上級生です。

　2年生に進級し、新入生が入学してくると新1年生を待っていましたとばかり生贄にするものが出て来ました。

　われわれの学園生活では農作業が多かったのですが、下級生が作業をさぼったと云って制裁をした2年生達がおりました。

　それを咎めて1、2年生全員を集め、殴った2年生に加藤先生が皆の前で拳を振るいました。その一人である朝鮮人の生徒に「お前たち朝鮮人は」と叫んで殴りました。倒れた生徒が立ち上がろうとしたが腰が泳ぐようになり立ち上がれなかったことがあります。

　私は人が腰を抜かしたのを見るのは初めての経験であり忘れられない出来事でした。

　当時は先生が生徒を殴るのは日常茶飯事だったが、何かにつけてよく殴る先生はいたが、この日は生徒員を集めて行われたことなので特に印象に残っています。

　加藤先生にとっての同窓会は日韓の同窓生の集まるところであり、懺悔の場所でもあったのでした。腰を抜かした生徒は韓国で数回行った同窓会に顔を出すことはありませんでした。

　鎮海の街頭では海軍の巡邏兵が外出中の水兵を掴まえて兵曹長が殴る光

景を見るのは度々で、その理不尽さに眼をふさぎたくなるほどでした。

　上級学校に進むと先輩の鉄拳制裁が待っているというのは当時の子供にとって常識でした。

　敗戦の年、芋畑で瀧川廣士君たち１年生が生芋を掘って食べようとしているところを高井旦夫君(2年生)に見つかっててっきり殴られるものと思ったら、「生芋は皮を削ってこのようにして食べればヤニで口が黒くならない」と教えられ皆がホッとしたことがあったとは瀧川君から直接聞いた話ですが、下級生は上級生の制裁の対象になっていたのだなと私は初めて知ったのでした。

　私が引揚げ後に転校したのは佐賀県立武雄中学校でした。父も母も未だ引揚げてきていないので、大叔父の秀一さん(祖父謙一の末弟)に伴われて武雄中学の校門をくぐりました。江副校長に面接し2学期からの編入を認められました。敗戦間もない8月のことでテストもありませんでした。

　武雄へは汽車通学で、朝7時26分発の汽車で約30分かかりました。

　敗戦間もない時期で汽車はいつも満員で蒸気機関車の前に乗ることもあり、炭車の上に石炭と一緒に乗ることも、デッキからはみ出してぶら下がって乗ることもありました。

　生来腕白坊主ではなかった私にとってはスリルに満ちた通学でした。

　帰りは武雄駅からホキと呼ばれる補助機関車が列車の最後尾に連結されて次の永尾駅との間にある西田峠をホキに押されて喘ぎながら。登りました。今は電車であっけなく通り過ぎるので想像もできないことです。復員してきた軍人もおり汽車の床も座席もいつも満員でした。

　雨の日には裸足で通学する生徒もいたので、私も真似て裸足で汽車に乗り込んだことが一度ありましたが、その時足裏に感じた汽車の濡れた床の不愉快な感触は今に至るも忘れることはできません。

　ありとあらゆる物資がなかった時代ですからすべてがあり合わせで済ま

されていました。通常の通学の履物は下駄でしたが、高下駄は歯が取り換えられるので男子中学生には人気がありました。女下駄を洒落たつもりで履いて通学する生徒もおりました。

　新学制に変わって、高校3年生の卒業写真を見ても下駄履きの女生徒が多くいます。

　上級生がいなかった鎮海中学とは違い、上には3、4、5年の先輩が居りました。噂に聞いた通り説教と鉄拳制裁が現実のことになりました。

「集まれ」という指令があり指定された神社の境内などに行くと先輩の説教があり挙句に殴られるということだったようです。私はわざわざ殴られに行くことはないと思いびくびくものでしたが一度も顔を出さないまま、学制改革で旧制中学は新制高等学校になり、私は新制武雄高等学校の2回生になりました。

　上級生は1回生だけであり、男女共学にもなり鉄拳制裁を見聞きすることなく卒業を迎えました。

　しかし転校生にとっての通過儀礼というか、私に対するイジメはかなりありました。大きな布？を被せられて袋叩きにされたこと、教室の隅にある四角の穴の蓋をずらしてそこから落とされたりしましたが、陰湿な雰囲気のものではありませんでしたし長続きもしませんでした。

　武雄弁に慣れるのには少し時間がかかりましたが私の鎮海弁も彼らには馴染みにくい言葉だったでしょう。

　教師から「君は何処から引揚げてきたのか」と聞かれて「チンカイです」と胸を張って答えたところ教室は笑いの渦となり、以後私は「チンカイさん」と仇名され教師たちからも「チンカイ」と呼ばれるようになり今もって武雄高校の仲間からは「チンカイさん」と呼ばれています。

　私にとって「鎮海」は唯一無二の大事な故郷であり北京とか奉天、京城、釜山などという大都会と比肩して劣らない日本海海戦で有名な街だと思って

いた当時の私でした。

　余談はさておき、恐らく日本海軍、陸軍の制裁を旧制中学が模倣すること で始まった悪弊だったのでしょうが敗戦による民主化と学制改革によって 消滅したので私は身体髪膚を損じることなく九州大学に進学することがで きました。

十四. 松尾博信堂 ③

　博信堂の商売が順調に運んだことは確かだが、新聞販売につきものの新聞
代の集金はどのようになされたのだろう。

　母が生涯自転車に乗れなかったのは帳場専門だったことを証拠立ててい
ます。配達と集金には自転車は絶対的な必需品です。

　開店当初は祖父謙一が自ら行うしかなかったと思います。程なく日本名青
山長吉(崔永烈)と云う慶和洞出身の好青年が筆頭の番頭として働くようにな
りましたが、後年までハルエは「長吉、長吉」と親しく呼んでいました。

　1989年(平成元年)に引揚げの後初めて鎮海を訪問した時には長吉さんから
頼まれたと云って「救心」を手土産にしていました。

　この時、長吉さんは、同行した私に「あなたのおじいさんを私は今でも父の
ように思っています」と懐かしそうに語ってくれました。

　博信堂では取り扱う新聞の部数も満州事変,支那事変と戦争が続き、町が発
展して人口が増加するとともに着実に増部して行き、書籍文房具の売り上げ
もパイロット万年筆の特約店になるなど商売が軌道に乗り始めました。

　親子三人だけではいかにも店の守りが覚束なく、ハルエも丁度結婚適齢期
になっていました。

十五. ハルエの婿取り

　ハルエに養子を迎える機がいよいよ熟してきました。昭和5年(1930)ハルエは、佐賀県杵島郡橋下村の農家岩橋藤吉の次男である岩橋正巳を婿に迎えて結婚式を行いました。

　親娘3人で使用人を使いながら毎日届く新聞を配達し、書籍文房具を商うには信頼できる人手が必要なのは当然の成り行きです。

　事務が出来ると云う条件で人物探しが始まりました。有田の町ではハルエの父百田重盛、ハルエの姉である蒲地ハツエと律志夫妻、謙一の末弟である松尾秀一が中心になり婿探しが始まりました。

　白羽の矢が立ったのが、有田警察署で警察官をしていた岩橋正巳２５歳でした。

　結婚に至るまでの細かいプロセスは今となっては不明ですが、9月にハルエが有田に赴いてお見合いが行われたようです。

　正巳は佐賀県立小城中学校を卒業して上京して日本大学に進学したが中途退学して佐賀県警察官になり有田警察署に勤務していました。任官は昭和2年ごろと思われます。

　ハルエ20歳、正巳25歳のカップルが出来上がったのは昭和5年(1930)11月13日のことです。

　式の当日は内地からの客を併せて百名あまりの参加者の披露宴の記録が残っています。

　祝いの品々は、有田のハルエの伯父（実母コトの兄）松本栄次から訪問着

が贈られたほかに目立つのは、銘仙の反物が多く、祝い金は一〇円が最大でした。下駄などもありました。これは毛筆で書かれた記録が残っていたのでわかったことですが昭和初年の庶民の風俗をうかがい知ることが出来て大変に興味深い記録です。かくて、昭和七年(1932)年2月1日に博文が第一子として誕生しました。

　正巳、ハルエの婚姻届けは昭和七年一月二九日に受け付けられています。

　目出度し！めでたし！

　博文に続いて長女教子、次女弦枝、三女邦代、四女節子が鎮海で生まれました。五女和美は戦後有田で生まれました。

　余談ですが、私の「博文」と云う命名は有名人の名にあやかったものと長い間単純に思い込んできましたが、このマイファミリーヒストリーを編むうちに、釜山博文堂との深い縁に思い至りました。

　博信堂と云う店名も、跡継ぎとして生まれた長男である私の名も博文堂からいただいたと考えるのが最も順当と考えるようになりましたが、関係者が一人もいなくなった今では確認のしようがありません。

　鎮海松尾博信堂の創業者である松尾謙一は日本国の敗戦の日が間近に迫った4月30日に脳溢血で急死しました。

　この日は、朝から外出をして友人知人宅を訪問して挨拶をして回り、帰宅して直ぐの事でした。祖母ヌイは孫の邦代と入浴中にスナの知らせで風呂から飛び出したそうです。

　これは邦代が健在なので直接本人から聞いた話です。まるで自分の死を予知したかのような一日の行動だったと云われました。

十六. 父正巳

　父正巳は杵島郡橋下村(現武雄市)の農家の次男坊でした。鎮中の加藤先生が
いみじくも評したように典型的な養子タイプの男性だったと私も思います。

　鎮海では、博信堂の新聞配達、集金の役割を果たしていました。

　町では博信堂の若旦那と呼ばれ、戦時中に編成された鎮海警防団では副団
長を務めていましたが、謙一の存在があったので、博信堂の若旦那として副
団長だったのだと思います。戦況が悪化するに従い町から壮丁の姿を見る
ことが少なくなりました。海員養成所に乞われて柔道の指導に行き始めた
のもこの頃でした。

　1945年5月、徴兵検査は乙種だった父は40歳を目前にして応召され、大邱
の陸軍部隊に入隊しました。母が妹を連れて面会に行ったことがありまし
た。我が家も、とうとう出征兵士の家になったなあという心境をこの時に味
わいました。

　復員した父が鎮海の財産を崔永烈(長吉)さんに託して有田に引揚げて来た
のは10月でした。

　済州島の防衛に配属され、いわゆる牛蒡剣を装備として与えられただけで
、蛸壺を掘るのが日課だったそうです。父が持って帰って来たのは乾パン(乾
麺麭)で私は初めての味覚でした。

　引揚船に乗船するときに、担いでいた祖父の形見の碁盤をアメリカ兵に没
収されたと大変残念そうに云っていました。

　佐賀の郷里とは海を.隔てて離れ、舅、姑と同居しての生活でしたから私が

生まれるまでは、気の詰まるような思いの日々を送っていたのでしょう。

　私は幼い頃からよく発熱したのですが寝ている私のおでこに自分の額をそっとあてに来たのを思い出します。私も子供を持つようになって、思い出し真似てみましたが確かに体温の差を感じて成程と思ったものです。

　多分3、4歳の頃馬山の大相撲の地方巡業に肩車をされて出かけたことがあります。これは父子の数少ないスキンシップの思い出です。

　毎日新聞社が主催して半島の舞姫と云われた崔承喜さんの公演が小学校の講堂で行われたことがあります。父は毎日新聞販売店主として崔さんと会う機会があったようでその後興奮気味に話してくれたことがありました。

　妹の教子も崔さんのことを記憶していたので鎮海の町では当時大きな話題だったのでしょう。

　外来の有名人で私の記憶に残る人物は作家丹羽文雄さんです。海軍報道班員としての従軍報告会が小学校の講堂で行われて生徒も参加したのですが、どこかの海戦の従軍報告だったと思われ「紅蓮の炎という形容詞がありますが」と云った台詞の一部を未だに覚えています。

　報道班員が海戦に参加できた頃ですから未だ私は小学生だったのでしょう。紅蓮の炎というのが形容詞なのだと強くイメージされた講演会でした。この時も父が活躍したと思いますが記憶はありません。

　父が養子という立場から戸主として自由に思考し行動できるようになったのは敗戦で有田に引揚げてからだったのでしょう。

　父が農家の出身であったお陰で敗戦後の食糧難のころに他の家庭よりは米の飯を多く食べることが出来ました。父の実家は祖父母と兄、甥や姪たちの大家族でしたが、訪ねると祖母が大事に扱ってくれました。引揚げ直後に初めて訪問した時にふるまわれた「ガンヅケ」、「ワラスボ」は初めての珍味で味を未だによく覚えています。

　しかし、食糧難は農家であっても変わらなかったようで、のちに母の法事

の際に長女から妹が聞いたところでは、子供達には私たちの訪問は招かれざる客で嬉しくなかったとのことでした。祖母にとっては長く離れていた息子と孫を手放しで歓待したかったのでしょう。

父は引揚げ当初は小城中学の同窓生と事業を共同でやっていましたが、敗戦当時は蒸したサツマイモを油で練って貝殻に詰めて膏薬として売って儲けた話などが伝わっていて混沌とした貧しい時代でした。

父が落ち着いたのは、松政の伯父が理事長を務めていた「肥前陶磁器商工協同組合に勤務し始めてからだと思います。

新聞販売店も母と二人で新聞少年を使って70歳を過ぎて亡くなる頃まで続けておりました。

佐世保にパチンコに出かけ、集金先で将棋を打つのが楽しみでしたが、73歳を目前にした昭和53年(1978)1月17日に結腸癌であっけなく亡くなりました。

松倫軒慈覚正道居士。

本人が病気について私に語ったのは、自分は痔疾を患っているうえに、若い時から過敏性大腸炎があったので腸に異常を感じても気付かなかったと云っていました。腸が過敏なのは私も同様の経験に苦しんでいるので納得が行きました。

しかし私も2021年に結腸癌を患いましたので癌体質は遺伝するのだなと思い知らされました。私は内視鏡による手術で完治し今も無事に卒寿を迎えようとしています。

窯焼きの跡継ぎとして窯の復興の意思があったのか、経営不振の窯の保証人になり家屋敷を抵当に入れていることが分かり、帰省して公証人役場に行き公正証書により債務者に負債を確認させ月々返済をさせたのですが、この時には父は佐世保の公証人役場までついてきました。

新聞販売店は他人に譲って廃業しました。

十七. 母ハルエ

　自転車に乗れないハルエは徒歩で新聞代の集金を行っていました。後年母は私が丈夫なのは集金のために歩いていたからだと云っていましたがおそらく当たっていると思います。

　父の死後24年間を元気で、知識豊富なおばあちゃんとして平成14年8月2日(2002)まで93年を生き抜きました。

　松操院慈室妙涼大姉。

　私が勉強を嫌がると云って涙を見せられたのは小学生の低学年の頃でしたが、今にいたるもその時のことは忘れられません。

　その後は泣かれないように勉強にはいそしんだと思います。

　鎮海での小、中学校時代には床の間に日高秩父書の「東照公遺訓」の軸が掛かっていて、いつもこの書を読み聞かせられました。

　「人の一生は重荷を負いて遠き道を行くがごとし、急ぐべからず、不自由を常と思えば不足なし、心に望み起こらば困窮したる時を思い出すべし、堪忍は無事長久の基、いかりは敵とおもえ、勝事ばかり知りてまくる事をしらざれば害其身にいたる、おのれを責めて人を責むるな、及ばざるは過ぎたるよりまされり」

　これは徳川家康の遺訓ではないと今ではいわれているようですが、幼い時から親しんできました。母が大事にしていた言葉は、「不自由を常と思えば不足なし」だったのではないかと思います。

　母のことからは離れますが、社会人になった私が最も影響を受け、今も座

右の銘としているのは「電通鬼十則」です。

　社会でのハラスメントがうるさく取り沙汰される今日、折悪しく電通では職員の自殺と云う事態が生じ、鬼十則もそのあおりを受けたようです。

　しかし私は今こそ社員心得として極めて大事な内容を含み、一言一句が含蓄の多い言葉あると考えています。

「十則」

　一、仕事は自ら創るべきで与えられるべきではない。

　一、仕事とは先手先手と働きかけていくことで受け身でやるものではない

　一、大きな仕事と取り組め！小さな仕事は己を小さくする

　一、難しい仕事を狙え！そして成し遂げるところに進歩がある

　一、取り組んだら離すな！殺されても放すな目的を完遂するまでは

　一、周囲を引きずり回せ！引きずるのと引きずられるのとでは永い間に天地の開きが出来る

　一、計画を持て！長期の計画を持っていれば忍耐と工夫とそして正しい努力と希望が生まれる

　一、自信を持て！自信がないから君の仕事には迫力も粘りもそして厚みすらがない

　一、頭は常に全回転八方に気を配って一分の隙もあってはならぬ！サービスとはそのようなものだ

　一、摩擦を恐れるな！摩擦は進歩の母積極の肥料だ、でないと君は卑屈未練になる

　私は金沢支社長時代に支部の朝礼でこの十則を毎朝社員に斉唱させました。ところがある日一人の女子社員に「取り組んだら離すな！殺されても放すな」という部分は言いたくないと抗議をされたことがあります。一つ一つ

の言葉に気迫がこもり、激しい表現もあって言葉にするのに躊躇を感じたのでしょう。

　毎日の政治、社会の事件を見聞するたびに、関係者に僅かな注意と気配りがあればな、と思うことが屡々です。蟻の一穴と云いますが日頃の仕事に対する心がけが事故を未然に防ぐのです。

　電通の吉田社長は自らの体験から十則を練り上げたのでした。

　母の話に戻ります。

　子供の頃の写真を見ると手編みのセーターを着た姿が多く写っています。私が武雄中学に転校して可愛がって頂いた百田喜嘉先生が「家内の夢は子供たち全員に毛糸のセーターを着せてやることだ」と話してくれたことがあります。昭和 24年頃だと思いますが、今は衣食住のすべてにわたって国民の殆どが不自由のない時代ですが、この頃の庶民の生活を偲ばせる話だと思います。

　毛糸のセーターは小さくなると毛糸に戻して編みなおしたのです。リサイクルで無駄のない生活だったのです。子供もセーターをほどいて毛糸に戻すのを手伝うのが日課でした。

　戦時中からの衣料には人造絹糸(人絹ジンケン)と呼ばれる布がよく使われました。

　スフとも呼ばれ(ステープルファイバーの略) 印象としてはペラペラで腰がなくすぐに穴が開く布でした。絹布の代わりというよりも綿布の代わりだったと思います。

　この頃、毎日新聞の通信部記者が風呂に入りに来て脱いだシャツがウールで子供心にも素晴らしい手触りでした。赤い縞模様でいま考えると早稲田大学のラグビーウエアだったのでしょうが触れた感触は幸せを思わせるものだったと記憶しています。

私には世間でいう「おふくろの味」の記憶がありません。本人から聞いたこともないので母が料理を不得手としていたことは全く知らないまま私は武雄高校を卒業するまでを有田で過ごし、料理は祖母がやっていたので、母が料理下手なことを知ったのはさらに時を経た後の事でした。

　母が亡くなった後の法事で私たち夫婦と妹たちが集まった時に、「おかあちゃん」は料理が下手だった。という話題で賑わいました。いわゆるおふくろの味を問われると返答が出来ない私だったがそのことに何らの疑問も持たずに数十年を過ごしてきていたのでした。

　昭和50年に祖母ヌイが亡くなるまでは家の台所を守っていたのは戦前から一貫してヌイで、母はノータッチでした。

　母の城は帳場であって、台所を守っていたのはヌイでしたから母が料理をすることは全くありませんでした。従って母には料理の得手、不得手の感覚もなかったと思います。

　ヌイが亡くなった後は父母二人だけの暮らしになりましたが、父はどのような料理を食わされていたのでしょう。祖母の死から3年経たないで父はS状結腸癌で亡くなりましたがこのことは大変に気になります。

　母は父の24年後に93歳で大往生を遂げました。老人保健施設幸寿園で余生を過ごしていましたが料理を他人が作ってくれる毎日はさぞかし快適だっただろうと思います。

十八. 幼少年時代からの思い出

　私は前橋支社長を務めた昭和 40年ごろまで、季節の変わり目には喘息の発作に襲われ、発作の苦しみは死ぬかと思うほどでした。これは小児喘息が続いていたものと思われますが、虚弱だった私の体質と、強い子に育てたいというヌイの戦いは幼児の時代まで遡ります。

　体質を変えるためには乾布摩擦が良いからと祖母は、毎朝起床した私を掴まえて寝床で乾布摩擦を行いました。この習慣は敗戦まで続いていたと思います。「広い背中だ」とか「独活」(ウド)の大木」と云いながら全身を乾布摩擦するのです。

　春が来てボケの花が咲くと「博文の喘息が出る」と家族で警戒されていました。成人して社会人になった頃の身長は 174.5cmだったので同時代人の中では背は高い方でした。

　就職して上京し満員の通勤電車(中央線) に乗った時も車内の端まで見通せていたのですが(いつの頃からか車内の見通し悪くなり、今の人は背が高なったなあと思っていたら私の背が縮み始めていたのでした。今では 8 cm以上縮んだことになります。

　新聞配達が体を鍛えるには効果があると信じた祖母は中学校に進学したばかりの私に橘通方面の配達を命じたことがあります。シンブン！と叫んで玄関に新聞を投げ込む快感は一度は体験したいと思っていたのでしたが、配達の途中で通学姿の友人を目にした私は配達の途中で配達をやめて店に戻ったのですが、この時父から初めてきつく叱られました。何故このよ

うに怒られなくてはならないのか、合点がいかない私でした。新聞を他社よりも一刻も早く読者に届けるという新聞屋魂に欠けていたのですね。

当時の新聞販売の状況を私の記憶で辿ってみます。

昭和 15 年に博信堂前で写した写真があります。これは毎日新聞の拡張競争に優勝した時の写真です。

今も似たような行いを見ることは屢々ありますが、新聞と拡張という営業方法は切っても切り離せない宿命があるようです。博信堂の 2 階の座敷の鴨居には毎日新聞社長「本山彦一翁」の写真がまるで天皇のご真影のように掲げてありました。

本山氏は大阪堂島の本社屋上で競合紙である朝日新聞の号外と毎日新聞の号外が飛び出して行くのとタイムを競ったという話が伝わっているほどです。

本山が大阪毎日新聞の社長になったのは明治三十六年(1903)明治四十四年(1911)に東京日日新聞を買収して毎日新聞は全国紙になりました。当時から朝日・毎日の競争は激しく朝鮮半島の末端にまでその競争心は伝わっていました。

鎮海線の鉄道が開通するまでは新聞は毎朝釜山港から船で届いていたのですが、博信堂の番頭さんは朝日の番頭を海に叩き込んで新聞の配達時間を競ったとも、鉄道が開通してからは、朝日の番頭を兵児帯で駅前の桜の幹に縛り付けて来たという武勇伝を幼い私は感心しながら聞いた覚えがあります。

最近でも朝日新聞で誤報が話題になった時の読売新聞・産経新聞が示した醜態はこの戦国時代が今もなお続いていることを示していて心ある人ならば発行部数第一の新聞販売のあり方を考えさせられる誠に悲しいとしか言いようのない出来事です。

かつては社会の木鐸と自ら称していた新聞社が示した、恥知らずの哀れな

出来事でした。余事ながら私はこの事件の前から読売新聞・日本テレビ・産経新聞は一切見ることはありません。

　読売新聞は全国進出に当たってのえげつないまでの販売拡張策を名古屋に住んでいた時代に見聞した事。産経新聞は戦後派の新しい新聞ですが、知的な刺激とは程遠い記事の内容からです。三つ子の魂百までという諺の通りです。

　記念撮影の写真に写っている番頭さんを見ても、当時小学生の私からは大人に見えていたのが実際はこのような少年で、彼らにも朝日新聞に対する激しい闘争心が植え付けられていたのだと思うと人心のコントロールはツボを押さえれば容易いのだなと思います。

　戦後の鎮海に最も早く訪れたのは野崎博君ですが、彼が泊まったホテルの経営者がその昔博信堂の新聞配達少年で、配達中に玄関に配達されていた牛乳を盗んで飲んだことがあると聞いてきて伝えてくれました。当時の牛乳は今普及している低温殺菌とは違い高熱で殺菌していたので、社長の野口さんが自ら配達して来る牛乳瓶の蓋からは牛乳が噴き出していました。配達の少年が思わず手を出したのも分かるような気がします。この事件がどのような決着を迎えたかは分かりませんが、私は事件が起きたことを覚えていました。

　その後、鎮中同窓会で鎮海を訪れた時に紅梅町の河野さんのお宅の跡にあるこのホテルに泊まり、ご主人に会おうとしたのですが、丁度お留守で会うことは出来ませんでしたが私の宿泊料は受け取ってくれませんでした。

　鎮海で生まれ、甘えて育って敗戦・引揚げを初めて体験することになった世間知らずの私にとっては、まるで「井の中の蛙」そのもので実社会のことは全く理解していませんでした。六年生の年中行事である京城への修学旅行も休止になったために、鎮海小学校を卒業するまでは外からの刺激の全く無い日々の繰り返しでした。

髪型は幼稚園の時から小学校の卒業の頃まではオカッパでしたが、散髪は藤沢下駄屋さんの並びの朝鮮人が経営する床屋さん(日本名は忘れました)に50銭持って定期的に通いました。

　一度だけ他の床屋に行きましたが、「動くな」と叱られたのか、当時は手動だったバリカンに頭髪がひっぱられて痛かったのか今では理由は分かりませんがこの店には嫌な記憶が残っていて、梅ヶ枝町の工作部集会所の隣にあった店の場所まで記憶に残っています。なぜこの床屋に行ったのか今となってはわかりません。

　3、4歳ごろには大人の会話をなんとなく理解出来るようになっていました。

　隣の田中歯医者さんご夫婦と高砂町の一ノ瀬さんの奥さんには特に可愛がって頂いた記憶があります。田中さんに私は「ヒモ」ちゃんと呼ばれていたので、母に尋ねたところ言葉を覚えた頃に私は自分のことを「ヒモ」ちゃんと云っていたからだと教わりました。

　一ノ瀬さんは佐賀県藤津郡五町田村出身の海軍軍属の方の奥さんで、娘さんが操さんと云って我が家ではミサちゃんと呼ばれていました。一ノ瀬さんのお宅の玄関を入るとオルガンが置かれていました。操さんのものです。

　一ノ瀬夫人からは「若さま」と呼ばれて可愛がられたのですが、一度真鶴町の「浪花湯」という銭湯に連れられて行ったことがありました。当然女湯だったのでしょうが、初めての風呂屋の湯船が私には深くてなかなか足が底に届かないで恐ろしい思いをしたこと、やっと届いた湯船の底が棕櫚の敷物の感覚だったことをよく覚えています。

　足裏の感覚で記憶に残っているのは武雄中学校への雨降りの日の汽車通学の際に裸足で汽車に乗った時の嫌な感触です。

　初めての風呂屋の経験から、当時の小市民の家には内風呂が無く日常生活には銭湯に行くというのが常識だったのだということに気付きました。鎮海に銭湯が多かった理由が分かります。

一ノ瀬家とのお付き合いは引揚げの後も続いていましたが、夫人はある夏の日マムシに咬まれたとのことで突然お亡くなりになりました。操さん(ミサちゃん)とは高女の同窓会などで長く交際が続きました。

　池坊のお花のお師匠さんだった梅ヶ枝町の山田さんとは、祖母が親しくしており、娘さんが母と女学校の同学年であったこともあり、孫の道子さんは川浪暢夫さんと同学年だったので家族ぐるみの交際が和歌山に引揚げられた戦後も続いていました。

　菊川町の九鬼芳楠さんは大阪で挙式した私の結婚式にも出席を願った程ですが鎮海邑事務所の会計主任でした。

　今回の調査によれば鎮海の街が出来る当時には父君が和歌山の建築会社の方だったことが分かりました。いわば鎮海草分けの２代目に当たる方です。

　私は家が本屋という環境のせいか本もよく読む子でした。小学校の校医は垂井実(のちに竹島姓となる)先生で家庭には男児４人女児一人の子沢山でしたが、末っ子の有(ユウ)君が私と同年でした。

　ある日川浪薬局に遊びに行っていた私は、先生が自分で注射をしているのを目撃したのです。先生は私のホームドクターでよく知っていたのですが、「ユウちゃんには云わないでね」と口止めをされました。帰宅しておばあちゃん(ヌイ)に話したら「先生はモルヒネ中毒だから」と云われました。子供心にも何か大人の秘密を知ったような気持ちに襲われました。

　この頃の不愉快な母の思い出があります。

　ある日茶の間で「主婦の友」のお産の付録を立ったまま手にしていました。読んでいたのは孟母三遷の逸話でした。帳場へと通りかかった母が突然血相を変えてその本を取り上げたのです。

　後にお産の本は男の子の読むものではないと知りましたが、この時の母のとった行為には私の心は深く傷つけられました。

　男の子を不良にならないように育てる母親の苦労にも配慮は必要でしょ

うが私が今も覚えているのは事実です。

　後に高学年になって２階の人気のない部屋でお産の本を見ていた時には父に見つかり苦笑いをされたこともありました。いわば私のヴィタ・セクスアリスです。

　実際に森鷗外の作品に接するのは後々になりますが、鎮海時代からの性的な記憶の断片を辿ると、昔の「浦島太郎」のお伽噺(おとぎばなし) は小学唱歌(二年生)になっていて、歌詞の二番には「鯛しび(鮪)平目の舞い踊り」という部分があったそうです。

　女教師が普通学校でこの歌詞を読むと生徒たちが一斉に笑いだして授業にならないことが度々だったので、歌詞が「鯛や平目の舞い踊り」と変更になったと伝える文章を読んだことがありました。現代マグロ(鮪)は高級魚ですが、「しび」という呼び名は古く奈良時代に遡る呼び名で高級な扱いはされてなかったようです。トロや大トロは江戸時代には見向きもされなかったと伝います。

　何しろ作者も作曲家も分からない明治時代の事ですから今となっては事の真相を知る人はいませんが、小学校の高学年か中学生だった私はこのことを知って、性的な言葉の臭いを直感したので手当たり次第に調べました。かし真相にはなかなかたどり着けません。今とは違い検索の手段が限られていました。

　まして朝鮮語は全く不案内なうえに、当時の国語辞典と云えば三省堂の「廣辞林」しかありませんでした。廣辞林で「しび」を探して見つかるはずがありません。

　しかしながら漸く「孶尾」という言葉が見つかり、その解説の文章は今もよく覚えています。私はなんとなく達成感のようなものを味わったような記憶があるのですが、元々朝鮮語を日本語の辞典で調べることに無理があったのです。当時の少年の知識や知恵はその程度でした。

少年時代の性的関心には限りがなく、「アブナ絵」がどのような絵が描かれているかも全く、知らないまま、親が家のどこかに隠しているという話で中学時代はもちきりでした。戦後の同窓会でも「音成の家に見に行ったことがある」という宗宏君の証言が聞けたこともありました。

　ニギミシバラという朝鮮人の喧嘩の時の言葉については、同窓会で小池厚之助君が金海郡進礼面という田舎の農家育ちで朝鮮語を解したので、尋ねて言葉の意味を成人になってから初めて教わりました。

　私は、かつて博信堂の番頭さんから「博文さん、あなたをお母さんと結婚させてあげましょうか」と云われてその意味が全く分からなかったことがあったのを思い出したのです。番頭さんと云っても思い出の写真で見るように私とは大して年齢に違いがあるわけではなかったのですが、私の言動が生意気でよほど彼は腹に据えかねたのでしょう。「ニギミシバラ」と彼は叫びたかったのだと思いました。

　敗戦後の武雄中学時代にアメリカ兵を町で見かけることが多かった頃にアメ公に「サルマルベンチ」と云うとものすごく怒るそうだという会話がありました。これは「サンノブアビッチ」という罵り言葉だと知ったのは成人後の事でした。「娼婦の子」という罵り言葉だそうです。

　言葉の意味を私が知った頃に丸首シャツに「BITCH」と書かれたのを着ている若いご婦人をよく見かけましたが無知と云うのはこのような事なんだなと思いました。

　小学唱歌(四年)の「春の小川」の歌詞「春の小川はさらさら流る」という部分が「さらさら行くよ」と変わっています。他にも変更点がありますが、これは昭和十七年(1942)に国民学校令施行規則で、国語で文語文を教えるのは５年生以上と決められているために手入れが行われた結果だそうです。

　作詞した高野辰之さんには申訳ないことでしたが、浦島太郎の歌詞を変える時にもこのような騒ぎがあったのでしょうか。

幼い私の記憶の決定版は、やはり祖父と旅行した釜山の思い出です。

　鎮海という「井」の中からデパートがあり、電車が走っている、大都会の洗礼を受けたのですから記憶は鮮烈でした。

　一心寺の住職、柳さんが園長の鎮海幼稚園へ入園して2年保育を受けたのですが、運動会のかけっこで1等賞をとった思い出があり、母に話したところ「それは真壁亀代先生が1等賞が取れるまで組替えをして下さったのよ」と云われました。真壁先生は博信堂右隣の真壁金物店の奥さんで、小学校に進学してからもいろいろとお世話になりました。

　第六高等学校から東大工学部に進んだ次男の英樹さんは後に島津製作所の常務を務められました。鎮海小学校には中耳炎の治療に釜山の府立病院に通院していたために入学式を欠席して進学しました。

　この頃、「記念搭」を背景にした集合写真があります。岸本寿野先生が担任でした。京城師範学校を出たエリートの女先生でした。後で知ったことですが私の母ハルエと同い年でした。

　クラスは今では考えられない64人で、教室は8×8列の机がぎっしり詰まっていました。私は背が高いのでいつも後列でしたが、軍都という性格上転校生がよく転入してきましたが、当時の私の真剣な思いは自分より背の高い子が入ってこないようにという事でした。幸い卒業まで私は最後列だったと思います。

　博信堂の向かいに旧鎮海病院の尖塔のある建物があります。この建物が鎮海病院であったことは母でさえも知らない昔のことで、現在の私が愛玉さんとの情報交換で知ったのですが、私の小学校時代には長船さんという饅頭屋さんでした。長船さんには「カボ」と自称し、同級生にもカボと呼ばれていた問題児がおりました。いわゆる知恵遅れです。岸本先生にはお荷物だったと思われます。

　知恵の発達したお山の大将から云いつけられて、女生徒のスカート捲りを

やらされることも度々でしたが、ある日岸本先生は、カボの手の指にお灸を
すえました。

　カボは素直に手を前にして熱さを我慢しながら教室の隅に座らされて泣
いていたのが忘れることが出来ません。

　家でも父兄にも評判の良かった若い岸本先生の体罰でしたが、カボのお母
さんからは承諾を得てのことだったと思いますが幼心には衝撃的な出来事
でした。今なら児童虐待で新聞種になり事の本質から離れた大議論が沸騰
することでしょう。

　岸本先生は、ある日ポータブルの蓄音機で「スーベニール」というヴァイオ
リン曲を聞かせて頂きました。曲名の意味も分からない１年生でしたが不
思議に曲名とメロディは記憶に残っています。

　子供の記憶力も馬鹿には出来ません。後にチェコのＦ・ドルドラという
ヴァイオリニストの有名な曲であることを知りました。

　コスモス会で毎年お会いしていたのでお聞きしたところ、先輩の先生の思
い出を語られました。青春の思い出の曲だったのかもしれません。カボに
ついてはお尋ねすることはありませんでした。カボの正しい名も知らず同
級生からも忘れられ、その後については誰も知りません。

　兄や姉がいない私はインドア派で、男の子らしい腕白の思い出は全くあり
ません。

　小学生たちが蛙を掴まえてストローで空気を吹き込んで腹を膨らませた
り、イナゴを獲って火であぶって食べるのを眺めていました。

　養魚場にはカムルチという獰猛な魚がいて指を食べられるとか、北方市街
の奥の山にはヌクテが出没して人に危害を与えるそうだと云う噂話は聞い
ていました。ヌクテとは狼の事だそうです。

　私が転校をした佐賀県立武雄中学校の仲間に野村哲夫君がいますが、彼
は北京中学からの転校生でした。齢が70歳になろうとする頃、彼が突然「俺

は背が低かった。」と言い出しました。

　本人はチビだというのですが、そのように思ったことも、感じたことも嘗てなかったのですが、本人には大変な問題だったようでクラスではいつも一番前列で、後ろが見えないので自分はどれほど損をしたことかというのです。

　いつも後列に座っていた私は、先生が生徒に手を挙げさせるときに全体の様子が観察できたのですが野村君は状況を観察できないままに挙手をしていたというのです。背丈の高低や、座席が前か後かまでが意識を左右することがあるという事を７０歳にして思い知ったのでした。

　私は、鎮海の思い出を探りながら男女の同窓生や知人たちとの交友を続けるうちに感じたことがあります。

　博信堂の独り息子として生まれ育った私ですが、老齢になって友人たちと付き合い行動するうちに、兄や姉がいて育った子と私のような唯我独尊で育った子は世間知のレベルが全く違っていたのではないかと気付きました。

　幼い時からキャッチボールの相手をしてくれたり、遊び相手になってくれる兄や、知識をくれる姉の存在は有形無形に大きな影響を残すのではないでしょうか。

　今にして思えば、友人たちから見た私の存在は無垢で何も知らない子に見えていたに違いありません。カボに女生徒にいたずらをさせたのも良家の末っ子でした。

　何十年もたって気付いたことでしたが、長男長女は、ハンデキャップを負って人生行路を走り始めたことになります。

　私の経験則から有名人たちを観察すると末っ子と第１子の生き様の違いが見て取れると思います。

　競馬をやる後輩から馬は血統が大事だと教わりましたが、ホモサピエンスの場合は血統だけではなく兄弟姉妹の存在とその中での位置づけも大きな

判断材料になるのです。

　私はひ孫が4人おりますが、第1子が3人第2子が一人で観察対象には事欠きません。

　「氏より育ち」と古くから云われていますが、これは成長過程での環境や教育の大事さを教えてくれています。競走馬は氏も育ちも大事に育てられているのでしょうね。

　祖母に大事に育てられた故なのか、運動神経の発達が悪く、一年生の体操の時間にドッチボールをやり、私は二組の武内成義君がぶつけてきたボールを受け止めきれずに尻餅をついたことがあります。未だに忘れられない恥ずかしい記憶です。

　体操は私の最も苦手の時間で鉄棒も未だに逆上がりは出来ません。武内君は鎮小、鎮中を通じて尊敬する友人でしたが今は消息が分からなくなりました。NHKのベテランアナウンサー武内陶子さんの叔父さんです。

　早生まれと遅生まれの差に就いて今になって考えています。2月生れの私は早生まれですがこれまでの生涯を通じて損だと感じたことは全くありませんでした。むしろ何カ月も得をしたという意識はありました。

　ところが四人の曾孫一号が8月、二号は翌年3月の生れで、進学すると同学年になるのです。今の今まで考えたこともなかったのは、家で問題にならなかったからだと思います。

　転入して来る転校生の身長が自分よりも大きいか小さいかは大いに気がかりだったが、損得までは感じることが無かったのです。

　学年の中で体力差があり、私が非力だったのは今にして思えば早生まれのせいだったのかもしれません。

　記憶に残る祖父の仕事姿は多分冬の姿だと思いますが、鎮海は南朝鮮で海に面しているので冬は温和な気候だったと思います。冬の通学姿は、帽子、耳当てに半ズボン、長靴下でしたが、ズボンの下から股引を出している生徒

もいました。

　当時の愛唱歌に「陸奥の吹雪」があります。

　高倉健や北大路欣也が出演して有名になった八甲田山の遭難を哀悼した明治三十五年に作られた歌ですが、「今日の寒さは如何にせん零下を下る十八度」という歌詞があります。鎮海でも零下二十度の日もあり、これぐらいの寒さで何故八甲田山では遭難事故が起きたのだろうと友人と話した記憶があります。

　鎮海小学校では、石炭ストーブが教室にあり、弁当はストーブで温めていました。

　鎮海中学校時代には、寮生が風呂屋に行って帰りにタオルを宙に振りまわしているとタオルが凍ってかたい棒のようになったと云っていましたし、勤労動員で警備府の構内で作業をした時に、海の波打ち際の小石の上に天井を張ったように薄い氷が張っているのを発見し、鎮海でも海が凍るという現実に遭遇した時の驚きは忘れられません。

　祖母に日頃から鎮海の冬は三寒四温と云って三日寒い日が続くと四日温かい日が続くから少しの寒さは我慢しなさいと云われて育ちました。

　家の茶の間は私が幼かった頃に練炭を使用するオンドルになりましたが、試しに床を延べて寝たところ、枕まで温かくて気分が悪くなり眠れなかったことがあります。

　鎮中同窓会でソウルヒルトンホテルに宿泊した時に、古賀会長の部屋を訪ねたら、オンドル部屋で、私のベッドの部屋よりも拡がりがあるので季節を問わずオンドル部屋のほうが良いなと思ったことがありました。

　朝鮮人に腰の曲がった老人がいないのはオンドルがあるからだとも云われて育ちました。

　我が家では布団の中に火箱という炭火を使ったアンカか湯たんぽを皆が用いていました。

夏は扇風機のようなものは無く。団扇だけで我慢しましたが現代のような熱射病対策を知らずに育ちました。食料品は、蠅帳(ハエチョウ)と云われる軒下に下げた吊り棚に入れて保存しました。この中に保存された練乳をこっそり吸うのが楽しみでした。

　アメリカなど連合国との戦争が真珠湾攻撃で始まったのが昭和 16年 12月 8日、4年生の時でした。

　軍艦マーチで始まるラヂオ(この頃ラジオはこのように表記していました)の臨時ニュースの大本営発表に胸を躍らせていました。

　昭和 16年は、連日連戦連勝のニュースが続き、特にイギリスの不沈戦艦プリンスオブウエールスと巡洋艦レパルスを轟沈させた空からの魚雷攻撃の戦果には大興奮をしました。

　開戦から 3日でイギリスの東洋艦隊は主力を失ってしまいました。街にはイギリスが講和を申し込んだという噂が飛び交いましたが真相はわかりません。

　この頃の映画は「ハワイ・マレー沖海戦」で円谷さんの特撮が有名でしたが、海に落ちた砲弾の水しぶきがうまく上がらずに苦労したと聞いています。

　6年生になったばかりの頃に「マライの虎」という映画が公開されました。6年生は男子組でしたが、音楽の時間に誰ともなく映画の主題歌を歌いだして、女教師も手が付けられないほどの興奮状態になりました。

　「南の天地股にかけ、率いる部下は 3千人、ハリマオ、ハリマオ、マライのハリマオ強欲非道のイギリスめ、天に変わってやっつけろ、ハリマオ、ハリマオ、マライのハリマオ」と全員が声を張り上げて陶酔状態の時間でした。鎮海小学校の講堂は私たちの合唱の声に満ちました。

　大戦争の開戦によって 6年生で実施されていた京城への修学旅行は中止になり、田舎者が都会を体験する機会が奪われてしまい、生涯修学旅行と云うものを味わうことはありませんでした。

開戦から２年余り経った昭和17年(1942)６月のミッドウエー海戦で思わぬ敗戦を喫するまでは、各地で連戦連勝を重ねていましたが、戦果に酔いしれたのもわずかで、6年生の18年4月に連合艦隊司令長官山本五十六大将の搭乗機がソロモン島の上空で米軍機に撃ち落されるという悲劇が起きました。

　戦果に酔っていた私も、一般の国民も気づいていなかったのですが戦局は日に日に悪化していたのです。

　この頃ヌイが、海軍の石油タンクに勤める諸隈さんという知り合いから、帰港してくる軍艦の甚大な損害の状況を聞いているので「戦争には負ける」と言い出した時には驚きました。

　「おばあちゃんは必勝の信念を持たなくては駄目だよ」とむきになって反論したものでした。

　日本の歴史上最大の国難と云われる鎌倉時代の蒙古襲来の時に、神風が吹いて一夜にして蒙古軍の船が沈没したという言い伝えから、日本は神の国だから必ず神風が吹いて、戦には勝つというのが当時の国民の意識でした。

　これは台風が吹き荒れた結果だったのですが、当時の日本国民は神風が吹くのを心待ちにしていました。なんと単純だったのでしょう。

　昭和19年(1944)に陸軍要塞司令部の跡に鎮海公立中学校が開校し、朝鮮各地から入学試験に合格した少年たちが入学してきました。宗宏君所有の資料で4月19日付の領収書で150円を4月分の納金として納めていることが分かります。

　中学校の入学試験では懸垂３回が合格の条件であると聞かされて、庭に鉄棒を作り練習をしたのですが、川浪保彦さんに「牛肉がぶら下がっているみたいだと酷評されました。

　実際の試験では飛びついた勢いで１回がやっとでした。幸いにも合格しましたが、祖父の威光が働かない他の中学校だったら合格できたのでしょうか。

　偶然にも母が鎮海高等女学校の１回生だったので母子で鎮海に開設され

た中等学校の1回生だった訳です。

　京城や釜山からの新入生は私たち田舎者とは違う都会の雰囲気を漂わせていました。

　特に京城からの8名は黒革の編上靴を履いていてそれだけでも大変お洒落でした。スケート用の靴だという事でしたが、鎮海の冬の遊びは、どんこ桟橋のそばにあった池に張った氷にリンゴ箱に戸車用のレールを付けて乗って滑って遊ぶくらいが関の山で、都会とはかなりの落差がありました。私はこの乗り物で遊ぶことはありませんでした。

　見たこともない食堂車の車内放送の声帯模写をしてふざけたりするのが、鎮海ツ子には新しい文明が開けた感じでした。

　開校当初は、寮がオープンしてなかったので、町の有力者の家に分散して生徒は下宿しました。私の家には、京城の井出孝二、赤坂宏三君が割り当てられました。既に食糧難の時期でしたのでヌイの苦労は相当だったと思います。

　彼らの持ち物には京中井出とか、龍中赤坂と名前が入っていたので京城の有名中学の入学試験に失敗したことを物語っていました。

　入学式には海軍警備府の参謀長たちも列席していましたが、戦争が翌年の夏には敗戦で閉じるという事は神ならぬ身には全く知らないことで、1年生の学校生活も、学科のほかに、荒れ地の開墾や堆肥造りとサツマイモの苗の植え付けという農作業でした。

　休み時間には「鳩舎」が残っているのが珍しく、伝書鳩の羽毛が舞う狭い部屋で遊びました。要塞司令部が立ち退いて間もない時なので鳩が多く飼われていた名残が沢山残っていました。

　伝書鳩は戦後も新聞社の重要な情報の伝達手段でした。今は竹橋にある毎日新聞社本社の建物には何羽かの鳩の作り物がビルを飾っていることを田後記者に教わりました。

さて上級学校の授業を初めて受ける昂ぶりの中で、鎮海中学校開校１時間目の授業は地歴担当の坂根先生の歴史でした。校門近くの芝生に座って青空教室でしたが、先生独特のしわがれ声の「世界四大文明の発祥地は」という第１声で最初の授業が始まりました。

　生物の時間には生きた蛙の解剖で残酷な初めての経験に皆が恐る恐る取り組みました。ミツバチの分蜂で大騒ぎになったのも入学して間もない頃でした。

　学校近くの荒れ地を開墾して、自分たちで造った堆肥を施し食糧増産の国策にそってサツマイモを栽培しました。苗床で、苗を作り神野先生の指導で植え付けをやりました。

　1年生の生活は農作業と勤労動員に学科が少々という毎日でしたが小学校とは違い交友や学ぶことが新鮮で張り合いのある毎日でした。朝鮮人の新入生もかなりの人数で各地から入学してきました。

　二年生になると１年生が入学して来て最上級生になったわけですが、戦局悪化に伴って学徒勤労動員で海軍構内の土木作業や雑用をやらされました。

　当時の私たちは、物資不足のために下駄が多かったのですが、終業時に下駄がないという騒ぎがあって、それを見とがめた見習士官が「お前たちは朴歯の下駄(高下駄) など履きやがって」と云って、私たちを向き合わせに整列させてお互いを殴らせるという対抗演習をやらされました。

　相手が友人なので手加減をしていると、やり直しをさせられて何度も相手を殴ることになり、今となってはその士官の人相は詳しく覚えてはいないが、あこがれていた海軍兵学校への好感はたちまち失せて海軍大嫌いになる出来事でした。

　未だ十二、三歳でしかない鎮中生に対してあまりにも大人気ない青年士官の振舞でした。

　新設鎮海中学校で先生たちが、新入生に暗唱するように示されたのは広瀬

淡窓の「桂林荘雑詠諸生に示す」でした。校歌がなかった我々には校歌みたいなもので今でも暗唱できます。

言う事をやめよ他郷苦辛多しと
同朋友あり自ずから相親しむ
柴扉暁に出ずれば霜雪のごとし
君は川流を汲め吾は薪を拾わん

二年生になると、教室は工場と化して「国民総武装兵器」と名付けられた簡易手榴弾、と迫撃砲の弾丸の製造を行いました。

敗戦後に各地からの引揚げ同窓生に聞いたところでは北京でも、釜山でも同じような作業に携わっていたそうです。手榴弾は頭にマッチと同じ薬を施し、パラフィンで防水した紙袋に入った摩擦紙を取り出して擦り点火して1・2・3で投げるという幼稚なものでした。

一方で庶民の暮らしは、日本内地と朝鮮や満州のような外地とでは差があったようです。

鎮海でも食料はトウモロコシの粉が配給されて、祖父はこれで作った蒸しパンを好んだようでしたが、スベリヒユという何処にでも生えている雑草を「内地では食べているそうよ」と云ったのは母でした。

この頃、内地では同じ世代の子供たちに学童疎開が実施されていました。

愛玉さんとの「日本国から来た日本人」西牟田靖著を介して2020年7月に始まった交流は、世界的なコロナウイルスパンデミックの中でメールとLINEで毎日のように行われました。

2021年3月に、タレント福山雅治氏のファミリーヒストリーがNHKで近く放映される予定だが、彼の祖母久さんが大正時代の鎮海松葉町16番地に住まっていたらしいというニュースが愛玉さんから飛び込んできた。

私は松尾博信堂が昭和2年に鎮海防備隊の検閲を受けて発行した「鎮海市

街地図」を鎮海中学同窓会で復刻したものの余部を古賀会長から譲り受け
ていたので、鎮海の博物館に保存展示し、愛玉さんの仲間で街歩きに使って
もらいたいと考えて、私が同窓生や後輩たち多数の手助けを受けて平成7
年に作り上げた住宅地図も添えて鎮海に送っていました。

　私が思った以上に現地では大喜びをされて直ぐにかつての街と現在を比
較するのに有効に活用されました。

　松葉町16番地も市街地図でたちどころに確認ができ、住宅地図で昭和20年
(1945)には餅屋であったことが分かり、さらに愛玉さんたちの登記簿調査によ
って建物が平井小間物屋によって保存登記されていたこともわかりました。

　櫻が満開を迎えようとする3月23日にNHKの取材チームが鎮海に入り愛
玉さんたちがガイドを務めました。

　地図上は松葉町16番地は存在しても光復後は街の様相はすっかり変貌し
て昔を偲ぶことはできませんでしたが、福山さんの祖父も海軍電信兵とし
て7年間鎮海で勤務しており、久さんとのロマンスはこの時代だと思われ
取材班の興味も此の一点に絞られたようです。

　4月26日に番組は放映され多くの福山ファンはもとより鎮海に思い出を
持つ人たちには大変に喜ばれました。

　愛玉さんと私の接触がなければこの度の取材の手掛かりは全くなかった
訳で、玄界灘を越えた交流が生んだ副産物と云えます。

　戦後私の鎮海恋しの思いは大人たちに負けない程でしたが、大人たちは
「鎮海友の会」、「鎮海高女同窓会」が毎年開かれて盛会を続けていました。

　私たちの「鎮中同窓会」は古賀苦住会長の努力で昭和47年(1972)に第1回
の集まりを東京銀座で行って以来毎年総会を国内や、韓国各地で行ってき
ました。

私の健康について

　幼時から病気がちであったことは既にふれましたが、間もなく九〇歳を迎
えます。生身の体でありながら今日まで無事に生きてきたのは現代医学の
お蔭でした。

　大きな病歴は2003年の秋に腎臓癌の診断を受けて即座に手術をお願いし、
帝京大学付属溝の口病院で大矢医師の執刀により右腎臓の摘出手術をしま
した。

　当日はクリスマス・イブで医師は嫌がったのですがお願いして決行しま
した。この病院は今は新しくなっています。当時は建物も設備も古びた病院
でしたが輸血をすることもなく私は片腎になりました。

　腎臓の摘出後10年経過した後に原因不明の発熱によって新装なった同病
院に9月から十一月まで入院をする羽目になりましたが、今もその後遺症で
はないかと思う歩行の不自由があってスポーツジムに日参して体力の回復
に努めています。

　さらに2021年12月11日に便検査が陽性になり上行結腸癌と診断されて内
視鏡手術を小林医師の執刀で行いました。1年を既に過ぎましたが、3カ月ご
との検査の結果では転移もなく順調であると云われています。

十九. 松尾家の墓について

　ファミリーヒストリーを回顧するにあたって岩谷川内にある岩崎墓地の松尾家の墓について触れておかねばなりません。この墓地が現在の区画になったのは、昭和7年だと思われます。

　想像を交えて墓地の整備状況を考えると岩崎墓地で最も目立つ場所で墓域も最大であることは、当時の長男謙一、次男重盛、三男国治、四男秀一の合議によって工事が行われたと思われます。

　この頃有田に在住していたのは重盛と秀一で、謙一は鎮海、国治は満州におりました。

　先祖代々の墓を改葬するにはかなりの費用がかかったと思われますが、長男の謙一は博信堂の経営が緒に就いたばかりであり、国治は満州にあって東亜同文書院を卒業して実業界に入り紡績会社の幹部を務めていました。

　国治については残された往復書簡類の内容から推察すると徳助からの資金の無心は同文書院の卒業当時から続いていました。

　開発資金が欲しい父親徳助にとって、給料取りになって月々安定した収入のある息子は手近な金蔓るとして便り甲斐のある存在であったようです。

　残された書簡を読むと、家長からの絶え間ない無心に苦悩する若い国治の様子が手に取るように判ります。

　後に満州紡紗廠の社長となり、従業員は6千人、一年後には1万2千人に拡張したと松尾秀一は書き伝えています。

　私が幼い頃, 母から国治叔父さんは、経営不振の会社を立て直す名人なの

だと説明を受けていました。具体的なことは理解できる年齢ではありませんでしたが偉い人なんだなと思いました。

　光子(テル)夫人との間に子が居なかったので、兄重盛・コト夫妻の末子である勝を養子としましたが、親族の中では最も経済的に豊かな暮らしをしていました。

　松尾家の菩提寺である法恩寺の本堂に、国治が寄進した朱の漆塗り前机がありますが、当時の国治の経済力と法恩寺への帰依の様子を伺うことが出来ます。

　引揚げ後に国治さんから聞いた思い出話の一つです。満州で紡績会社を経営していたころ、支那人問題で当時上海総領事であった吉田茂氏に陳情をしたところ「君たちはあの連中を人間と思っているのかね。犬だと思いなさい。」と云われたよとのことでした。

　租界に「犬と支那人は入るべからず」という立て看板があったという時代のことです。日本人も同じような差別を西洋人から受けていた時代でした。

　日本人も植民地では同じように支配者の感覚で差別を行っていたのでした。吉田さんの孫である麻生太郎氏はその発言が新聞種になることの多い人ですが、血を引いているとはいえ植民地をすべて失った今日の日本であり、しかも差別に対して国際的にも認識が進んできた現在と単純に比較することはできないでしょう。

　長男である祖父謙一は本山永平寺への参籠を伝える私たちへの話からも、仏への帰依の様子はうかがえましたが、有田の本家への経済的な支援の様子はわかりません。

　しかし、長男謙一、次男百田重盛、三男の国治、四男秀一とそれぞれ個性豊かな男兄弟たちが、世間でよく見られる不仲であったという様子を伺うことはできません。

　常識的には不思議な事ですが、これは玄祖父勝太郎の存在や曽祖父徳助を

抜きにしては語れないでしょう。

　また私が今見るところでは、「貧乏であった」という事に尽きるのではないかと思います。

　敗戦引揚げ後に松尾家の佐賀銀行からの借財を返済した記録があります。

　祖母ヌイが「この家は私のものだからね」と日頃云っていたのはこのことがあったからだと今は推察します。

　岩崎墓地内の松尾家の墓域は周辺の墓と比べて広く、天保三年の初代群兵衛妻の墓石が最も古いのですが、域内には力士五万嶽の大きな墓石もあり、これについては数々の口碑・口伝もあって今となってはそれを信ずるしかありません。

　漆喰の壁に囲まれ、鉄の門扉で守られた墓域は母と訪れた私の小学校入学前の一度きりの記憶でも立派なものでしたが、戦時中の金属供出で門扉は無くなり、戦後は白壁も傷んで保守に費用が掛かるようになりました。

　後に私は地下の納骨スペースも狭いことから一族の方々に呼び掛けて、共同で墓域の改修を行って松尾家一族の奥津城としての姿を整えました。

　現在納骨されているのは謙一・ヌイ、正巳・ハルエ、睦月(昭和三十八年に鹿児島で亡くなった私たちの次女)。国治・テル・千代子、勝。秀一・チヨノ。のほか先年同じ岩崎墓地内にあった永野家の墓を墓仕舞いして、松尾家の墓に永野兼輔・タケ(徳助次女)、雄城惟義・静子、和子、知行、永野義人の7柱を合葬したのでこの墓地を整備した昭和の初年に徳助の子たちが考えた通り「倶會一処」(ともに一処に会す)の願いを成就したと云えましょう。

二十. おわりに

　明治末(1911) に始まった、鎮海松尾博信堂物語は 1945年に第２次世界大戦の敗戦による朝鮮鎮海からの松尾家の引揚げによってひとまず終結致します。

　西牟田靖さんが、鎮海に縁のある 4名の少年の満州、北朝鮮、釜山からの引揚げを取材した「日本国から来た日本人」が春秋社から出版されたのが平成25年(2013) でした。

　内容に目を通して頂ければわかることですが、私の親友である、古賀苦住、野崎博、河野滉に私が加わった体験を西牟田さんが丹念に調査し「日本国から来た日本人」を上梓するに至るまでには数年を要しています。

　出版当時には揃って元気であった4人でしたが、順天堂大学名誉教授古賀苦住君は令和元年 1月 1日に大脳皮質基底変性症という3万人に一人という難病のために数年間の闘病もむなしく亡くなったと、つた子夫人からの知らせを受けました。

　彼は鎮海中学同窓会設立の功労者であり、会長も病に倒れるまで続けて頂きました。

　鎮中同窓会は、同窓生が2年限りで、新たに会員が補充されないので、会員は歳とともに減少して、会は自然消滅の道を辿ります。古賀会長の活動が休止するとともに会の活動も終焉を迎えました。

　野崎博君は、小学生の時に鎮海から両親とともに北朝鮮興南に転居して現地で引揚げを迎えたのですが、敗戦後 30年あまり経過して私が名古屋で勤

務していた時に、文芸春秋の読者欄に彼が投稿した鎮海体験記を通じて彼の消息を知ったのでした。彼の住む福井は当時の私の管轄地であり、彼とはすぐに会うことが出来ました。

　私は名古屋の前の任地が金沢であったので、北陸一円の語尾が上がる彼の福井弁に驚くこともなく戦後初めての邂逅を果たしました。福岡在住の河野君とは既に連絡がついていたので、後日「日本国から来た日本人」のメンバーが揃って、40年を超える交歓が始まりました。

　野崎君は、最近になって終活を始めて毎年冬には北陸の冬から逃れてハワイや沖縄に滞在していたのですがこの二年余りは避寒はやめていたのですが、突然京子夫人からの連絡で、令和2年10月に親族との温泉旅行中に旅館の大浴場で溺死し、お亡くなりになったとのことでした。

　福井市の足羽川の河畔には戦後に植樹された染井吉野が大樹となって満開の時には鎮海を偲ぶことが出来るという彼の話に誘われて満開の桜を求めて足羽川に花見に伺い、生きている仲間を集めて毎年の年中行事にしようかなと話し合っている矢先でした。酒をこよなく愛し、友情を大切にする好漢でした。彼にご馳走になった料亭吟楽の料理の味が忘れられません。

　彼は毎晩この店で日本酒を嗜むのが日課のようになっていました。

　満州から数奇な苦難を経て福岡に引揚げて来た溝上悗君は、奥様を亡くした後も筑紫女学院短大教授として独り暮らしをしていましたが、下関女子短期大学の創業者の養女である河野光子さんとご縁があって、私の記憶では彼の55歳の時に養子縁組をされて河野姓になりました。

　私は新婚間もない河野夫妻を訪問して下関で会いフグ料理をご馳走になっています。

　彼は九州大学教育学部を卒業したのですが、私が同門であることを知って私を探し当ててくれました。金沢で勤務していた時に電話をもらったのが初めての彼との接触でした。

鎮海高等小学校一年一組の担任であった岸本(霍川)寿野先生を探し出して
呉れたのも彼でした。

　溝上君が2年生の時に突然父君から満州に行くと云われて鎮海を離れるこ
とになった時にただ一人で鎮海駅で見送って頂いた事から、岸本先生の消
息を求めて私を探し当ててくれたのです。結局彼が熊本におられる岸本先
生を見つけ出してくれました。

　岸本先生を中心にした最初の集まりを、私は溝上、野崎に当時一年一組だ
った男子たちを集め、別府にあった私の会社の保養所で初めての会合を行
いました。

　当然の事ながら、鎮海を懐かしむ同期生は男女を問わず多かったので、後
には二組も含めた大所帯になり、先輩格の鎮海高女同窓会に桜は取られて
いるので私たちの会の名称にはコスモス会と私が名付けてその後毎年開催
を続けました。

　二組の生徒だった塩井末幸君が、東証一部上場会社プレナスの創業者とし
て成功を収めていたので、会は彼から有形無形の援助を受けることが出来
ました。同窓会としては潤沢な資金で毎年贅沢な会を開催することが出来
のです。

　備忘録として河野君の渡満にかかわるエピソードを記録しておきます。

　彼から「俺がこのような大変な苦労をせざるを得なかったについては、松
尾お前に責任があるとぞ」と云われ、その意味を尋ねたところ正月に貰った
お年玉で博信堂で講談社の絵本(満洲見物)を買って帰ったところ父親がそ
の本を眺めていて突然満州に行ってくると云って旅に出て行った。その後
家族も満州に来るようにと連絡があって満州に行くことが決まった。とい
う話でした。

　「満洲見物」は私もその内容や挿絵まで良く覚えている講談社の絵本でした。

　撫順の石炭露天掘りや満州の民族行事など当時の幼い私にも胸躍る内容

の絵本で、農業機械の絵やお祭りの記事に興味が湧いて子供心にも面白く数十年を経た中年の私にも大変に懐かしい本でした。

　その後コスモス会が、会員の老化に伴って衰退の傾向にあったので私は鎮海ツ子にとって忘れられない「桜」、「コスモス」と並ぶ鎮海の思い出が「日本海海戦記念塔」と「大榎」であることから「日本国から来た日本人」の上梓を前にして「鎮海大榎の会」発足を企画しました。

　毎日新聞地方版で発会を告知したところ、鎮海の関係者からのアプローチは無く、京城からの引揚者で「渡邊スエ子」さんが発会式に飛び入りで参加していただきました。

　渡辺さんは私たちより僅か年上ですが、非常にお元気な方で、海軍の将官であった叔父さんは大東亜戦争開戦前に山本五十六将軍はじめ海軍の上層部を巻き込んだ、水がガソリンになると云う詐欺事件の解明に当たっておられ事件の記録にもその名があるお方です。

　私は「鎮海大榎の会」発足前に講談社の絵本「満洲見物」の現物の捜索に取り掛かりました。

　国立国会図書館国際子ども図書館が平成十二年(2000)に上野の旧帝国図書館を改装して開館したという報道を見た覚えがあることから子ども図書館を上野に訪ねました。

　図書館の受付で講談社の絵本が保存されているかを尋ねたところ全冊が保存されているとの返事で、「満洲見物」の閲覧を申し込みました。あまり待たされることもなく私の前に「満洲見物」が幼い日に手に取った表紙のまま私の前に提示されました。

　もともと私は涙もろいのですが、絵本を手にして感動のあまり涙が溢れそうになるのを我慢できませんでした。

　沢山の本に囲まれて育ったのに「満洲見物」は不思議に幼い記憶に残っていたのです。

ページを繰るごとに、すべてが小学生当時の記憶のままで、これは是非とも河野悗君に直接見せなくてはと考えました。

　早速毎日新聞社の田後記者に連絡を取り、一般の閲覧者に迷惑にならないように、子ども図書館に別室を手配して私たち「大榎の会」メンバーに特別の扱いをお願いできないかとお願いをしました。集まるメンバーは殆どが首都圏ですが、主役の河野君は下関、野崎君は福井からの出席です。

　この日のことは、平成 二十三年(2011) 十一月 八日の夕刊の記事となり全国に伝えられました。二十一世紀の今、振り返ってみた松尾家の歴史は 二十世紀の庶民の歴史でした。

　二十世紀の歴史、特に日露戦争と日本海海戦は当時の鎮海の子供にとっては身近な出来事なのでした。

　家の外に出れば「日本海海戦記念塔」が目に入り、東郷平八郎は鎮海小学校の講堂に「忠孝」の額が掲げてあり、広瀬武夫や杉野兵曹長は唱歌の主人公だけでなく親族が海軍軍人で鎮海に勤務しているという話もあって非常に身近な話でした。

<新聞記事>

運命変えた絵本 70年ぶり再会
山口の 80歳男性「恨みはない」

　山口県下関市の河野あきらさん(80) が先月、小学2年の時の買った「講談社の絵本満州見物」を約 70年ぶりに手にした。現地の豊かさを強調した内容で、感化された亡父に連れられて旧満州に渡ったことが一家の運命を変えた。旧満州への移民政策に火をつけた満州事変(1931年) から80年。河野さんは「当時は軍国主義一色だった。絵本に恨みはない」とかみしめるように語った。【田後真理(たごまり) 写真も】

　「満州見物」は、大日本雄弁会講談社(現・講談社)が36〜42年に出した「講談社の絵本」シリーズの一冊。「読む雑誌から見る雑誌」をうたうB5判の極彩色本だった。軍国主義的な色合

いが強まる中、40年に「満州見物」は刊行された。当時、朝鮮半島の鎮海に一家でいた河野さんは、書店を営む同級生の松尾博文さん(79)の家で買った。

大豆は山積み、地上から石炭を採掘する……。本が描く現地の様子に、河野さんは「豊かな所なんだ」と驚き、父秀雄さん(当時39歳)も「(地下に)もぐらんでも石炭がとれるのか！」と興奮していた。翌朝、母親が泣いていた。「父ちゃんがトランク一つ持って、満州っていうところに行っちゃった」

半年以上たって迎えに戻った秀雄さんに連れられ、一家7人で旧満州北東部の炭鉱町・鶴岡へ。だが45年8月8日に「ソ連が攻めてくる}との情報が流れ、辛苦の避難が始まった。綏化(すいか)から長春に逃れたところで2歳の妹が栄養失調で死亡。兄も目の前で流れ弾を受けて即死した。河野さんら残った家族は46年8月に帰国。戦後は教育史を学び、予備校や短大で教べん執った。

運命を変えた本との再会は、国際子ども図書館(東京都台東区)に寄贈されたことを、松尾さんが知らせてくれたのがきっかけ。先月28日、松尾さんら旧友とともに図書館を訪れた。「ほとんどのページを覚えている」。河野さんは気分が悪くなるほどの衝撃を受けた。

川崎市に住む松尾さんは89年に河野さんと再会。「お前のところ(書店)が悪か」。そんな冗談を言われ、複雑な思いを抱いたことを覚えている。本を手にする河野さんを見守った松尾さんは「敗戦の記憶を若い人に残したい」と語った。

写真・図：① 鎮海時代の仲間に見守られながら、約70年ぶりに「満州見物」を読む河野あきらさん(右端)。左端が松尾博文さん。② 講談社の絵本「満州見物」③ 河野さんがたどったルート

あとがき

　私の祖父母や父母が鎮海で過ごした34年間は「一炊の夢」だったというこの物語は、90年間生きてきた私が、俯瞰した家の歴史でした。

　20世紀、21世紀を生きてみて、20世紀は日本も参加して近隣諸国に迷惑を及ぼした帝国主義の時代でしたが、平和憲法のもとで自ら戦争をすることの無い21世紀は平和日本の夢の中いたように思います。

　アフガニスタンで尊い犠牲になった中村哲さんは水利工事という極めて平和的な手段で根気よくアフガニスタン国民の暮らしの改善に貢献してきました。

　兵力を派遣しながら全く業績を残していないアメリカやロシアと比べて、武力を伴わない平和的な行動で素晴らしい成功を収めたのです。

　中村さんは、かつての芥川賞作家火野葦平(ひの　あしへい)さんの甥っ子で九州大学を卒業した医者です。

　紛争を好む人類にとって「戦争と平和」は永遠の宿題のように思えますが、2022年1月3日に核を保有する5カ国の首脳は「核戦争に勝者はおらず、決して戦ってはならない」と明記した共同声明を発表したので人類も一歩前進したかのように見えました。

　ところが、それから間もない2月24日にロシアは一方的にウクライナ侵略を開始し、それから毎日マスメディアが伝える悲惨な映像が世界の耳目を集めることになりました。

　52年前に公開されたヴィットリオ・デ・シーカ監督による反戦映画の名作「ひまわり」のロケーションが行われた美しいウクライナの大地は、僅かな間に廃墟と化して大勢の子供たちを含む犠牲者は日を追って増加しているのです。

日本国が世界大戦の敗北から独立した後、私は九州大学を卒業して協栄生命に就職し、昭和33年11月に田中貞子と結婚、長女章代、長男謙吾を恵まれて章代は宮田秀雄と結婚しました。

　この二人は長男秀俊、長女優美、次女綾を育てあげ、家庭を持ったそれぞれが秀俊は博都、開都の二人の男児、優美には昱誠、綾にはイブラヒムの男児が生まれて私たちは今四人の曾孫に囲まれています。多少の曲折はありながら平和で無難な人生であり平穏な年金生活を送っています。

　彼ら、彼女ら私の子孫たちが住む日本国は、これからどうなってゆくのでしょうか。

　プーチン・習近平・金正恩らの指導者を戴く燐国と交わりながら平和を維持するのは今の政治家には荷が重いように思えてなりません。

　核はもとより生物化学兵器の使用も噂され、戦乱はますます世界を巻き込んで行きそうな雲行きです。

　国連は、既に機能不全を示しています。

　デウス・エクス・マキナ(時の氏神) が現れるのを待たなくてはならないのでしょうか。

-おわり-

鎮海中辻公園大榎附近

昭和15年 5月2日
鎮海要港部検閲済

都市美
鎮海駅より直線に市街への幹道を進むと千数百年を経た大榎を中心に
放射状型に区画整然とした都市美を見出す。道路の両側に桜樹は繁り
爛漫の頃は景観を現わして居る。〔鎮海名勝〕

마쓰오 님께 드리는 편지

松尾様
마쓰오 님께

2022年 8月 17日

　지금까지 서로 생면부지의 인물들이 진해란 장소^{공간}를 두고서 고향이란 공통점 아래 물심양면의 교류를 하게 될 줄, 불과 3년 전에는 제 개인으로 상상도 못한 일들이 벌어지고 있으니 형언할 수 없이 놀라울 따름입니다. 이 놀라움이 『진해의 벚꽃』의 저자 다케구니^{竹国} 선생과 바로 마쓰오 어른과의 만남입니다.

　이애옥 씨와 저 김홍갑으로 이어지는 작은 연결 속에 『진해의 벚꽃』·『〈일본국〉에서 온 일본인』 내용은 물론 마쓰오박신당의 궁금증이 모두 풀렸습니다.

　저는 1991년도 진해시 제작 '진해시사 진해역사 편'을 여러 번 읽으며 진해의 탄생과 역사적인 배경을 알게 되었을 때 진해에 대한 인식을 새롭게 하는 계기가 되었습니다. 그러는 중 세월이 흘러 2003년 경남일보에 실린 기사 〈진해 근대를 가다〉 편 〈진해의 벚꽃〉과 다케구니 선생의 소개, 1992년 진해방문 후 진해 7년간 답사 과연 일본통치기 진해를 일본인의 시각에서 어떻게 쓴 것인가 번역된 책이라 생각하여 구입할 계획이었으나 한순간에 실망했습니다.

　아직 한국어 번역이 되어 있지 않았고, 앞으로도 일본인이 쓴 진해의 향토사를 다룬 책은 상업적으로 누가 번역하여 책으로 만들 것인가를 고민했습니다. 그러나 저는 일본 현지판 책이라도 구입하여 책의 내용을 접하고 싶었으나, 지금과 달리 그 당시는 원저 책 구입조차 마음대로 되지 않았고 15년이 흘렀습니다.

　그러다가 2018년 이애옥 씨와의 인연으로 『진해의 벚꽃』 책을 알게 되었습니다. 『〈일본국〉에서 온 일본인』도 마찬가지입니다. 일본에서 사업하는 친구와 일본유학을 다녀온 친구(일본문학 전공 교수)와 서울 일본문화원 등에 부탁하였으나 '바쁘다 그런 책이 왜 필요하냐?'는 무성의한 회신과, 일본문화원에서는 책 판매처만 알려주며 직접 구매하라고 안내할 뿐, 문화원에 구입해두니 대출하라는 안내도 없었습니다. 저의 대학 시절 때 일본어 학과에서 청강한 수업도 있고 교양 3학점 기초 일본어 수업도 들었지만, 대학 시절 일본어 수업을 열심히 하지 않은 것을 후회했습니다.

　2012년 마산 MBC 방송 〈100년의 유산〉이 방송되고 진해군항마을역사관이 개관하여 찾아가보니, 그곳에서 활동하시는 분들이 진해역사에 대한 내용을 전혀 몰라 실망했으며, 그 당시 '진해근대문화유산보전회'도 창립되었다고 하여 당장 회원 가입을 하였습니다. 그런데 막상 회원가입을 하고보니 진해 역사에 대한인식은 1~2명 외에는 거의 모르는 상태였습니다.

　저는 '1890년에서 1946년까지 진해에 살다 돌아가신 분들 후손이나 진해 소학교졸업 진해고녀^현 진해여고, 진해중학교를 다닌 분들이 있다.' 일본에서 진해향우회가 결성되어 있을지도 모른다. 더 세월이 흐르기 전에 교류할 수 있는 방법을 찾아보자며 주창해도 소리없는 메아리였습니다. 저는 지금도 일본인 중에 혼자 고향 진해를 다녀가는 분도 있을 것이다. 진해시가 일본 구레시와 교류하듯이 교류를 계속하면 진해에 살았던 분들의 고향 진해에 대한 향수를 달래는데 조금이나마 위안이 될 것이라고 생각했습니다. 그러나 이러한 국제 교류에 대해 약간의 공감은 하나 선뜻 나서는 사람이 없고 제 혼자만 끙끙 앓고 있을 때 만난 책이 2014년 출판된 『〈일본국〉에서 온 일본인』이었습니다.

컴퓨터 자동번역기로 번역된 내용을 읽어보니 진해에서 살았던 분들의 인터뷰, 진해를 방문하여 책을 쓴 『진해의 벚꽃』에서 인터뷰를 한 일본인들의 심정과 똑같은 마음이었습니다. 무슨 내용인지 알고 싶은 일념은 용솟음치고 있었으나 책 구입과 그 내용이 언제 가능할지 정말 막연히 기다렸습니다.

그러나 언젠가는 번역이 되어 나오면 나의 소원이 이루어질 것으로 기다리고 있었습니다. 정말 꿈과 같이 간절히 바라던 저의 바람이 이루어졌습니다. 이애옥 선생님이 퇴직 후 귀향하여 진해근대문화역사길 해설사로 활동하면서 진해근대문화유산보전회 회원으로 가입, 저의 『진해의 벚꽃』과 『〈일본국〉에서 온 일본인』 두 권의 서적에 대한 번역서를 출판하여 그동안 알고 싶었던 저의 그 간절함은 이루어졌습니다.

2019년에 이애옥 님께 『〈일본국〉에서 온 일본인』의 책을 소개한 후, 이 책이 번역출판 되어 오늘과 같이 마쓰오 님께 편지까지 쓰게 되어 감개무량합니다.

제가 1890년에서 1946년까지 진해에 살았던 분들과 교류를 주장하고, 실행에 옮기려한 것은 박신당 발행 진해소학교 모습의 사진에서 나의 초등학교 시절 군항제 학예회에 서예 학년 대표로 참가했을때 진해 도천초등학교를 처음 방문한 놀라움과 충격때문이었습니다.

제가 다니는 학교와는 전혀 다른 분위기의 교사校舍 모습, 일본식 건물에 회랑 교실 풀장 강당(이 강당에서 저의 중학교 배정을 추첨하여 진해중학교에 입학하게 되었습니다)이 떠올랐습니다.

중학교에 입학하고 졸업기수 이야기가 나와 도천초등학교 출신 동기에게 물어보니(동기는 1982년 졸업 35회) 일본인이 다닌 학교 역사부터 거슬러 올라가면 71회 정도 되고, 1981년 6학년 때 일본인 할아버지가 찾아와서 교장선생님 안내로 교실을 둘러보며 수업했던 교실과 풀장과 강당 등이 그대로 남아 있다고 눈물 흘리며 우는 모습, 교정의 나무도 자기의 재학 시절에 심었다는 얘기를 했다고 합니다. 그리고 시계탑 기증과 장학금 전달 등의 훈훈한 이야기를 들은 것이 생각나며 '고향에 대한 일본에 사는 사람들의 생각과 마음은 똑같을 것이다'고 생각했습니다.

저의 외가가 겪은 삶들이 마쓰오님의 박신당 이야기와 오버랩 되면서 더욱더 박신당이야기가 마음에 와 닿습니다. 일본에서 1918~1945년 10월까지 이어지다 한국으로 귀환했습니다.

1932년생 큰 이모, 1935년생 외삼촌(한국어를 전혀 할 줄 몰라 한 해 늦게 입학), 1920년대 출생의 외삼촌과 이모 등은 일본에서 어렸을 때 중학교 재학 중 모두 사망하고 그 중 두 분만 귀국했다고 합니다.

저의 어머니는 1945년 12월생입니다. 어머니가 외할머니에게서 들은 바에 의하면, 나가사키·오사카·나고야·홋카이도에서 살았다고 합니다. 작은 외할버지도 계셨는데 일본 여인과 결혼하여 1945년 일본에서 귀국할 때 외할버지께 먼저 조선으로 들어가라 곧 따라 들어간다는 말을 남기고 생사가 확인되지 않은 채 세월이 흘렀습니다. 외할아버지와 일본인 할머니 사이에 자녀도 있었다고 들었는데 안타까울 뿐입니다 마쓰오 어른의 동기인 고노 씨의 귀국까지의 슬픈 가족사, 비록 공간은 다르지만 동시대를 살았던 아픈 기억과 삶의 발자취, 고향의 기억과 추억은 모두 다 같은 마음이 아닐까 싶습니다.

마쓰오박신당 발행 진해엽서 사진을 보면서 박신당은 진해시가지 어디쯤일까 단순히 사진관일까 궁금했는데 한순간 그것도 박신당의 당사자 마쓰오 어른을 시공을 초월하여 간접적으로 만나서 이렇게 마쓰오상께 글을 드릴 수 있으니 기쁨이 더할 나위가 없습니다. 오늘에 이르기까지 이애옥 님 덕분입니다.

박신당이 없었더라면 진해의 사진자료가 부족하여 어려움이 많았을 것으로 생각합니다. 현재 남아있는 귀중한 자료의 대부분은 당시의 마쓰오 박신당에서 발행한 사진들입니다. 마쓰오 박신당의 3대에 걸친 가족사는 그 시대 진해를 살았던 보통사람들의 역사 증언서입니다. 떠난 사람과 남은 사람들의 끊어진 기억과 회상·추억·그리움을 이어주는 소중한 기록 고향 진해의 정체성을 대변하는 것입니다.

소중한 인연 오래 오래 간직할 수 있도록 항상 몸 건강하시기를 바다 건너 진해에서 기원합니다.

2022년 8월 17일 마쓰오 어른의 고향 진해에서
진해근대문화유산보전회 김홍갑 올림

松尾様

　今までお互いに見知らぬ人物が鎮海という場所（空間）を持って故郷という共通点の下で、物心両面の交流をすることになるとはとても嬉しく思います。わずか3年前には私個人として想像さえできなかったことが今起きているので、言葉では言い表せないほど感動と驚きばかりです。これは『鎮海の桜』の著者竹国先生と松尾様との出会いのおかげさまです。

　李愛玉さんと私（金フンガプ）とのつながる小さな縁の中で、『鎮海の桜』と『日本国、から日本人』の内容はもちろん、松尾博信堂への知りたいことなどがすべて解けました。

　私は1991年、鎮海市製作鎮海市史鎮海歴史編を何度も読みながら鎮海の誕生の歴史的背景を知った時、鎮海に対する認識を新しくする契機になりました。

　そうしているうちに歳月が流れ2003年慶南日報に載せられた記事<鎮海近代を行く>編に『鎮海の桜』と竹国先生の紹介と、竹国先生が1992年鎮海訪問後鎮海を7年間研究や踏査をして本ができたことを知りました。日本統治期鎮海を日本人の視点でどのように書いたのかとても知りたかったので、自分では翻訳された本だと思ってさっそく購入するつもりでした。しかし、一瞬にして失望してしまいました。

　まだ韓国語訳ができておらず、今後も日本人が書いた鎮海の郷土史を扱った本は商業的に誰が翻訳して本にするかに悩まされていました。しか

し、私は日本現地版の本でも購入して本の読解ができないとしてもどんな本であるか接したいと思いました・しかし今とは違ってあの当時は原著の本の購入さえ思い通りにいかず、そのまま15年が過ぎました。

それから2018年6月、イ・エオクさんとの縁で<鎮海の桜>の本の内容を知りました。<日本国から日本人>も同じです。日本でビジネスをしている私の友達は日本留学に行ってきた日本文学専攻教授になっているのですが忙しいそんな本何か必要なのかという誠意のない返信、私の本の購入には手伝ってくれませんでした。ソウルの日本文化院などに頼みましたが、日本文化院では本の販売先を教えてくれるだけで直接購買しろと案内するだけで、文化院に購入しておいたら貸し出ししたらという案内もありませんでした。私は大学時代に日本語学科で聴講したこともあり教養3単位基礎日本語授業も受けましたが、日本語の学習にがんばらなかったことを今更ながら後悔しています。

2012年馬山mbc放送の<100年の遺産>が放送され、鎮海軍港村歴史館が開館して訪ねてみると、軍港村歴史館での働き人たちが鎮海歴史に関する内容を全く知らないようでまた失望し、私はちょうどその当時鎮海近代文化保全会もできたと言って直ちに会員加入しました。しかし実際に会員加入してみたら鎮海の歴史に対する認識は1-2人以外は鎮海についてほとんど知らない状態でした。

私は1890~1946年時代に鎮海に住んでいた方々の子孫、鎮海小学校卒業・鎮海高女・鎮海中学に通った方々がいる、日本で鎮海郷友会も結成されているかもしれない、たくさんの時間が経つ前に交流できる方法を探してみよう、そんなに唱えても音のないこだまでした。今も日本人の中に一人で故郷の鎮海を訪れる方もいるだろう、鎮海市が日本の呉市と交流するように交流を続ければ、鎮海に住んでいた方々の故郷、鎮海に対する郷愁を癒すのに少しでも慰めになると私は考えました。しかし、このような国際交

流に対して若干の共感はするが気軽に乗り出す人がおらず、私一人だけが苦しんでいる時に出会った本が2014年に出版された松尾さんの主人公の『<日本国から日本人>』でした。

　コンピューターの自動翻訳機で翻訳された内容を読んでみたら、鎮海に住んでいた方々のインタビューが鎮海を訪問して本を書いた<鎮海の桜>での日本人とのインタビューの方々の心情と同じ気持ちであることに気づきました。『日本国から来た日本人』はどんな内容なのか知りたい一念は湧き上がっていましたが、本の購入とその内容の読解がいつ可能なのか本当に漠然と待ちました。

　しかしいつかは翻訳本ができて出れば私の願いがかなうと待っていました。本当に夢のように切実に願っていた私の願いが叶いました。イ・エオク先生が退職後帰郷し、鎮海近代文化歴史道ガイドとして活動しながら鎮海近代文化遺産保全会会員として加入。私の<鎮海の桜>と<日本国から来た日本人>2冊の書籍の内容を知りたかったその切実さのお願いはついに叶いました。

　2019年にイエオクさんに『日本国から来た日本人』の本を紹介した後、この本が翻訳出版されて今日のように松尾さんに手紙まで差し上げることになり感慨無量です。うしれしかぎりです。

　私が1890~1946年まで暮らしていた方々と交流を主張し実行に移そうとしたのは、松尾博信堂発行の鎮海小学校の姿の写真で私の初等(小)学校の時、軍港祭の学芸会で書道代表として参加した時、鎮海道川初等学校(鎮海小学校)に初めて訪問して驚きと衝撃からでした。

　私が通っている学校とは全く違う雰囲気の校舎の姿、和風建物に回廊・教室・プール・講堂に新鮮でした。(私はここの講堂で私の中学校割り当てを抽選して鎮海中学校に入学することになりました。私は鎮海中1983年39回卒業生で松尾さんの後輩です。)

中学校に入学してから学校の卒業期数の話が出て道泉初等学校(鎮海小学校) 出身の同期に聞いたら(同期は 1982年卒業 35回)日本人が通った学校の歴史から遡れば71回程度になり、1981年 6年生の時に日本人の大人たちが訪ねてきて校長先生の案内で教室に立ち寄ってみて、昔授業の教室とプールと講堂などはそのまま残っていることに涙を流しながらの姿、校庭の木も自分の在学時代に植えたとおっしゃていたそうです。そして時計台寄贈と奨学金伝達など暖かい話を聞いたことを思い出し、故郷に対する日本に住む人々の心は同じだろうと言いました。

　私の母方の実家が体験した生の様子が松尾様の博信堂物語の話とオーバーラップされ、さらに博信堂物語の話が心に響きます。私の母方の親戚たちは日本で1918~1945年 10月まで日本暮らしから韓国に帰還しました。

　1932年生まれの伯母(母の姉)、1935年生まれの叔父(母の兄、朝鮮語が全くできなくて1年遅れて入学)、1920年代生まれの叔父(母の兄) と母の姉たちは、日本で幼い頃、中学校在学中に全員死亡し、そのうち二人だけが帰国したそうです。

　私の母は 1945年 12月生まれです。母が祖母(母の母) に聞いたところによると、長崎、大阪、名古屋、北海道に住んでいたそうです。母の父の祖父も日本にいましたが、日本の女性と結婚して 1945年に日本から帰国する時、祖父に先に朝鮮に帰れ、すぐについて行くという話を残し、生死が確認されないまま歳月が流れました。母方の祖父と日本人祖母の間に子供もいたと聞きましたが、とても残念に思います。松尾さんの同期生の河野さんの帰国までの悲しい家族史、たとえ空間は違いますが、同時代を生きていた痛い記憶と人生の足跡、故郷の記憶と思い出はすべて同じ気持ちではないかと思います。

　松尾博信堂発行の鎮海はがきの写真を見ながら、朴信堂は鎮海市街地のどの辺なのかただの写真館なのか気になりましたが、一瞬それも解決できま

した。博信堂の当人松尾さんを時空を超えてこそ間接的に出会え、このように松尾さんにお手紙を差し上げることができるので、喜んでたまりません。これも今日に至るまでのイ・エオクさんのおかげだと感謝しています。

　松尾博信堂がなかったら、鎮海の写真資料が足りなくて大変だったと思いますが、とても貴重な資料の90%は博信堂発行の鎮海の写真です。博信堂物語はは、あの時代の鎮海を生きていた鎮海普通の人々の歴史証言書です。離れた人と残った人たちの途切れた記憶と回想、思い出、懐かしさをつなぐ大切な記録、故郷鎮海のアイデンティティを代弁するものと私は思います。

　大切な縁を長く保つようにいつもお体に気をつけてください。海の向こうの鎮海でお祈りします。

2022年8月17日

松尾さんの故郷鎮海にて

鎮海近代文化遺産保全会 キム・フンガプより

마쓰오 님의 김홍갑 님에게의 답신

金 様
김홍갑 님에게

松尾博文
2022年 08月 20日

　誠に鄭重なお便りを頂戴し感動いたしました。

　私は 2月に 90歳を迎えましたが、身の回りの仲間たちから鎮海関係者を探しても鎮海中学校の同窓生が僅 2名残るのみ、1学年下で文通があるのは一人となりました。実に寂しい事です。

　元々長寿の鎮海小学校の同窓生である女性たちは、今もなお数名が存命しておりますが、齢には勝てずに耳が遠くなって電話で話すこともできなくなった人もあり、ご主人の介護や家庭内でも既に現役からは外れていて電話口に出てもらうにも一呼吸の手間がかかるようになっています。

　男女ともに数年のうちに急速にこの世を去られたり、環境の変化を余儀なくされていますので残念でなりません。

　鎮海と云う共通の話題で会話も弾んだのですが、今は夢物語になってしまいました。

　松尾家とは近い親戚であった川浪家も同じ佐賀県有田町に引揚げて交流

は長く続いたのですが、このほど長男（芳信さん）の妻である和子さんが101歳で逝去されました。川浪家の歴史は三男が受け継いでゆくことになりました。

　川浪薬局の番頭さんであった魚さんのことは愛玉さんからお聞きしていますが、博信堂の番頭さんであった崔さんの後日談もお聞かせいただいています。

　幼い番頭さんたちが、暇を見て三体千字文で文字の勉強をしているのを私は見たことがありますが、向学心に燃える少年にとっては日本人商店は文化の風穴だったのでしょう。

　嘗ての博信堂が残した市街地図や絵葉書を大事にしていただいているのは大変に有難いことです。

　絵葉書の旧いものに石川写真館発行のものがありましたが、名古屋に住んでおられた次女の大塚美代さんから父の大事な記録ですと連合艦隊が入港した時の写真を見せて頂いた事がありましたが、私がこの度「物語」を纏めるにあたり知った鎮海軍港が組織としては用が済んで小さなもので終わったことを考えますと、日頃は駆逐艦程度の軍艦しか見たことの無かった少年の私はもっとびっくりして写真を拝見しなくてはならなかったことになります。艦隊の規模もどれほどだったのでしょうか。

　日本帝国主義侵略の拠点であった鎮海軍港建設の夢を祖父母や父母と追って来た松尾家の夢の30年を私は振り返ってみたことになります。

　愛玉さんはネイティブスピーカーではないからと云われますが、童謡「浦島太郎」の原文が「鯛、シビ、平目の舞い踊り」であったことの確認は未だとれていません。

　今日本では夏目漱石より森鴎外に目を向ける人が多くなったと云われます。「ヴィタ・セクスアリス」は少年時代の私の生への目を開かせる作品で

した。

　取敢えずお返事といたします。

　実は 88歳になる妻が、発熱と呼吸困難になり今月 5日に大学病院に入院
したのですが、16日に退院しました。私も同時に咳が激しく一緒にコロナ
に感染したかと思って心配をしたのですが、妻は検査結果は陰性であるこ
とが分かり、退院後は在宅酸素療法を続けています。私は妻の介護をする
ただのお爺ちゃんとなっています。

敬具

김홍갑 님에게

정중한 편지를 받고 정말로 감동했습니다.

나는 2월에 90세를 맞이했습니다만, 주변 동료들로부터 진해 관계자를 찾아도 진해중학교 동창이 겨우 2명 남았을 뿐, 한 학년 아래 편지 교환을 하는 사람은 한 명뿐이 되었습니다. 참으로 쓸쓸한 일입니다.

이전부터 장수하는(오래 살고 있는) 진해소학교 동창인 여성들은 여전히 몇 명이 생존해 있지만, 나이를 이기지 못하고 귀가 멀어져 전화 통화를 할 수도 없게 된 사람도 있고, 남편의 간병이나 가정 내에서도 이미 현역에서 제외되어 있어 전화 통화를 할 때 전화를 받는 데도 당장 받지 못해 시간이 걸리는 등의 번거로움이 있습니다.

남녀 모두 몇 년 안에 급속히 세상을 떠나거나 환경의 변화를 겪고 있어 안타깝습니다.

진해라는 공통의 화제로 대화도 자주 나누었지만 지금은 꿈같은 이야기가 되어버렸습니다.

마쓰오 가문과는 가까운 친척이었던 가와나미 가문도 같은 사가현 아리타초로 귀환하여 교류는 오래 지속되었지만, 최근 장남(요시노부 씨)의 아내인 가즈코 씨가 101세의 나이로 세상을 떠났습니다. 가와나미 가문의 역사는 셋째 아들이 이어가게 되었습니다.

가와나미 약국의 지배인이었던 어 씨의 이야기는 애옥 씨로부터 들었습니다만, 박신당의 지배인이었던 최 씨의 후일담도 (애옥 씨에게) 들려주었습니다.

나는 나이 어린 조선인 종업원들이 틈틈이 삼체천자문三體千字文 글씨 공부를 하는 것을 본 적이 있습니다만, 향학심에 불타는 소년에게 일본인 상점은 문화의 매개체였을 것입니다.

이전의 박신당이 남긴 시가지도와 그림엽서를 소중히 여기고 있는 것은 대단히 감사한 일입니다.

그림엽서의 옛 것 중에 이시카와 사진관이 발행한 것이 있었는데, 나고야에 살고 있던 둘째 따님 오오츠카 미요 씨로부터 아버지의 중요한 기록이라고 연합함대가 입항했을 때의 사진을 보여주신 적이 있었는데, 이번에 〈마쓰오박신당 이야기〉를 정리하면서 알게 된 진해군항이 조직적으로는 할 일이 끝나고 작은 요항부로 끝난 것을 생각하면, 평소 구축함 정도의 군함밖에 본 적이 없었던 소년인 나는 더욱 깜짝 놀라 이시카와 사진관의 연합함대 입항 사진을 잘 보아 두어야 했습니다. 함대의 규모는 어느 정도 되었을까요?

일제 침략의 거점이었던 진해군항 건설의 꿈을 조부모님, 부모와 쫓아온 마쓰오 가문의 꿈의 30년을 나는 돌이켜본 것이 됩니다.

애옥 씨는 원어민이 아니기 때문이라고 합니다만, 동요 '우라시마 다로'의 원문이 '다이, 시비, 히라메의 마이오도리'이었던 것은 아직 그 뜻을 잘 모른다고 합니다.

지금 일본에서는 나쓰메 소세키보다 모리 오가이에 눈을 돌리는 사람이 많아졌다고 합니다. '이타 섹수아리스'는 소년 시절의 제 삶에 대한 눈을 뜨게 한 작품이었습니다.

우선 김홍갑님의 편지에 대한 회신입니다.

사실 88세 된 아내가 발열과 호흡곤란이 생겨 지난 5일 대학병원에 입원했다가 16일 퇴원했습니다. 나도 동시에 기침이 심해 함께 코로나에 감염된 줄 알고 걱정을 했는데 아내는 검사 결과가 음성으로 나타나 퇴원 후에는 재택 산소 요법을 계속하고 있습니다. 나는 아내를 간병하는 평범한 할아버지가 되어 있는 상황입니다.

삼가 글 드립니다.

松尾博文
마쓰오 히로후미

관련 자료

※ 아래 원고는 한국문화원연합회「지방문화원 원천콘텐츠 발굴지원 사업」의 일환으로 문화체육관광부의 지원을 받아 제작되었습니다. 해당 원고는 지역N문화 포털사이트(https://www.nculture.org)에서도 확인하실 수 있습니다.

마쓰오 님과 나의 고향 진해!
그 속에 담긴 이야기

집필자 이애옥 (시민기록가)
2020년 11월

"1927년 마쓰오박신당 발행 '진해시가전도鎭海市街全図, 진해시가지 지도'에는 해군과 육군 관련 땅은 지워져 있지만, 간신히 읽을 수 있었습니다.

먼저 육군용 땅입니다. 오테도리大手通, 북원로터리에서 진해역 앞의 긴 대로, 현 충장로에서 장복터널 쪽으로 가는 건널목을 지나 북쪽으로 직진, 막다른 곳에 육군진해만요새사령부현 제2재료연구원 등이 들어설 첨단산업 연구자유지역으로 조성중가 있던 곳 빈터에 1944년 진해공립중학교가 들어서 개교했습니다. 사령부 문은 교문으로 대체되고 진해공립중학교 간판이 내걸렸습니다. 1교시는 지리, 역사 시간으로 교문을 들어가 그 근처 잔디밭에 앉아서 공부했습니다. 세계 4대 문명의 발상지를 배

윘습니다. 교실은 콘크리트 바닥이라 위화감이 있었지만, 군대 건물의 뒤쪽이라 어쩔 수 없었습니다. 넓은 땅이라 소년들의 놀이터로는 부족하지 않았습니다. 비둘기집이 남아 있었습니다. * 마쓰오 씨는 진해중학^{현 진해고등학교} 1기 입학

사령부의 왼쪽 안쪽이 육군 기념일 화재*를 낸 비극의 땅입니다. 사령부의 오른쪽은 육군병원 부지로 되어 있습니다. 사령부 앞에는 사령관 관사가 있었습니다. 동쪽의 넓은 땅에는 육군 중포병대 터입니다만 진해중학생은 이곳의 땅을 일구어 고구마 모종을 심었습니다. 마침 1945년 8월은 수확이 가까운 때였습니다만, 먹은 학생은 얼마 되지 않았습니다. 나는 8월 24일에 진해를 떠났습니다. *『진해의 벚꽃』^{다케쿠니 도모야스 지음. 이애옥 옮김. 2019년 3월 30일 출간} 213쪽 육군기념일의 대참사 참조.

이곳에서 서쪽으로 향하면 해군용 땅인데, 정확하게 진해역 반대편 정도 되는 곳에 도살장이 있었습니다. 피가 도랑으로 흐르고 있어서 처참한 인상이 남아 있습니다. 서쪽으로 더 나아가면 고등여학교^{현 진해여자고등학교}의 아름다운 건물과 운동장이 있었습니다.

북원로터리 서쪽 위쪽 넓은 구역에는 해군숙소라고 쓰여 있습니다. 이곳에는 갑호, 을호관사가 있었습니다. 북원로터리 바로 옆이 헌병대였습니다. 뒤편에는 헌병대장 관사가 있었습니다. 이 헌병대의 서쪽이 진해공립고등심상소학교^{현 진해도천초등학교}로 학교 후문으로 계단을 올라가면 운동장과 스모판^{스모 하는 곳, 대결 장소}이 있었습니다.

또한, 남쪽에는 병호 관사로 군무원의 가족이 살고 있었습니다. 어느 집이나 산울타리로 둘러싸여 있었습니다. 산울타리의 식물은 탱자나무였다고 생각합니다. 탱자나무를 심은 울타리는 공간을 차지하기 때문에 지금은 거의 볼 수 없겠지요.

해우사海友社라는 글자가 보입니다만 실제로 있었는지는 어떤지 나는 잘 모릅니다. 동문으로 들어가서 왼쪽 높은 지대가 수교사水交社였습니다. 여기는 장교클럽입니다. 덧붙여 육군은 해행사偕行社라고 들었습니다.

해우사 남쪽이 해군 운동장입니다. 우리들은 해군그라운드라고 불렀습니다. 코스모스가 아름다운 곳이었습니다. 나의 어머니가 다닌 여학교현 진해여자고등학교 1회 졸업생들은 해군 운동장에서 코스모스 씨앗을 모자에 담아 여학교 건물 주변에 뿌리기도 했다고 합니다. 지금은 어떤지 모르겠지만 여학교의 코스모스도 멋졌습니다.

진해는 벚꽃과 코스모스가 아름다운 도시였습니다. 북원로터리 근처에는 진해중학교 제2기숙사가 설치되었습니다. 이곳은 진해 공립심상고등소학교 소년들로부터 '귀신의 집'이라는 말을 꾸준히 듣던 집이었습니다. 진해에는 빈집이 많았음을 알 수 있습니다. 집주인이 부재인 곳도 많았을 것입니다. 해군그라운드 남쪽은 하사관병사 집회소, 해군숙소라는 글자가 보입니다. 군함 안에서는 장교와 병사의 식당이 다르다고 들었습니다.

우리 집 마쓰오박신당松尾博信堂이 조선 창원군 진해면 스미요시초 1번지[01]에 개업한 것은 1925년이나 1926년 무렵이라고 지금까지 읽은 진해 자료[02]에 의해[03] 추측합니다만, 당시는 조부모와 어머니의 세 식구이기 때문에 진해고녀 여학생인 어머니가 '여자답지[04] 않게' 큰 활약을 한 것으로 추측합니다. 1살 때 조부모를 따라 진

---

01) 진해읍 승격은 1931년이므로 1925년에서 1926년 무렵은 진해면이었음

02) 진해시 평안동 1-7→ 현 창원시 진해구 백구로 60

03) 자료는 『진해(鎭海)』(스기야마 소텐 저, 1912년 발행), 『진해요람(鎭海要覽)』(오카 모쿠도 저, 1926년)을 말함

04) 현 '진해여자고등학교'를 말하는 것으로 그 당시에는 '진해공립고등여학교' 줄여서 '진해고녀'로 불림.

해에 이주한 어머니가 아버지와 결혼한 것은 1930년 11월이었습니다.

나의 어머니는 요나이 미쓰마사米内光政 씨가 우리 가게에 책을 사러 자주 왔다고 들려준 적이 있습니다. 후에 요나이씨가 일본의 총리대신內閣総理大臣 第37代이 되었을 때 세상사 모르는 것이 전혀 없는 사람이어서 비서관이 물었더니 진해사령관 당시에는 한가했던 관계로 온갖 책을 다 읽은 덕분이라고 대답했다고 합니다. 당시 여학교를 갓 졸업한 10대 후반 소녀인 나의 어머니는 잘생긴 요나이 사령관을 동경하지 않았을까 하는 생각도 듭니다. 요나이 사령관은 용모도 뛰어났다고 하며 진해에는 가족을 두고 단신 부임을 한 것 같았다고 합니다. 진해요항부 사령관으로서 진해가 한직이었다는 사실은 소설가이며 평론가인 아가와 히로유키阿川弘之 씨의 요나이 미쓰마사 전기에도 언급되고 있습니다."

- 마쓰오 히로후미松尾博文 2020년 9월 12일 이메일에서

세상사를 다음 세대에 잘 전하는 이야기꾼 중의 이야기꾼인 마쓰오 씨를 알게 된 것은 올해2020년 7월 중순이었다. 몇 년 전 나는 진해근대문화유산보전회 사무국장 김흥갑 님으로부터 일본어책 1권을 소개받았다. 니시무타 야스시西牟田靖 저작의『〈일본국〉에서 온 일본인』이다. 해방 전에 한반도와 옛 만주로부터 일본 본국으로 귀환한 일본사람들을 직접 만나 인터뷰한 내용이 책의 줄거리이다. 나는 이 책에 등장하는 인물일본인 23명의 진해 이야기에 중심을 맞추어 그 당시 고향 모습을 그리며 마주했다.

김흥갑 님은 이 책을 읽고 "진해를 떠나 귀환한 일본인의 진해에 대한 향수와 사랑은 우리와 살았던 시대와 국적은 달라도 그 마음

이 다르지 않다는 사실을 절실하게 공감했다. 만약 번역 출판한다면 한글 제목은『영원한 고향, 진해!』로 추천하고 싶다"고 말했다.

나는 일제에 의해 계획된 군항 도시 진해, 내 고향의 초창기 이야기에 빠져들어 스스로 한국어로 옮겨 보았다. 일제강점기 진해의 모습, 진해에 살았던 보통사람들의 생활상, 또 역사적 사실 등 향토 자료로서 충분히 가치 있는 책이라고 생각했다. 출판을 계획하고 저자에게 저작권 사용 관련 상담을 했다. 올해 50세의 니시무타 작가는 한국어판 출판에 기꺼이 협조하겠다고 답해 주었고 덤으로 책의 주인공인 마쓰오 님을 소개해 주었다. 나는 저자 덕분에 같은 고향 대선배 마쓰오 씨로부터 그 시대의 진해 이야기를 여러 방면에서 듣고 많은 것을 배웠다.

88세의 마쓰오 씨는 메일, 스마트폰 사용 등에 능숙하여 나와 언제든 소통이 가능하다. 마쓰오 씨로부터 1910년대부터 1940년대 진해 이야기를 들을 수 있다는 것은 새로운 즐거움과 기다림의 매일이었다. 일제강점기 진해에 관해 궁금한 점이 있어도 물어보거나 참고할 서적도 거의 없는 현실에서 마쓰오 님을 알게 된 것이다. 나와 24년이라는 시간 차이와 한국과 일본이라는 거리를 넘어 개인 교류를 시작하게 된 인연은 내 인생에서 혜택 받은 일 중의 하나이다. 마쓰오 님이 가르쳐 준 새로운 정보는 나만 알고 있는 것이 아닌 나처럼 진해에 대해 궁금해하는 사람들에게 다시 전하라는 스토리텔러^{이야기 작가}의 역할을 부여받은 것 같기도 하다.

마쓰오 히로후미 님은 1932년 '조선 창원군 진해읍 스미요시초 1번지'에서 태어나 1945년 8월 진해중학 2학년 때 일본 사가현 아리타로 귀환했다. 현재는 일본 가나가와현 가와사키시에 거주한다. 진해 거주 이력은 조부모님부터 여동생 4명까지 마쓰오가^松

尾家 3대에 이른다.

마쓰오 씨의 옛 집은 진해 중원로터리에서 북원로터리로 뻗은 진해구 백구로 60, 현 우리은행 옆의 옆집으로 흑백다방 앞의 큰 도로 맞은편에 위치한 곳이었다. 그 당시에는 2층 일본식 가옥이었지만, 지금은 현대식 건물로 바뀌었다. 본가 마쓰오박신당은 1925년 즈음에 서적, 문구, 신문배달을 취급하는 상점으로 개업했다. 그 당시 창원군 소재의 학교 교과서를 취급한 서점이었으며 사업은 날로 번성했다고 한다.

마쓰오 씨의 조부모는 1911년에 1살인 딸 하루에를 데리고 진해로 이주했다. 마쓰오 씨의 어머니인 하루에 님은 진해에서 태어나지는 않았으나 진해에서 컸고 거주 기간은 약 34년이니 진해가 고향임이 틀림없다. 아들 마쓰오 히로후미 씨와 똑같이 고향을 그리워하며 늘 생각하는 곳이 진해였다. 잊으려 해도 잊을 수 없는 고향이 진해였다고 한다. 귀환한 후에 한 번 돌아가 보고 싶은 곳, 마음속 깊이 자리 잡은 고향이었지만 하루에 님은 귀환 후 44년이 지난 1989년 10월 79세에 진해 땅을 밟았다. 일본의 진해고녀 총동창회 진해 방문 행사에 참가한 것이 하루에 님의 처음이자 마지막 고향방문이었다. 그때의 방문 기념품빨강 바탕에 진해고녀 마크와 벚꽃이 그려진 앞치마은 하루에 님의 유품으로 30년 넘게 아들 마쓰오 님이 보관해 왔는데, 이제는 내 곁에 있다. 올해 11월 현해탄을 건너 진해고녀 1회 졸업생인 하루에 님으로부터 47년 후배인 나에게 고향과 모교에 대한 사랑을 실어 전해져 온 것이다.

마쓰오 님은 마쓰오박신당에서 1927년에 발행한 지도를 원본으로 복원한 진해시가지 지도 자료 재고분 11부도 함께 보내주셨다. 복원한 지도의 제작 연도는 시간이 많이 경과되어 정확하게 기억하지는 못한다고 한다. 도착한 지도는 인쇄 상태 및 보관상의 결함 하나 없이 마치 갓 만들어져 나온 것처럼 정갈했다. 마쓰오 씨는 지도 재고가 이제 다 없어져 저 세상의 조부모도 기뻐하실 것이라고 했다. 나는 이 귀중한 지도를 진해박물관이나 머지 않아 진해문화원 등이 신축되면 창원시청의 문화재 심의 등을 거쳐 전시해 줄 것을 요망하여 지역 시의원에게 자료를 제공했다.

1927년 발행의 복원판 '진해시가도'라는 큰 지도 외에 귀환 후 도쿄에서 진해중학 동기생들과 진해 거주했던 지인들이 모여 만든 A3 크기의 주택 지도^{1995년 완성판}도 보내주셨다. 이 지도에는 친구들의 집, 은사가 살던 댁, 유명 상점의 옥호가 표기되어 있다. 마쓰오 님은 이 지도는 한국에는 입수되지 않았을 것이라고 말하며 자신의 노작勞作이라고도 말한다. 실제로 진해 연구에 아주 유용한 자료이며 신착 향토 자료이다.

나는 1956년 진해 원도심에서 출생 성장했다. 마쓰오 씨는 13년 남짓, 나는 23년 남짓 진해를 터전으로 생활했지만, 진해에 대한 기억은 마쓰오 씨의 양과 질에 비하면 나는 거의 모든 것을 잊어버린 것에 가깝다. 마쓰오 님과 나의 공통점은 24살 차이의 원숭이 띠, 진해 원도심이 고향이라는 점이다. 나와의 의사소통은 일본어로 한다. 한국어 회화와 한글 읽기를 전혀 할 수 없어 부인과 손주들과의 진해 방문 시에 부끄러웠다고 한다.

마쓰오 씨의 일본어 억양은 규슈 방언도 도쿄 표준어도 아닌 진해 일본어라고 말한다. 진해에서 태어나 유소년기를 진해 일본어를 사용했으니 말씨는 쉽게 바뀌지 않을 것이다. "진해는 주로 규슈와 혼슈 서쪽의 야마구치현에 살던 사람들이 많이 이주한 편이지만 그 외에도 일본 각지에서 이주해 왔으므로 진해에서는 기본

적으로 도쿄 표준어를 공통으로 사용했다."「〈일본국〉에서 온 일본인」고 하
듯 진해 일본어라는 표현도 납득이 간다. 억양과 관련하여 진해
백구로 장옥나가야에 사시는 황해당 인판사 정기원 선생님이 떠오
른다. 1.4 후퇴 때인 15살에 황해도에서 월남하신 후 70년을 진
해에 사셨는데도 여전히 황해도 억양으로 말씀하신다. 나의 일본
어 듣기로는 마쓰오 님의 억양에서 진해를 느낄 수는 없었다.

마쓰오 님은 언어생활에서 늘 고향 진해와 함께 하면서 이향민
의 향수를 달래고 있는 것은 아닐까 생각한다. 진해의 일본어 발
음인 'chinkai진카이'를 메일 주소로 사용하고 있는 마쓰오 님! 마
쓰오 씨에게 있어 고향 진해는 정지용 시인의 '향수'에 나오는
'꿈엔들 잊힐 리야' 바로 그렇게 생각하시는 것 같다.

마쓰오 님은 세월이 가면 갈수록 유소년 시절의 진해에 관한 기
억은 퇴색하지 않고, 한층 더 또렷하게 보강된 기억으로 생생하
게 되살아난다고 한다. 나는 이렇게 고향을 사랑하는 분과의 만
남을 통해 이전보다 더 진해를 살펴보고 좋아하게 되었다. 마쓰
오 님의 '영원한 고향 진해'는 나에게도 영원한 고향으로 아끼며
가꾸어야 할 곳이다.

마쓰오박신당의 현재 모습(한가운데 흰색 건물)

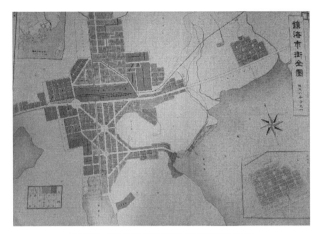

1927년 마쓰오박신당 발행 진해시가지 지도

해방 전 진해주택지도(마쓰오 님의 노작)

※ 아래 원고는 한국문화원연합회「지방문화원 원천콘텐츠 발굴지원 사업」의 일환으로 문화체육관광부의 지원을 받아 제작되었습니다. 해당 원고는 지역N문화 포털사이트(https://www.nculture.org)에서도 확인하실 수 있습니다.

살구나무 아래 빛나는 '진해양어장' 추억과 1930년대 기사

집필자 이애옥 (시민기록가)
2020년 11월

진해내수면환경생태공원의 입구를 통과하면 바로 앞에 다음과 같은 안내문이 보인다.

"국립수산과학원 중앙내수면연구소 내수면양식연구센터는 해양수산부 소속 기관으로 1929년 진해양어장으로 출발한 국내 내수면 수산생물연구의 모태입니다.(후략)" 그러니까 지금의 남부내수면연구소는 91년 전에 '진해양어장'이라는 이름으로 세워졌다.

나는 '진해양어장'이라 불리던 시절 진해에서 태어나 자랐다. 초등학교 4학년 때 그곳 관사에 사는 급우를 따라 처음으로 가본 곳, 땅에는 꽃잎이 가득 떨어져 있고, 고개를 들어 위를 쳐다보면 낮은 언덕 위에 살구나무가 줄지어 서 있던 '진해양어장'의 모습은 무척 아름다웠다.

그 기억으로부터 54여 년의 세월이 흐른 작년 2019년, 일본 고베에서 『진해의 벚꽃』 원저자인 다케쿠니 도모야스竹国友康 선생님을 뵈었다. 그때 선생님은 보관하시던 진해에 관한 자료 몇 편을 나에게 주셨는데, 그 중 '진해양어장' 기사는 유난히 반가웠다.

나는 위의 '진해양어장' 기사를 지인 마쓰오 씨에게 보여드

렸다. 마쓰오 씨는 1932년 진해에서 태어나 13년 7개월 거주, 1945년 8월에 일본으로 귀환하여 현재는 가나가와현 가와사키시에 거주하고 계신다. 진해를 떠난 지 75년의 세월이 흘러도 진해에 대한 사랑은 한결같다. 마쓰오 씨는 진해양어장에 대한 기억을 다음과 같이 들려주셨다.

"양어장이 내가 소학교초등학교 시절 이미 가동되어 해마다 실적을 거듭하고 있었던 것을 양어장 공문서에서 처음으로 알고 놀랐습니다. 양어장 직원의 자녀가 친구 중에는 없었는지 우리에게 양어장은 휴면시설처럼 보였습니다. 시설 내부를 보았다고 말하는 친구도 없었습니다. 아이들 사이에선 가물치라는 사나운 물고기가 있어 손가락을 물어 뜯긴다는 소문이 자자했습니다. 가물치는 대만 미꾸라지로도 불렸던 모양입니다. 일본 내에서도 매우 크게 잘 자란다는 점에서 식용으로 양식된 적도 있는 것 같은데, 먹어 보았다는 사람을 만난 적은 없습니다. 메기는 투어에서 한 번 먹은 적이 있습니다. 나는 삼면이 바다인 진해에서 자랐기 때문에 민물고기를 접할 기회가 없었습니다. 가난했던 일본에서는 임산부에게 잉어를 먹이면 모유가 좋아진다는 말이 있는데, 일상생활에서 동물 단백질을 섭취하지 않기 때문에 싸게 구할 수 있는 단백원의 대표가 잉어였던 셈입니다. 천연자원으로 민물고기가 있었겠지만, 대중의 식생활을 향상시키는 가까운 수단으로 양어장에서의 양식이나 채종을 했음을 알고 다시 고향 진해에 대해 공부를 하게 되었습니다." - 마쓰오 히로후미松尾博文. 88세

진해의 벚꽃, 일직선으로 진해만을 향해 흘러가는 여좌천, 중원·북원·남원 세 개의 로터리를 중심으로 세워진 특이한 시가지 모습, 제황산 전망대에서 내려다보는 진해만의 온화한 풍경, 평지

봉과 장복산을 배경으로 자연 속에 몸과 마음이 치유되는 '진해 내수면환경생태공원'-옛 진해양어장!!

90년 전의 오래된 기록을 번역하고 있으니 그곳의 물, 나무, 산, 모두 모두 정겹게 떠오른다. 어디 나 혼자뿐일까. 진해양어장에서의 추억을 가진 여러 사람들과 앞으로 진해를 방문할 사람들과도 이 오래된 이야기를 함께 그리고 오랫동안 나누고 싶다.

아래 1과 2의 기사는 조선총독부 발행 『조선^{朝鮮}』이라는 잡지의 휘보_{彙報: 짧은 기사를 모은 코너}에 1930년 2월과 1933년 7월에 각각 실린 것이다. 번역은 마쓰모토 겐이치^{松本堅一}씨의 현대 일본어 문장을 참고하여 필자가 적절하게 단락을 나누고 주해를 달았다. 앞으로 우리 지역, 진해 이야기와 고문서의 아카이빙을 해 두려는 나의 첫걸음은 옛 문서 '진해양어장'에서부터 시작한다.

1. 1930년 2월(177) '진해양어장' 기사

◇ 진해양어장^{鎮海養魚場}

조선총독부 수산시험장에서는 조선의 민물양식사업이 유망하고 매우 중요하여, 이 사업의 보급 진흥을 도모하기 위하여 양식용 묘종란* 배포 및 민물양어에 관한 제반 시험조사와 양어 전습*을 목적으로 경남 진해에 양어장을 설치하고, 작년 봄부터 다년간 기다려온 치어* 및 묘종란 배포사업을 시작했는데 예상외로 신청이 쇄도하여 증산에 노력한 결과, 사업 첫해에도 불구하고 봄부터 여름에 걸쳐 잉어 치어 100만 9천 9백 마리, 잉어 알 20만 1천 알, 가물치 치어 7천 5백 마리의 많은 수를 조선 전국 각지의 양어 희망자들에게 무상 배부를 마쳤다.

금년 봄 및 여름철에 배부할 예정인 앞서 말한 각 종류에 대해서는, 올해도 배부 신청자가 계속되고 있으며, 또 관개용 저수를 위해 새롭게 소규모의 저수지를 축조하는 사람이 속출하고, 이러한 저수지에 양어설비를 첨가하여 양어에 이용하려는 분위기가 고조되고 있어, 작년 이상의 신청이 있을 것으로 예상한다.

위 내용의 신청 기한은 금년 3월 말까지이다. 또 올해 3월 배부해야 하는 빙어 알 신청 기한은 작년 12월 말일까지로 되어 있다. 빙어는 은어를 닮아 모양이 좋고 담백한 맛을 지녀 몸길이 4·5촌寸*의 물고기로 본부本府* 수산시험장에서 1925년 이래 매년 3월 물고기 알을 배부하였으며, 시험결과에 따르면 조선 전국 각지에 많이 있는 호수와 늪·유지溜池* 저수지 등 수량이 많은 수역*에서 양식에 적합한 어종이다.

3월에 배부한 물고기 알을, 맥주상자를 개조, 이용하기에 무척 쉬운 부화통에 수용해, 양식 수역 안에 담그기만 하면, 약 20일에서 30일 후에는 자연적으로 부화하고, 부화한 치어는 연못 속으로 헤엄쳐 나와, 스스로 수중의 천연 먹이를 섭취해, 여름에는 몸의 길이體長 2·3촌, 가을 말까지는 4·5촌이 되고, 다음 해 봄 얼음이 녹을 무렵, 이식 후 만 1년 동안에 성어*가 되어 작은 시내 또는 연못 주변 얕은 곳에 군집해 산란을 이루어 번식하므로, 쉽게 증식의 목적을 달성하고, 생산을 할 수 있는 양식어이다.

빙어 알 배부 희망자는 구입신청서를 관할도지사를 경유, 진해 양어장으로 기일에 늦지 않도록 제출해, 허가 통지를 받은 후 정해진 날짜까지 채란* 및 화물운임 실제 비용으로 물고기 알 100만 알에 대해 대금 20엔을 납부해야 한다.

2. 1933년 7월(218) '진해양어장' 기사

진해양어장 담수양식 시설

후지모토 마사오藤本政男

조선총독부 수산시험장에서는 조선에서의 민물*양식이 크게 전망이 있을 것으로 판단하고, 이 사업의 보급과 발전을 꾀하기 위해, 지도하고 장려하는 중추기관으로 경상남도 진해에 양어장을 설치하여 담수*양식에 대한 적절한 사업을 실시하고 있으며, 이에 이 양식장의 대체적인 상황을 밝혀 참고 자료로 제공하고자 한다.

(* 번역문에는 민물과 담수의 표현을 혼용함)

진해양어장 현황

1. 설치 취지

조선은 민물 양식의 조건이 적절한 장소나 적당한 물고기 종류가 풍부하고, 더구나 이익이 매우 크며 그것을 이용하여 개척해 나갈 여지가 매우 크다. 즉 한반도에서의 민물 구역은 길이 40km 이상의 하천이 45, 그 물이 흐르는 전체 길이는 16,000여 km에 달하고, 또한 둘레가 2km 이상의 호수와 늪은 85, 그 수면적水面積은 약 100,000,000㎡에 달하며, 그 외 언제* 및 저수지의 총 수면적도 약 100,000,000㎡이고, 또한 양어(養魚)에 적합한 논이 약 1,200,000,000㎡나 될 뿐만 아니라 양어에 적합한 민물고기의 종류가 풍부하고, 게다가 일본에서 볼 수 없는, 양식에 적합한 물고기 종류도 많다.

즉 민물 양식 사업을 계획하는 것은 한편으로 농민에게 이익이 되는 부업을 주고 생활 안정에 기여할 수 있으며, 또 한편으로는 보건식량의 수급을 원활하게 하는 효과가 있다. 그런데도 현재 민물양어 사업이 아직까지도 보급되지 못한 원인은 조선에 적합한 양식방법을 잘 모르는 점과 양식용 치어나 알의 배급기관이 없는 점, 표준이 될 만한 유어幼魚, 아직 충분히 자라지 않은 물고기 시설이 적기 때문이라고 생각한다. 진해 양어장 설치는 이러한 결함을 보완하기 위한 사업의 시설로 치어 및 알을 배포하는 것 외에 민물양식 사업에 적절한 시험 검사를 실시하려는 것이다.

2. 설립경과

1922년 이후, 조선 전역에 걸쳐 양어장 설비 후보지를 조사한 결과, 수원·수질·배수·토질·지형·교통·기후 및 건설비 등의 사정을 고려하여 진해를 골라 뽑아서 결정, 1927, 28년도 연속사업으로, 공사비 총액 10만 엔을 들여 설치하게 되었으며, 1927년 부지땅로 해군용 땅 약 154,733㎡와 경상남도지사 보관 땅 약 22,950㎡를 주고받는 것이 승인되어, 1928년 4월부터 공사에 착수하여 같은 해 12월에 공사를 끝내고, 1928년 11월부터 직원을 주재시켜, 1929년 2월에 설비가 완성, 3월 3일 준공식을 거행하여 곧바로 사업을 시작한 것이다.

3. 소재 및 설비

진해양어장은 경상남도 창원군 진해읍내 북가北街*·도불산道佛山*·여동歟洞*의 3개 마을에 걸쳐 있으며, 진해역에서 약 1km 정도 떨어진 곳에 있다. * 북가 : 북방시가(北方市街)를 줄인 말로 현 주소로는 창원시 진해구 여명로 25번길 55 * 도불산 : 현 진해구 여좌로 119번길 70에 위치한 산 * 여동 : 양어장의 옛 동리명인 여명리를 말하는 것으로 해석할 수 있겠습니다.(옮긴이)

양어장 설비 개요는 다음과 같다.

대지 면적	177,683.9㎡
저수지 수면적水面積	30,582.0㎡
배수지 수면적水面積	48.0㎡
용수류	1곳
양어못	232곳(제 1호 못에서 제 9호 못까지)
총 수면적水面積	23,100.0㎡
수로 총 길이	2,609.0m
도수로導水路, 물을 끌어들이는 길	220.0m
주수로注水路	1,061.0m
배수로排水路	922.0m
물받이 도랑	256.0m
여수 토수로余水吐水路, 여분의 물을 내보내는 길	150.0m
건물 총 건물면적	744.75㎡
본관	317.68㎡
미끼 창고	75.81㎡
창고	72.20㎡
부속건물	279.06㎡
바깥 울타리 총길이	2,360.0m
정문	1곳
출입문	4곳

본관은 응접실, 표본실, 도서실, 사무실, 제 1에서 제 5 실험실, 온실, 암실, 항온실 등으로 나뉘며, 실험실 그 외에는 전등·전력·수도·가스 설비가 있으며 위생물 및 화학실험에 필요한 기구기계, 측량·제도·관측용 필기 기구를 갖추고, 또한 양어를 위한 못에 필요한 기구 및 미끼를 만드는 도구 등도 설비하고 있다.

4. 사업

　진해양어장은 조선총독부수산시험장 양식부 사업 중 민물고기 양식에 관한 사항을 전문으로 취급하는 것으로 그 개요는 다음과 같다.

　(가) 민물양식시험 : 민물양식에 적합한 어패류로 기존에 양식이 이루어지지 않았던 종류는 물론, 이전부터 실시되고 있는 양식방법이 판명된 종류라도, 조선으로서 특수한 사정이 있는 것에 대해서는 이 종류에 맞는 양식방법을 연구하면서 또한 경제상 특히 유리한 양식방법을 생각해볼 필요가 있으므로 양어장 내에는 양어 못 외에도 저수지, 논 등의 수역을 설치하고 앞서 말한 여러 점에 관하여 시험하고 있다.

　또한, 이러한 시험은 그 방법의 경제적 가치를 판정하는 것이 목적이므로 시험작업 일부는 곧 조선에 있어서 민물양식의 표본이 되는 것을 목표로 하는 것을 기대하고 있다. 최근 민물 양식을 하려는 사람들이 증가하고 있음을 생각할 때, 그들의 요구에 응하려는 기획에서 벗어나지 않는다. 현재 양어장 내에서 실시하는 주요 시험은, 잉어 및 가물치의 채란*부화*사육시험, 저수지를 이용한 빙어 및 잉어 양식시험, 논을 이용한 잉어 양식시험 등이다.

　(나) 치어 및 알 배부 : 본부本府 수산과에서 1916년 경상남도 밀

양에 설치한 양어장에서 실시된 잉어 치어 배부 사업은 시작한 지 상당한 시간이 흘러 민간 배부 희망자가 속출하기 시작하여 분위기가 고조되고 있었는데, 수산시험장이 본 사업을 계승한 지 얼마 되지 않은 1922년에 밀양천의 큰 홍수로 못의 둑이 무너져버리고, 이 복구공사가 어려웠기 때문에, 치어증산의 필요가 대두되어 적당한 땅을 다른 곳에서 찾게 되면서 이곳 밀양의 사업은 일시 중단되었다. 중단된 사이에 수리관개사업이 급격히 발전함에 따라 양어를 하기에 적당한 수역水域 증가가 일어나, 양식용 치어 및 알 배부를 각 방면에서 요구받음에 따라, 수산 시험장은 진해양어장을 설치하고 1929년도부터 본 사업을 시작한 것이다.

배부를 실시하고 있는 물고기 종류는 현재 잉어 치어 및 잉어 알, 가물치 치어, 빙어알의 4종으로 빙어알에 한해 실비를 받아 유상배포하고 그 외는 당분간 무상으로 배부하고 있다.

양식 잉어는 거의 모든 조선의 연못 · 늪 · 제방 및 저수지에서 실시할 수 있을 뿐만 아니라, 논에서 길러도 특히 유리한 물고기 이지만, 조선에서는 일본과 달리 치어 또는 알을 구하기 어려운 상황이어서 원활하게 이루어질 형편에 이를 때까지 독지가*에게 치어 또는 알을 배부하고 물고기를 키워달라고 하여 양식 잉어사업의 보급을 도모하고자 생각한다. 그러나 진해 양어장에서 생산하는 치어 및 알만으로는 오늘조차도 수요 전부를 충족시킬 수 없는 상황이어서, 특히 나누어 줄 사람을 엄선하여 우량 어미 잉어를 배부하여, 지방에서의 치어 및 알 자급자족을 촉진할 수 있도록 조성하여, 양식 잉어사업 효과를 거두고 있다.

가물치는 조사시험 결과, 매우 쉬운 방법으로 유리하게 양식을 할 수 있어, 농가 부업으로 매우 적합하다는 점을 인정했으므로,

잉어 치어와 같은 취지로 치어를 배부하고 있다.

빙어 양식에 적합한 호수와 늪, 저수지 등의 수역은 많으며, 더구나 양식방법은 단순히 수정란을 배포 받아 양식 수역으로 옮겨 부화를 기다렸다가, 부화 후에는 자연의 생육에 맡기는 방법으로 충분히 목적을 달성할 수 있어, 빙어 보급은 정말로 어렵지 않고 손쉽다.

이들 치어 및 알 배부를 받는 절차와 양식방법 등에 관해서는, 진해양어장에서 그때그때 소책자를 발행해 배부 희망자의 참고 자료와 양어를 할 때의 안내서로 사용되고 있다.

양식사업 개시 이후, 조선 전국 각 도에 배부한 치어 및 알은, 잉어 치어 442만여 마리, 잉어알 396만 알, 가물치 치어 11만 5천 마리, 빙어알 1억 7천 9백 50만 알에 달했다. 연도별 배부출원 수량 및 배부 수량은 다음과 같다.

치어 및 알 배부 표

출원 수량

연차	잉어치어	잉어알	가물치치어	빙어알
1929년	1,626,370	740,500	111,800	42,500,000
1930년	2,835,400	4,543,000	583,600	53,000,000
1931년	4,643,700	4,440,100	312,800	49,000,000
1932년	7,069,050	6,278,000	347,310	39,000,000
계	16,174,520	16,001,600	1,355,510	183,500,000

배부 수량

연차	잉어치어	잉어알	가물치 치어	빙어알
1929년	1,007,900	281,000	7,600	42,500,000
1930년	1,046,400	523,000	73,000	50,000,000
1931년	1,140,700	550,000	17,700	48,000,000
1932년	1,234,850	2,160,000	16,750	39,000,000
계	4,429,850	3,964,000*	115,050	179,500,000

* 위 표의 잉어알 계 3,964,000은 3,514,000의 오류임을 밝힙니다.(옮긴이)

위 표와 같이 배부 출원 수량은 해마다 증가하였으며, 특히 잉어 치어는 최근 진해 양어장 배부 예정 수량의 몇 배 이상에 달하여 이곳의 생산 수량을 훨씬 초과하는 상태다.

배부사업 개시 초기에는 단순히 양어 수역에 방사해 키우는 것에 불과했지만 현재는 양어장 배부 어류가 진해시에 훌륭한 생산어로서 드러나고 있다. 수리조합, 수리계, 농장, 지방관청 및 각종 단체, 일반농가로부터의 배부 희망이 갑자기 한층 증가하고 있을 뿐만 아니라 지도교재로 학교로부터의 배부 신청도 속출하는 모양이다.

(다) 강습* 강화* 및 지도 : 담수양식사업이 아직 미숙한 조선에서는, 요령 있게 지도 개발할 필요가 있어, 진해양어장에서는 설비 및 시험작업을 이용하여 실지로 양어養魚의 지식을 체득시키고, 수시강습 · 강화회를 개최하고, 실습을 행하여 지도자 육성에 힘쓰고 있다. 또한, 한편에서는 민물고기 양식사업의 보급촉진 수단으로, 사업자로서 적합하다고 인정되는 자에 대해 특히 시험사무의 여력을 할애하여, 현지지도를 하고 있다.

(라)양식 적지 및 적종 조사 : 현재 정상적으로 양식되고 있는 종류 외에 양식어로 유망하다고 인정되는 어종에 대하여 그 생태 및 습성을 조사하여 양식에 적합한 방법을 찾아내고, 다시 적종 적지 적법주의에 따라 전 조선의 하천 · 호수와 늪 · 저수지, 그 밖의 수역에 대하여 두루 실지조사를 실시하고자 하는 것이다.

1. 조선질소비료주식회사의 위촉에 의해, 함경남도 부전강 소재 이 회사 발전저수지에서의 요루모기옐목어의 일본어 읽기, 큐준어*의 일종의 양식을 새롭게 시작하고, 인공채란 · 부화방류에 처음 기대했던 실적을 거둬 계속해서 실시하고 있다.

2. 최근 쏘가리鱖魚* 생활 조사를 실시하여 완성하고, 더한층 양식방법 연구에 힘차게 나아가고 있다.

3. 전라북도 섬진강 상류의 동진수리조합 영암靈岩 언제堰堤에 빙어알을 이식했는데 그 번식이 워낙 양호하여, 연안 사람들로 이어업에 종사하는 사람들이 나오기 시작했다. 한편 시험적으로 밀양강으로부터 은어알 이식을 실시한 결과, 이 저수지에서 잘 번식하고 바다에 내려가지 않고도 충분히 번식해나갈 수 있음을 확인할 수 있었던 것이다.

또한 저수지 내 특수 환경에서의 은어의 번식 및 성장도에 대한 상세한 조사를 진행하여, 앞으로의 번식 보호책을 확립해나가면서, 같은 환경을 가진 다른 저수지에 은어 이식의 근본 방침 확립과 본 저수지의 광대한 수역에서의 무지개송어虹鱒 양식을 행하고자 예비 조사를 실시하기 시작했다.

정리

요약하면, 조선에는 하천 호수 늪 등의 지금까지 있었던 양식 적지를 가지고 있을 뿐만 아니라 수리관개사업의 발달과 함께, 둑의 수축修築* 또는 새롭게 짓는 것이 이루어진 장소가 해마다 증가해 수리조합 저수지, 그 외의 저수지 등을 포함하면 이미 총수면적이 99,173,553㎡ 이상에 달하며 점점 증가하는 추세에 있다.

이들 새로운 수역은 대부분 이것을 이용해서 양어를 행하기에 적합할 뿐만 아니라, 수리관개설비와 함께, 양어에 적합한 논이 증가하고 있다. 그리하여 본부本府수산시험장이 진해양어장 설치를 새로운 시대의 시작으로 담수양어계획을 실시하고, 또 민간에 있어서도 양어사상을 촉진하여, 양쪽이 다 맞물려 양어경영시설의 앞날에 광명이 빛나고 있는 것은, 참으로 기쁜 일로 우리 진해양어장의 사업을 도움과 동시에 충분히 이용될 수 있기를 기대한다.

-끝-

단어 해석

* 묘종란苗種卵 : 양식용 치어稚魚나 알을 말함

* 전습傳習 : (학문 등을) 전수傳受하여 익히거나 다른 사람으로부터 배워 익힘

* 치어稚魚 : 알에서 깬 지 얼마 되지 않은 어린 물고기

* 촌 : 1촌은 손가락 하나 굵기의 폭을 말하는 것으로 약 3.3㎝, 4 · 5촌은 13㎝ ~ 17㎝

* 부府 : 도都와 거의 같음, 조선시대, 일제강점기의 행정구역

* 유지溜池 : 농사를 짓는 데 필요한 물을 담아 두는 인공 연못

* 수역水域 : 강이나 바다 수면의 일정한 구역

* 성어成魚 : 다 자란 물고기

* 채란採卵 : 물고기의 알을 인공적으로 받음

* 언제堰堤 : 하천의 범람이나 바닷물의 유입을 막기 위해 쌓은 구조물

* 북가 : 북방시가北方市街를 줄인 말로 현주소로는 창원시 진해구 여명로 25번길 55

* 도불산 : 현 진해구 여좌로 119번길 70에 위치한 산

* 여동 : 양어장의 옛 동리명인 여명리를 말하는 것으로 해석할 수 있겠습니다.(옮긴이)

* 여수토수로 : 여분의 물을 내보내는 길

* 채란採卵 : 물고기의 알을 인공적으로 받음

* 부화孵化 : 동물의 알 속에서 새끼가 껍질을 깨고 밖으로 나옴

* 독지가篤志家 : 사회사업 따위의 비영리사업이나 뜻있는 일에 특별히 마음을 써서 협력하고 도움을 주는 사람

* 강습講習 : 일정 기간 동안 학문이나 기예, 실무 등을 배우고 익히도록 지도함

* 강화講話 : 어떤 주제에 대하여 강의하듯이 쉽게 풀어서 이야기함. 또는 그 이야기.

* 규준어鮏鱒魚 : 참복과와 연어과의 바닷물고기를 통틀어 이름〉

* 궐어鱖魚 : 농엇과에 속한 민물고기

* 수축修築 : 집이나 다리, 방축 따위의 헐어진 곳을 고쳐 짓거나 보수함

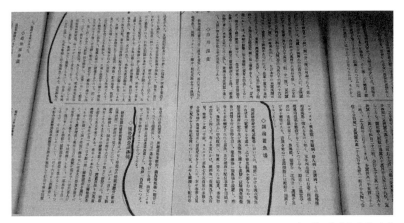

1930년 2월 진해양어장 기사

1933년 7월 진해양어장 기사

진해내수면환경생태공원(진해양어장) 안내문

진해내수면환경생태공원(진해양어장) 안에
있는 일제강점기 사용한 수문개폐 손잡이

※ 아래 원고는 한국문화원연합회「지방문화원 원천콘텐츠 발굴지원 사업」의 일
환으로 문화체육관광부의 지원을 받아 제작되었습니다. 해당 원고는 지역N문화
포털사이트 (https://www.nculture.org)에서도 확인하실 수 있습니다.

1927년 진해시가전도 광고로 보는 거주민 생활상

집필자 이애옥 (시민기록가)
2020년 11월

1) 요약

1927년 마쓰오박신당松尾博信堂 발행의 진해시가전도 1/6000鎭海市
街全圖 縮小六千分之一의 뒷면에는 '진해 저명 은행·회사·상점·여관·음식
점 안내'의 광고가 인쇄되어 있다. 그곳에 게재된 58건의 선전 문
구를 통해 일제강점기 군항도시 진해의 시가지 모습을 한국어로
번역하여 소개한다. 광고를 통해 일제강점기 진해의 상황과 거주
민의 생활상을 살펴볼 수 있다.

2) 본문

이 원고는 2020년 한국문화원연합회 지역문화콘텐츠(지역N문
화)의 웹페이지로 만들어진 필자의 글 '마쓰오 님과 나의 고향 진
해! 그 속에 담긴 이야기'에 첨부한 지도 사진(1927년 마쓰오박
신당 발행 진해시가전도 1/6000)과 관련이 있다. 지도의 뒷면 전
체는 '진해 저명 은행·회사·상점·여관·음식점 안내'라는 제목의
광고로 구성되어 있다. 제목 아래 총 65개의 칸 속에 적힌 문구는
58건인데, 65칸 속에 7개의 광고는 2칸씩을 차지하고 있으므로

전체적인 광고 건수로는 58건이 된다.

진해시가지는 일제의 해군군항으로 1910년에 조성하기 시작하여 1912년 12월에는 지금의 시가지 형태로 완성했다고 한다. 진해시가지가 완성된 후 15년쯤 지나, 지금으로부터 약 94년 전인 1927년에 발행된 것이므로 진해의 근대 역사적인 자료로서도 가치가 있다. 그 당시의 광고를 통해 일본으로부터 진해에 이주하여 이곳에서 살았던 사람들의 삶을 영위하는 형태와 진해시가지 모습 등을 그려볼 수 있다. 비록 우리나라 사람들이 아닌 일본인들의 생활 모습이지만, 그 장소는 우리나라의 땅으로 지금의 창원시 진해구 서부 지역이며, 진해 원도심의 근대 향토사 30여 년 이상의 역사를 차지하고 있기 때문이다.

일제강점기의 광고 자료는 본 원고에서 기술하는 것 외『鎭海진해』 (이하『진해』, 1912년 스기야마 소텐杉山素天)과『鎭海要覽진해요람』 (이하『진해요람』, 1926년 오카 모쿠도岡黙堂)의 서적에서도 볼 수 있다. 『진해』에 실린 광고는 모두 125건으로 책의 42%의 분량을 차지한다(필자는 2021년 창원학연구센터의 상반기 시민 원고 공모에『진해』의 광고 파트를 한글 번역하여 응모했다).『진해요람』에는 73건의 광고가 실려 있는데, 이번 원고에서 소개하는 광고와 『진해요람』에 게재된 광고와 비교해 보면, 발행 시기가 비슷하여 광고의 약 30% 이상이『진해요람』의 내용과 같았다. 또『진해』의 광고 건수보다, 1926년 진해역 개통을 축하하기 위해 만든『진해 요람』에는 52건이 줄어들었는데, 그 이유는 진해 초창기에 진해의 발전을 기대하고 이주했던 인구가 증가하지 않고 감소되는 현상과 초창기에 개점한 상점 중에 사업 부진 등으로 소멸한 것이 다수 있기 때문일 것으로 생각된다. 또 위의 3가지 자료를 통해 시대에 따라 진해시가지의 행정지명^{通町, 도로와 마을 이름}의 통폐합 등 약간의 변화가 있었음도 알 수 있었다.

광고 58건의 한글 번역

'1927년 마쓰오박신당 발행 진해시가전도 1/6000(1927年 松尾博信堂発行 鎮海市街全圖 1/6000)'의 뒷면 광고 〈鎮海著名銀行会社商店旅館料理屋案内〉의 번역에 있어서 다음과 같이 작성했다.

1. 지도의 뒷면 광고 분야에서의 읽기는 오른쪽에서 왼쪽으로 읽어감. 전부 13줄, 각 줄의 5칸을 위에서부터 1, 2, 3, 4, 5로 표기함.

   예) 첫 번째 줄 첫째 칸 → 1-①

2. 일본어의 한글 표기는 외래어 표기법에 따랐으나, 원어 발음에 가깝게 장음을 넣어 표기하거나, 허용 범위를 설정하여 마이스타일로 '가·카, 다·타, 쓰·츠, 이중 모음' 등은 두 가지 표기를 혼용하기도 함.

3. 원어의 한자 독음대로 번역한 것도 있으며, 고유명사의 읽기는 여러 가지 중 가장 보편적인 읽기를 우선 적용함.

   예) 著名→ 저명(이름이 세상에 널리 알려져 있음, 유명)

   예) 桝本幾太郎 : 마스모토 이쿠타로, 마스모토 기타로 중에 '마스모토 이쿠타로' 로 읽음.

4. 한자의 숫자는 아라비아 숫자로 번역하였고, 일본어 한자 글씨체는 구자체^{旧字体}와 신자체^{新字体}를 혼용한 경우도 있다.

5. 58건의 광고 중 첫 번째 1-①만 일본어를 병기하고 이하 한글 번역만 소개함, 또 광고의 지명은 일본식 읽기를 하고 ( ) 속에 현재의 지명을 표시함.

6. 광고 아래에 * 표시는 필자의 주해로 사전 등에서 인용하여 정리한 것임.

1927년 마쓰오박신당 발행 진해시가지전도 뒷면 광고 58건

〈진해 저명 은행•회사•상점•여관•음식점 안내〉

〈鎭海著名銀行会社商店旅館料理屋案内〉

1-①

朝鮮殖産銀行代理店 鎭海第一金融組合

電話 136番 振替口座 京城 12752番

조선식산* 은행 대리점 진해제일금융조합

전화 136번 대체계좌 경성서울12752번

*식산 : 재산을 불리어 늘림

1-②

철물, 유류*, 도료*, 선구*, 시멘트*, 슬레이트

진해 나카쓰지중원로터리 큰 팽나무 앞 마사키 상점

전화 161번 대체계좌 경성4695번

*유류油類 : 기름의 종류에 속하는 것을 통틀어 이르는 말

*도료塗料: 물건의 겉에 발라 썩지 않게 하거나 채색하는 재료

*선구船具 : 노나 닻, 키, 돛 따위의, 배에서 쓰는 기구

*슬레이트 : [건축] 천연 점판암의 얇은 석판. 지붕을 덮는 데에 사용한다.

1-③

명주* 게이린하치도 연락처 마산

니시다 기소이치 특약판매점 구사카 상점 진해전화 178번

*명주銘酒 : 독특한 제조법으로 빚어 고유한 상표를 붙인 좋은 술

1-④

진해에키마에進해역앞 잠종*제조소 대표 가와바타 치요키치 전화 206번

*잠종 : 누에고치

1-⑤

토지 가옥 창고업 시미즈 마타키치

진해 히노데 도오리太평로 전화 141번

2-①

진해 나카쓰지中원로터리 주식회사 부산상업은행 진해지점

전화 22번 일본은행 진해대리점

2-②

과자제조판매 진해 다치바나 도오리中원로 다이쇼도 전화 29번

2-③

기쿠마사무네〈平〉* 마사무네 · 사쿠라맥주 발매처

진해 고바이초익선동 고노주점 전화 11번

*〈平〉은 상표를 나타냄

2-④

진해 덕산리 다나카 타월 공장 대표 다나카 엔이치

2-⑤

사법 대서인 시게마츠 세이타로 사무소

진해 가메시마초대흥동 전화146번

3-①

진해 경화동 진해금융조합 전화 45번

3-②

오사카 아사히신문·경성일보

진해 마쓰바초중평동 전화 106번

우타이야 신발·물·액자·고무신·가죽신·운동구·버선·우산·우비·잡화

3-③

명주 진오우노츠유진해벚꽃 이슬 간장·된장·비파 세공 제조원

에자키 진해 고바이초익선동 전화 65번

*명주銘酒 : 독특한 제조법으로 빚어 고유한 상표를 붙인 좋은 술

*비파 : 열매를 식용으로 하는 과수. 잎을 약용 재료로 사용한다고 함.

3-④

진해 북가북방시가, 여좌동 후쿠다 타월 공장 전화 137번

3-⑤

조선총독부 도량형기 위탁판매소 도자기·유리기·우지*명차

히구치 상점 진해 야마부키초광화동 전화 181번

*도량형기度量衡器 : 길이나 부피, 무게를 재거나 다는 자, 되, 저울 따위의 기구

*우지宇治 : 교토부京都府, 교토후 남부의 시市

4-①

경성전기주식회사 진해 지점 전화 118번

4-②

진해 명물 진해콩 제조본점 아이카와 상점

전화 151번 대체계좌 경성 7305번

4-③

양조소 · 옷감 · 방취제 · 장아찌소

商 노자키 상점 진해 야마부키초^{광화동} 전화 43번

*양조醸造 : 발효작용을 응용하여, 주류酒類·간장·된장·미림味醂 등을 만드는 것. 양성醸成
*太物 : 면직물·마직물麻織物의 총칭. 옷감. 피륙

4-④

실용양기 직조판매 마쓰오 양말 제조 공장 진해 다카사고초^{화천동}

4-⑤

진해 기쿠카와초^{근화동} 목재상·제재소 대표 에노모토 초타로

전화 182번 전신약호 (02) 혹은 (マ=마)

*전략電略 : 전신을 발신할 때, 특수한 취급을 지정하기 위해 전보용지에 기입하는 약호

5-①

진해 아사히초^{속천} 진해수산주식회사   전화 142번

5-②

값도 싸고 무늬도 뒤지지 않는 코마야는 품질로 판매

점포 소재지 경성·대구·부산·마산·진해·통영·교토·오우미노쿠니

진해 고마야 포목점 전화 50번

*오우미노쿠니江州国 : 현재의 시가현

5-③

창고업·항만운송사업·보험대리점

도키와 상회 마쓰오 시게노부 진해 전화 20번

*회조업 : 회조란 에도시대부터의 관용어로 해상에서 화물의운송이나 취급을 하는 운송 업
      무를 의미함.

5-④

진해사이다, 라무네, 과일꿀 제조업 해군 육군 납품

마스모토 이쿠타로* 진해 히노데 도오리^{태평로}

전화 169번 대체계좌 경성 15131번

*라무네 : 유리구슬로 병마개를 한 청량 음료. 탄산수에 감미료·산미료·향료 등을 더하여

마개를 덮어 담아 놓은 것

5-⑤

모든 관사 납품 진해 야마부키초^{광화동} 일본 서양 식량·일용잡화

오다야 상점 전화 110번 대체계좌 경성 9195번

6-①

마산 진해간 왕복 매일 10회 마산 진해 통영간 매일 2회

진해만기선주식회사 마산전화 68번

6-②는 5-②와 공통, 6-③은 5-③과 공통

6-④

토목 건축 도급* 벽돌 검은 기와, 시멘트 기와 제조 판매

츠네카와 다다스케* 진해 마나즈루초^{송학동} 전화 9번

*도급 : 청부請負, 당사자 가운데 한쪽이 어떤 일을 완성할 것을 약속하고, 상대편이 그 일의
　　결과에 대해서 일정한 보수를 지급하기로 하는 계약

*恒川忠助 : 츠네카와 다다스케, 츠네카와 츄스케

6-⑤

선어^{신선한 물고기} 어묵·판유리 각종 유리 기구류

이시바시 상점 해군 납품

본점 진해 다치바나 도오리^{중원로} 전화 47번 대체계좌 경성 8046번

지점 대구 모토마치 대구 염가 판매소 전화 194번

7-①

진해 미나미쓰지^{남원로터리} (전화 26번)

진해병원 원장 시게마츠 츠루기치

7-②

최상^{최고}의 간장 천하일품 등록 상표 히시토모 해군 납품

양조원 노무라 세이하치 진해 사쿠라다 도오리^{충장로}

전화 144번 대체계좌 경성 3563번

7-③

안심하고 살 수 있는 가게 마쓰야 포목점

진해 마쓰바초^{중평동} 전화 38번

7-④

진해 나카쓰지^{중원로터리} 이시카와 사진관 전화 69번

7-⑤

방물 잡화·교육완구·각종 실 종류·수예재료·악기

해군 납품 히라이 상점 진해 야마부키초^{광화동}

전화 138번 대체 계좌 시모노세키 10371번

8-①

내과·소아과 다루이의원 진해 마쓰바초^{중평동} 전화 143번

8-② 는 7-②와 공통, 8 - ③은 7-③과 공통

8-④

진해 가와조에초^{대천동} 시계·귀금속 소노다 시계점　전화 186번

8-⑤

석탄·땔나무·숯 화물 도매상 진해 렌자쿠초^{충의동}

고지마 상점 전화 61번

9-①

다케우치 의원 진해 야마부키초^{광화동} 전화 128번

9-②

우지명차·서적잡지·여학교 교과서·문구·서양 및 일본 양재류*

해군 육군 납품 히라노세이이치 상점 진해 가메시마초^{대흥동}

전화 113번 대체계좌 시모노세키 2853번

*양재^{洋裁} : 양복을 재단하거나 재봉하는 일

9-③

석유 유채기름*·양랍목탄*, 비누소다, 소주 주류,

해륙물산, 백미 잡곡 도매 라이징 썬 석유회사 제품 원판매처

오오아미 상점* 진해 기쿠가와초^{근화동}

전화 111번 대체계좌경성 6245번

*白絞油 : 유채 기름을 정제한, 엷은 노란색 기름. 또는 대두^{大豆}·면화의 씨앗의 정제유
*양랍목탄 : 검양옻나무 목탄
*오오아미 상점은 휘발유부터 식용유까지 취급함

9-④

해군의 집 요시자와 양복점 진해 도모에초^{창선동} 전화 28번

9-⑤

해군 납품 진해 명물 진해 렌자쿠초^{충의동} 진해콩

제조 본점 시바타 쇼바이도 전화 127번

10-①

철물, 농기구, 목수도구, 이발 기구, 미장이 재료 페인트류·선구

진해 야마부키초^{다치바나 도오리 야마부키초 중원로 광화동}

이와미야 철물점 전화 7번

대체계좌 경성 4231번 시모노세키 1519번

오노다 시멘트 대리점 전매특허 곤고굴뚝* 남조선대리점

아사히금고 대리점

*곤고굴뚝金剛烟突 : 상표 이름으로 추정, 金剛금강, 곤고은 금강석의 준말.

10-②

진해에키마에^{진해역 앞} 진해 기념품 선물 아카보* 수하물 운반

구보타 요시오 전화 171번

*아카보あかぼう 赤帽 : 1. 빨간색 모자 2. 역에서 타고 내리는 승객의 수하물을 옮기는 사람 3. 특히 운동회에서 쓰는 것 4. 빨간색 모자를 쓰고 있기 때문에 그렇게 말한다 5. 역의 짐꾼

10-③

진해에키마에^{진해역앞} 국제운수주식회사거래소

조선운수계산주식회사 가맹점

미조구치 운송점 점주 미조구치 도쿠지로

10-④

선어^{신선한 물고기} 어묵 해군 납품 생선가게 구마츠네지 상점

진해 히노데 도오리^{태평로} 전화 30번

10-⑤

해삼창자젓, 해삼말린것, 말린 청어알*, 김^{물고기·조개·해조 등의} 조림·

각종 미림*절임 건어물 해산물 제조업

모리와키 도시히로 진해항 아사히초^{속천}

*미림 : 소주에다 찐 찹쌀과 쌀누룩을 섞어서 빚은 조미료로 쓰이는 술.
*미림절임 : 생선 등을 미림(일본 조미료)에 절여 말린 것으로. 식품으로 팔리기도 하는 일반적으로 사용되는 상표

11-①

진해에키마에^{진해역앞} 내국통운주식회사 진해거래소

전화 107번 대체계좌 경성 2608번

가메시마초^{대흥동} 보험부 금고부 전화 20번

11-②

진해에키마에^{진해역 앞} 오오테 료칸 전화 70번

*료칸旅館 : 여관, 주로 일본식 집의 구조와 설비를 갖춘 것을 말함

11-③

창원군청 지정 마쓰바 료칸 진해 마쓰바초^{중평동} 전화 156번

11-④

조선상공주식회사 화물 취급소 해군납품·해륙운반업자·역화물취급

サ 사토건업 대표 사토 하치로타 진해 하고로모초^{대영동}

전화 사무소 112 해군구내 131번

11-⑤

가와나미약방^{확실하고 안심하고 살 수 있는 약방}

진해 도모에초^{창선동} 전화 22번 대체계좌 경성 2745번

12-①

철도국 지정 마스요시 료칸 진해에키마에도오리^{진해역앞 대로}

전화 31번 대체계좌 시모노세키 2098번

12-②

고급료칸 진해 다치바나 도오리^{중원로} 나카쓰지^{중원로터리}

다치바나칸 전화 111번

12-③

요리 진해 히노데 도오리^{태평로} 하루노히 전화 48번

12-④ 는 11-④와 공통

12-⑤ 는 11-⑤와 공통

13-①은 12-①과 공통

13-②

객실 다량 보유, 편안히 모십니다 아사히 료칸

진해 야마부키초^{광화동}

13-③

식도락 라쿠텐 진해 스미요시초^{평안동} 전화 8번

13-④

요리・식당・주문 배달 진해 텐킨 전화 129번

13-⑤

국정교과서・서적・잡지・학용품・문구・각 신문 취급

진해 스미요시초^{평안동} 마쓰오박신당

대체계좌 경성 9108번 전화 62번

3) 사진 ① 1927년 발행된 '진해시가전도'에 인쇄된 선전문구로 보는 진해시가지^{1927년 마쓰오박신당 발행 진해시가지전도 뒷면 광고 58건}

② 1927년 발행 진해시가전도^{마쓰오박신당 발행}

〈부가정보〉

도움주신 분 : 정영숙 님, 마쓰오 히로후미 님松尾博文, 가나가와현 가와사키시 거주, 마쓰모토 겐이

치 님松本堅一, 홋카이도 데시카가 거주

〈참고자료〉 단행본

杉山素天, 鎭海, 1912, 鎭海印刷社 14-86, 229-287

岡默堂, 鎭海要覧, 1926, 32~62, 騰龍閣, 163-188.

竹国友康著, 이애옥 옮김, 진해의 벚꽃, 논형출판사, 2019, 108-115

진해시사편찬위원회, 鎭海市史, 2006, 282-290, 376-388.

1982년 4월 방한여행단 명부 표지

※ 아래 원고는 진해문화원 발행 2021년 제19집 '진해문화'에 기고한 글입니다. 진해문화원의 허락을 득해 전재함을 밝힙니다.

해방 전 진해주택 지도 한글 해석

진해향토자료 일본어 번역가 이애옥

'해방 전 진해주택 지도'(이하 주택지도)는 2020년 한국문화원 연합회 지역문화콘텐츠^{지역N문화} 필자의 글 '마쓰오 님과 나의 고향 진해! 그 속에 담긴 이야기'에 사진 자료로 첨부했다. 이와 관련 웹페이지는 검색어 '마쓰오' 혹은 필자 이름으로 열람 가능 하지만 웹 페이지에 첨부된 일본어 지도는 내용을 이해하기 다소 어려울 것으로 생각된다. 또한 이 자료는 진해의 근대 향토사 자료로서 필자가 처음 입수한 자료이며 그 내용은 번역할 만한 사료적 가치가 있다고 판단했다. 그래서 필자는 2개의 한글본 작성에 착수했는데 하나는 정봉식 님이 번호 부여한 대로 번역한 것이며, 다른 하나는 지도 원본의 모든 내용을 그대로 번역한 것이다.

주택 지도는 일제강점기 36년간 중, 1939년부터 1945년 8월까지 약 6년 8개월 기간의 것이다. 진해소학교^{현 진해도천초등학교}에 입학하여 진해중학^{현 진해고등학교} 2학년까지 다닌 일본인들이 어린 시절의 기억을 모아 여러 번의 수정을 거쳐 만든 것이라고 한다.

필자는 군항 진해 시가지 건설의 초창기 지도와 1940년대 초반의 주택 지도를 비교해 보면서, 1910년대의 지도 속 도로 · 마을^{通町} 이름은 시가지가 정비되어 나감에 따라 소멸되고 통합되어 변경되는 등의 변화를 알 수 있었다. 이 글의 주택 지도는 그 당시시가지를 완벽하게 표시한 것은 아니지만, 지도에 표시된 것을 중심으로 그 당시의 진해시가지 모습과 사람들의 생활상 등도 추측할 수 있었다.

먼저 이 주택 지도가 제작되기까지의 과정을 정리하면 다음과 같다.

① 1927년 마쓰오박신당松尾博信堂이 발행한 '진해시가전도鎭海市街全圖'를 원본으로 도쿄의 진해중학동창회에서 1980년대에 '진해시가전도'를 복원함.

② 복원한 지도를 기본으로 하여 진해에서 거주한 귀환자들의 여러 기억들을 모아 1939년에서 1945년 8월까지의 '진해주택 지도鎭海の街並みと家々'를 만들기 시작한 것임.

③ 위의 주택 지도는 마쓰오박신당의 3대 마쓰오 히로후미松尾博文 씨의 노작으로 1995년 2월 완성본 임.

참고로 위의 내용이 적혀 있는 원문을 옮겨 적는다.

鎭海の街並みと家々

昭和二年に松尾博信堂が発行した、「鎭海市街全図」を鎭海中学同窓会が復元したものを原図に、昭和十四年頃から終戦までの期間を多くの方々の記憶を重ね合わせて製作したものです。

平成七年二月
松尾博文

마쓰오 님을 비롯하여 주택지도 제작에 참여한 귀환자들은 한결같이 진해에 대한 그리운 마음과 잔상의 시각화를 위해 1927년 발행한 지도를 다시 복원했을 것이다. 복원한 지도를 소유하며, 나아가 어릴 때 살던 곳을 친구들의 기억을 하나하나 더해가며 지도로 그려보자는 간절한 바람의 결과로 이 지도가 완성되었다고 짐작한다. 일본으로 귀환 후 무려 45년에서 50년이 지났는데도 이 주택 지도를 만들어 갖고 싶어 하는 마음을 볼 때, 진해는 그들의 어린 시절 고향으로서만 기억되는 것이 아닌 영원한 마음의 고향, 추억의 고향으로 자리하는 것 같다.

제작 책임을 맡은 마쓰오 님의 이야기에 따르면 주택 지도 제작을 기획할 때는 대부분 50대 후반의 연령이 되어 있었다고 한다. 주택 지도에 인명도 상호도 없이 번지 숫자만 적혀 있는 곳은 누구의 집인지 몰라서 기입하지 못했다고 한다. 필자는 처음에 이 주택 지도를 우편으로 받아보았을 때, 번지만 적혀 있는 곳은 아무도 살지 않는 빈집으로 착각하고 있었다. 물론 사람이 살지 않는 빈 집도 있었다고 한다. 덧붙여 한글 번역에 착수하면서 마쓰오 님으로 부터 전해들은 이야기를 인용하면

"이 지도는 당시 어린이가 알았던 것만의 인명과 상호 등을 기록하고 있습니다. 따라서 우리가 모르는 이름도 있습니다. 진해중학의 친구들 메모이므로, 예를 들어 오시마 간디大島ガンジー는 진해중학의 교감이며 간디라는 별명으로 불리던 인물의 집입니다. '畠'라고 적힌 곳은 공터 또는 밭이었던 곳입니다. 자운영 꽃밭은 자운영 꽃을 심었던 모양입니다. 자운영 꽃은 전답을 일궈 흙에 섞어 비료로 사용한 것 같습니다."라고 한다. 지도에 대한 상세한 이야기를 들은 후 제대로 이해할 수 있었다.

우리나라에서는 도로지 번지 지도가 일반적이라면 일본은 이전부터 주택지도 역시 일상생활에 흔히 사용되었던 것 같다. 올해 일본 국영방송국인 NHK의 '패밀리 히스토리'라는 프로그램에서 일

제강점기 북한의 청진에서 일본인이 사용한 주택 지도가 영상으로 소개되는 것을 본 적이 있다. 마쓰오 님의 주택 지도와 비슷한데 한층 자세하게 그림 묘사까지 되어 있는 것이라 적지 않게 놀랐다. 지금은 스마트폰으로 언제든 지도 검색이 가능하게 되면서 종이 지도는 거의 필요 없게 되었지만, 마쓰오 님의 주택 지도도 그와 같은 맥락일 것 같다. 필자는 해방 전 진해 주택 지도를 보며 이곳은 다름없는 나의 고향이기도 하므로, 나의 어린 시절인 1960년대의 주택 지도나 풍경 사진을 볼 수 있다면 얼마나 반갑고 기쁠까 상상해 보았다.

주택 지도를 번역하면서 다케쿠니 도모야스 저작, 필자가 옮긴 번역서 『진해의 벚꽃』중 3장 군항도시 진해 -진해의 도시계획을 다시 읽어보았다.

"그 무렵 일본의 도시에서는 볼 수 없는 인공적으로 계획된 방사형 시가지이다. (중략) 방사형 시가지의 미관을 가진 대표적인 도시라고 한다면 파리일 것이다."(p110-111) 등 마쓰오 님의 주택 지도에 표시된 도로와 마을 이름이 진해 시가지 건설 초창기에 어떻게 지어졌는가의 이야기가 상세하게 설명되어 있고, 지도를 번역해 봄으로써 그 글의 의미를 훨씬 더 분명하게 파악할 수 있었다.

올해 2021년 8월, 문화재청은 진해 원도심 지역의 '진해 근대역사문화공간'을 국가등록문화재로 등록 예고하였다. 마쓰오 님의 노작인 1940년대 초반의 이 주택 지도가 문화재청 국가등록문화재 등록과 관련, 고향 진해의 근대역사문화공간 활용과 구성에 하나의 자료로서 적절하게 활용되기를 바라마지 않는다.

지도의 한글 표기는 외래어표기법에 따랐으나 일본어 발음에 가깝게 적은 것도 있다. 예) 다치바나 도리 → 다치바나 도오리.

소개하는 순서는 주택 지도에 표시된 것만으로 관공서, 도로와 마을 이름通町, 각자의 인명·상호이며, 일본어 한자를 쓰고 그 다음은 우리말 읽기, 어떤 것은 우리말 독음, 일본어 읽기-현재 이름으로 정리하기도 했다.

〈관공서, 로터리, 산, 하천, 부두·만灣, 종교시설, 기타〉

鎭海駅진해역, 郵便局우체국, 警察署경찰서, 図書館, 鎭海邑事務所진해읍사무소

北辻, 북십, 기타쓰지 - 북원로터리
中辻, 중십, 나카쓰지 - 중원로터리
南辻, 남십, 미나미쓰지 - 남원로터리
兜山, 두산, 가부토야마 - 제황산
征矢川, 정시천, 소야가와 - 여좌천
どんこ桟橋, 돈코산바시- 말뚝망둥어 부두
斎藤湾, 재등만, 사이토완 - 중평만, 진해만

鎭海神社진해신사, 安国寺안고쿠지, 안국사, 一心寺잇신지, 일심사, 天理教천리교, 日露戦争の大砲러일전쟁때의 대포

海軍グラウンド, 해군 그라운드 - 공설운동장
れんげ畠, 렌게바타케 - 자운영꽃밭, *畠 = 畑 밭

〈도로 이름〉
1. 橘通, 귤통, 다치바나 도오리 - 중원로

2. 末広通, 말광통, 스에히로 도오리 – 중원동로

3. 大手通, 대수통, 오오테 도오리 – 충장로

4. 初音通, 초음통, 하쓰네 도오리 – 편백로

5. 日出通, 일출통, 히노데 도오리 – 태평로

6. 常盤通, 상반통, 도키와 도오리 – 백구로

7. 相生通, 상생통, 아이오이 도오리 – 벚꽃로

8. 若松通, 약송통, 와카마쓰 도오리 – 충무로

9. 竹川通, 죽천통, 다케카와 도오리 – 충무로

* 8의 큰 도로 와카마쓰 도오리와 9의 다케카와 도오리는 현재
'충무로'로 합해짐.

10. 老松通, 오이마쓰츠 도오리 – 태평로 34번길

* 오이마쓰 도오리는 5의 히노데 도오리와 별개의 큰 도로였으
나 현재는 태평로에 속하는 34번길.

주택 지도에는 북원로터리에서 해군 진해기지사령부로 가는 큰
도로 櫻田通^{앵전통, 사쿠라다 도오리}는 표시되어 있지 않다.

〈마을 이름〉

1. 高砂町, 고사정, 다카사고초 – 화천동

2. 真鶴町, 진학정, 마나즈루초 – 송학동

3. 亀島町, 구도정, 가메시마초 – 대홍동

* 일반적으로 亀島町의 읽기는 '가메지마^{かめじま}'이나, 마쓰오 님
은 진해의 亀島町는 '가메시마'라고 불렀다고 한다. 일본어 고유
명사의 읽기는 너무도 다양하여 읽기의 허용 범위도 있으나, 필자
는 진해 거주한 분의 증언을 우선하여 '가메시마^{かめしま}'로 표기함.

4. 住吉町, 주길정, 스미요시초 – 평안동

5. 山吹町, 산취정, 야마부키초 - 광화동

6. 松葉町, 송엽정, 마쓰바초 - 중평동

7. 菊川町, 국천정, 기쿠가와초 - 근화동

8. 連雀町, 연작정, 렌쟈쿠초 - 충의동

9. 岩戸町, 암호정, 이와토초 - 숭인동

10. 羽衣町, 우의정, 하고로모초 - 대영동

11. 久富町, 구부정, 히사토미초 - 남빈동

12. 梅枝町, 매기정, 우메가에초 - 회현동

13. 紅梅町, 홍매정, 고바이초 - 익선동

14. 巴町, 파정, 도모에초 - 창선동

15. 川添町, 천첨정, 가와조에초 - 대천동

16. 浪花町, 낭화정, 나니와초 - 통신동

그 밖에 주택 지도에는 해군 관련 구역은 표시되어 있지 않지만, 지도 구역을 조금 확대하여 소개하면, 진해도천초등학교의 남쪽 구역, 해군 운동장 위쪽으로 요시노초吉野町, 길야정가 있었다. 이 일대는 사쿠라노바바桜の馬場, 앵마장로 불렸으며 일제강점기 진해 벚꽃의 최고 명소인 벚꽃장이었던 곳이다.

일본어식 지명과 관련하여 당시의 일본인들이 일본식 지명이 아닌 국어 지명을 그대로 사용한 것도 있다. 예를 들면 '현동, 비봉리, 행암만현 진해만, 경화동, 덕산, 장천리' 등이다. 한자 표기는 그대로 국어 지명 그대로 사용했으나, 발음은 '진해'를 '진카이'라고 일본어식으로 읽는 것처럼 현동은 '겐도' 비봉리는 '히호리 혹은 나리후리' 행암만은 '고간완' 경화동은 '게이와도' 덕산은 '독산' 장천리는 '쇼센리' 식으로 불렀다고 한다. 그 외에 주택 지도에 표시되어 있지 않지만, 속천에 있었던 마을 이름 등은 다음 기회에 조사할 예정이다.

㉮ 1-107의 번호가 표시된 지도

하나의 같은 지도에 번호를 매겨 1-107까지 소개한 주택 지도는 ㉮이며, 번호 표시가 없는 주택 지도 원본은 ㉯로 편의상 구별하여 작성한다.

지도 ㉮의 한글본 작성은 진해근대문화유산보전회 회원인 정봉식 님이 가장 먼저 착수했다. 그 노력에 정기원 선생님께서 협력하여 만들기 시작했고, 그것을 정영숙 님과 필자가 함께 정리했다. 한글 표기에 있어 일본어의 인명, 상점 등 고유명사 읽기는 여러 가지 있으므로, 마쓰모토 겐이치松本堅一 님의 도움을 받아 가장 보편적으로 읽혀지는 것을 취했다. 그 후 지도 작성자이며 필자에게 우편으로 지도를 직접 제공해 주신 마쓰오 히로후미 씨의 검토 및 수정도 거쳤음을 밝힌다.

1. 常盤通도키와 도오리, 상반통 수송동 현 백구로
2. 鎮中第二寮진해중학교 제2기숙사
3. 由水養鶏(요시미즈 양계장)
4. 平江(히라에)*,斎藤楼(사이토루) *고급 장교 전용 요정
5. 加藤材木店(가토 목재점)
6. 安部(아베)
7. 喜久屋旅館(기쿠야 여관, 희구옥 여관)
8. 鎮海駅(진해역), 橘通(다치바나 도오리, 귤통) 현 중원로
9. 本地(혼지), 住吉町(스미요시초, 주길정) 평안동

10. 天理教(천리교)

11. 常盤商会(도키와 상회)

12. 桜湯(사쿠라유) *사쿠라 목욕탕

13. 鎮海幼稚園(진해유치원), 一心寺(일심사)

14. 酒見(사케미)

15. 高砂町(다카사고초, 고사정) 화천동

16. 真鶴町(마나즈루초, 진학정) 송학동

17. 無尽(상호신용금고), 田頭歯科(다가시라 치과)

18. 松芳旅館(마쓰요시 여관)

19. 竹中組(다케나카 토목 · 건축업)

20. 小橋酒造(고바시 주조장) *酒造, 술을 양조 · 제조하는 것. 술도가.

21. 玉川堂菓子(다마가와도 과자점) 永野大工(나가노 목공소)

22. 三増畳屋(미마스 다다미 가게), 여좌천변, 소방서 근처

23. 古長(고초), 乙成バス(오토나리) 버스 · 택시

24. 空き地(공터)

25. 重松代書(시게마쓰 대서소)

26. 小西(고니시), 松下(마쓰시다), 多久見(다쿠미), 前田大工
(마에다 목공), 吉武先生(요시다케 선생 댁), 平野(히라노), 大
島ガンジー(오오시마 간지)

    * '간지'는 '간디'의 일본어 발음으로 그 당시 진해중학(현 진해고교)의 교감 오오시마 씨 별명.

27. 杉本酒店(스기모토 술집)

28. 三笠(미카사)

29. 岡田材木店(오카다 목재점)

30. 末広通(스에히로 도오리, 말광통) 현 중원동로

31. 安国寺(안국사), 중앙동 13

32. 工作部会館(공작부 회관), 床屋(이발소), 池原(이케하라),
高井(다카이)

33. 小橋酒造倉庫(고바시 양조장 창고)

34. 河野酒店(고노 술집)

35. 田中歯科(다나카 치과)

36. 徳永豆腐店(도쿠나가 두부점)

37. 川浪薬局(가와나미 약국)

38. 富士屋洋服店(후지야 양복점)

39. 松尾博信堂(마쓰오박신당)·마쓰오 히로후미(松尾博文) 님의 생가

40. 銀行(은행)

41. 長船饅頭(오사후네 만쥬)*, 古物屋(고물상), 狩野ジテンジャ(가노 자전거) 藤沢(후지사와), 印鑑(인감), 床屋(이발소)

*饅頭 : 밀가루·쌀가루·메밀가루 등의 반죽에 팥을 넣고 쪄서 만든 과자. 한글로 읽을 때는 '만두' 일본어로는 '만쥬'임.

42. ラジオ体操(라디오 체조)

43. 野天映画会(영화를 상영하는 야외무대)

44. 警察署(경찰서)

45. 武徳殿(부도쿠텐, 무덕전) * 연무장, 岡田材木店(오카다 목재점)

46. 浪花町(나니와초, 낭화정) 통신동

47. 安部産婆(아베 산파)

48. 東鉄工所(아즈마 철공소)

49. 楠本写真館(구스모토 사진관)

50. 肉屋(정육점), 정육점의 맞은 편 乾物屋(건어물 가게)

51. 河野ラジオ(고노 라디오) * 라디오 등의 소형 가전제품을 팔거나 고치는 곳.

山本(야마모토), 宮村(미야무라), 華月(가게츠, 화월)* 고급 중화요릿집

52. 郵便局(우체국)

53. 石川写真館(이시카와 사진관), 橘旅館 (다치바나 여관)

54. 図書館(도서관), こまや(고마야 포목점、일본옷 전문점), 橋本材木店(하시모토 목재점)

55. 都料理屋(미야코 요릿집)

56. 加藤先生(가토 선생 댁), 歯科(치과)

57. 海軍グラウンド(해군 운동장)

58. 購買部(해군 구매부)

59. 竹川通(다케카와 도오리, 죽천통) 현 충무로

60. 水田(미즈타) 海軍屋(카이군야 =해군집)
*해군과 관련한 물품 등을 취급하는 가게로 추측

61. 履物(신발), 岡原(오카하라), 菓子井上(이노우에 과자점), 琴・扇子(거문고・부채), 深山床屋(미야마 이발소), 旭旅館(아사히 여관), 金時餅(긴토키 떡집)

62. 福田 雑貨屋(후쿠다 잡화점)

63. 竹下(다케시타), 大塚歯科(오오츠카 치과), 重松鉄砲屋(시게마쓰 철포점) 총포상, 仕立て大岡(맞춤형 의상 오오오카), レコード屋(레코드 가게), 大正屋菓子(다이쇼야 과자점), 日下果物(구사카 과일), 竹島医院(다케시마 의원), 岡本(오카모토), 斎藤(사이토)

64. 樋口陶器(히구치 도자기상회), 古賀(고가)

65. 金融組合(금융조합), 五浦(이츠우라)

66. 山吹町(야마부키초, 산취정) 광화동 현 중원로

67. 岩見屋(이와미 가게), 雑貨店(잡화점), 二宮酒屋(니노미야 술집), 樫原薬(가시하라 약방), 玩具(완구), 印刷(인쇄)

68. 川上(가와카미), 中路(나카미치), 豆腐(두부), 帽子(모자), 小田屋(오다 가게), 野崎商店(노자키 상점)

69. 鶴田仕出し(츠루다 주문요리 배달), 武内医院(다케우치 의원), 溝上(미조카미)

70. 末広通(스에히로 도오리, 말광통) 광화동 현 중원동로

71. 常盤商(도키와 도오리, 상반통) 중평동 현 백구로

72. 末広通(스에히로 도오리, 말광통) 근화동 현 중원동로

73. 榎木材木店 (에노키 목재점)

74. 丸服(마루후쿠), 岡本(오카모토), 小畑家具(고바다케 가구점), 石橋魚屋(이시바시 생선가게), ブリキや山崎(주석 · 아연 도금철판 가공하는 가게)

75. 床屋(이발소), 松葉旅館(마츠바 여관), 荒尾ジテンシャ(아라오 자전거점), 池田(이케다), 相川菓子店(아이카와 과자점, 진카이마메=진해콩), 松屋呉服店(마쓰야 포목점 · 일본옷 전문점, 手塚(테츠카), 肉屋(정육점), 山崎 八百屋(야마자키 채소가게), 空き地(공터)

76. 鎮海邑事務所(진해읍 사무소) 중앙동 1번지

77. 下士官兵集会所(하사관병 집회소), 食堂(식당)

78. 二葉町 (후타바초) 신흥동

79. れんげ畠(자운영 밭)

80. 高女校長社宅(고녀=진해여고 교장사택), 弓道場(궁도장), 鎮中寮(진해중학 기숙사)

81. 天満屋印刷(덴만야 인쇄), 川内ジテンシャ(가와우치 자전거), アイスキャンティー(아이스캔디), 脇田(와키다)

82. 日出通 (히노데 도오리, 일출통) 현 태평로

83. 連雀町(렌쟈쿠초, 연작정) 충의동 현 중원로

84. 松尾(마쓰오)*마쓰오박신당의 마쓰오 씨가 아닌 다른 마쓰오 씨

85. 岩城(이와키)

86. 征矢川(소야가와, 정시천) 여좌천

87. 岩戸町(이와토초, 암호정) 今田屋旅館(이마다야 여관, 금전옥 여관), 有川(아리카와, 유천), 空き家(빈집)

88. どんこ桟橋(돈코부두), 斎藤湾(사이토만=재등만), 숭인동

*돈코 : 말뚝망둥어 とびはぜ(跳鯊) : 말뚝망둥어

89. 老松通(오이마츠 도오리, 노송통) 현 태평로

90. 連雀町(렌쟈쿠초, 연작정) 현 중원로 末広通(스에히로 도오리, 말광통) 충의동 현 중원동로

91. 羽衣町(하고로모초, 우의정) 인의동 현 태평로

92. 鎮海神社(진해신사)

93. 鎮海病院(진해병원)

94. 瀧川写真館(다키카와 사진관) 松本酒店(마츠모토 술집)

95. 鹿島楼 (가시마루) * 요정, 유곽(기생집)

96. 邑長官舎(읍장 관사)

97. 春之日(하루노히 요릿집), 妙楽座(묘라쿠좌) * 연예 공연장

98. 日露戦争の大砲(러일전쟁 기념 대포)

99. ビリヤード(빌리어드=당구)

100. 大江製麺(오오에 제면) * 우동이나 국수 등의 면을 만드는 국수공장, 本木センタク(모토키 빨래)

101. 田村餅(다무라 떡집), ビリヤード(빌리어드), 末広湯(스에히로유 목욕탕)

102. 文房具屋(문방구), 三島旅館(미시마 여관), 天金(텐킨 요릿집, 천금)

103. 十河歯科(소고치과)

104. 植田(우에다) * 우에다 씨는 전 진해읍 의원을 역임.

105. 宮前(미야마에)

106. 無尽会社(상호신용금고)

107. 中林先生(나카바야시 선생 댁)

주택지도 원본 ⑭의 번역본은 분량이 많아 본 원고와 같이 소개하지 못했다.

끝으로 이 글을 작성하는데 1912년 발행 杉山素天『鎭海』, 1926년 발행 岡萬吉(岡默堂)『鎭海要覽』, 박건춘 선생(진해문화원 이사)의『鎭海女子高等学校史(1922-2016)』, 竹国友康 선생의『진해의 벚꽃』원저 등을 참고하였다. 한글 교정은 정영숙 님, 일본어 부문은 일본 가와사키시川崎市 거주의 지인 마쓰오 히로후미松尾博文님과 홋카이도 거주의 지인 마쓰모토 겐이치松本堅一님의 도움을 받았다. 시간을 마다하지 않고 흔쾌히 지도해 주신 모든 분께 깊이 감사의 인사를 올린다.

마쓰오 님 생가 1980년도 초반 추정

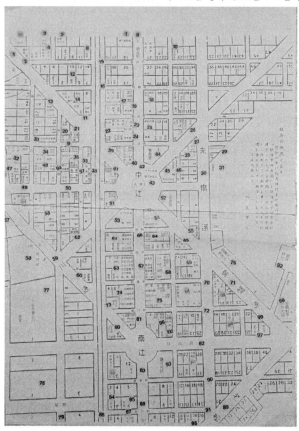

해방 전 진해주택지도 (가)

역자 주 : 사진 자료는 제황산공원 창원시립진해박물관 2층에 전시된 것으로, 박물관 담당 최혜정 학예사 님의 허락(2018. 02. 23)을 받아 촬영하였습니다. 사진 아래의 글은 일본해해전기념탑에 대한 전체 설명과 기념탑에 새겨진 찬문을 소개한 것입니다. 자료로 전시되어 있는 이상, 자료 속의 내용에 설령 의문*이 있더라도 원문의 독창성을 존중하며 원문에 충실하게 번역합니다. (*이 자료에서 해군기념일 5월 27일을 5월 28일이라 기록한 점, 금빛 솔개를 참수리라고 표현한 것은 오기인지 필자의 다른 뜻이 있는지 전혀 모릅니다. 사진 자료의 '日本海海戰=니혼카이 카이센'은 한자 읽기 그대로 '일본해해전'이라고 직역했습니다. 한글은 일본 현대문으로 고쳐서 적당한 단락으로 나누어 번역했습니다.

제66 그림 일본해해전기념탑

(국사 참고)

한글 번역 이애옥

일본해해전기념탑 원경과 모형

일본해해전기념탑은 진해만내 진해 가부토야마 정상(해발 76m)에 건설되어 쇼와 4년[1929년] 5월 28일 해군기념일에 제막

식이 이루어진 것이다. 기념탑은 철근 콘크리트로 만든 높이 약 34m, 탑 중심에는 도고 원수가 쓴 "일본해해전기념"의 일곱 글자와 도쿠토미 소호 씨의 찬문이 새겨져 있다. 정상에 있는 참수리는 날개 넓이 두 장의 깔개도 있다고 한다.

그 전문은 아래(원문 왼쪽)와 같다.

메이지 37년^{1904년}부터 38년1905년까지 걸친 러일 전쟁은 일본 제국의 역사상 아주 먼 옛날 이래 없었던 큰 사건으로 그 중에서도 일본해해전은 메이지 37년부터 38년까지 러일 전쟁 기간 중 해상 및 육상에서 벌어진 전투 중에서 가장 중요한 하나입니다. 이 해전으로 러일 전쟁의 운명은 정해졌습니다. 러일 전쟁의 승리로 일본 제국의 세계에서의 위치는 확정하였습니다. 일본제국이 일약 세계 삼대 해군국으로 꼽히게 됐고 세계 다섯 대강국으로서 구미 열강과 어깨를 나란히 할 수 있게 된 것도 이 명백하고 현저한 해전의 승리가 가져온 필연의 결과입니다. 그리고 그 대해전의 작전을 생각하고 결정했던 땅이야말로 바로 진해만이었습니다.

일본과 러시아 사이의 관계가 더욱 악화하고, 전쟁이 불가피한 정세가 되자 일본 제국 해군은 메이지 37년^{1904년} 1월 12일부터 진해만내 송진포에 임시근거지방비대를 건설하고 미리 우리 출격함대의 거점을 정했습니다. 그 이후 러시아 태평양 함대의 거점=뤼순항을 봉쇄하고 황해에서 러시아 태평양 함대와의 해전, 또한 울산 앞바다에서 블라디보스토크에서 출격해 온 러시아 극동 함대와의 해전에서 승리하여 동양에서의 러시아 함대를 괴멸 상태로 했음에도 불구하고 러시아는 맹렬히 발트 해의 함대를 중심으로 태평양 제2, 제3 함대를 편성하여 아프리카의 희망봉을 지나 동양에 대승부를 걸고 파견하여 우리 일본과의 해상 지배권의 우열을 결정하려고 했습니다.

이에 대한 우리 일본 함대는 메이지 38년^{1905년} 1월 뤼순항을 함락시킨 뒤 한층 예기銳氣를 기르고, 다가 올 결전을 위해서 2월 초부터 진해만으로 모여들어 밤낮으로 훈련에 전념하면서 싸울 기회가 오기를 기다리고 있었습니다. 예상대로 5월 27일 정찰함이 발發한 "적함이 나타났다"라는 보고에 접하자 즉시 도고 연합함대 사령장관은 기함『미카사』에 Z기를 내걸어 "황국의 흥폐는 이 일전에 있으니 각자 더 한층 분투 노력하라"고 하며 함대의 모든 장성들, 병사들을 독려했습니다. 그리고 진무 천황의 신령, 메이지 천황의 위광과 우리 일본 해군 장병의 뛰어난 작전과 결단, 충의의 힘과 용기 넘치는 행동이 여기에 일대 결정적 승리를 쟁취했습니다. 그 큰 공적은 세계 해전사海戰史에 특필 주목받음으로써 그 큰 공적은 눈부시게 빛나도록 우리 일본의 역사를 비추었습니다.

최근, 유지들이 모여서 대화를 갖고 일본해해전 25회 기념일에 즈음하여 진해면 가부토야마 정상에 일대 기념탑을 세우고, 도고 원수東鄉元帥의 글을 받아 그 탑 면에 새겼습니다. 저도 글의 제공을 의뢰받았으므로 문장을 만들어 요청에 응했습니다. 저는 그 글을 쓰는데 적합하지 않은 인물이지만, 이 기념비 건설의 올바른 모습을 생각하면 거절할 수는 없었습니다. 저가 생각하기에 이 탑의 건설 의의는 큰 전승을 기념하는 동시에 천황과 국가에 대한 충성과 절개와 의리로 죽은 영령을 우러러 받들어 모시는 것이라고 말씀드립니다.

정말 오랫동안, 메이지 천황의 뛰어난 덕을 받은 큰 업적을 우러러 그리워하며, 거국일치의 정신으로 국난을 책임지고 맡은 국민적 활동의 전형으로, 이 천황의 업적을 영원히 전하고 후세의 사람들에게 군국에 필사적으로 노력하는 격렬한 충의의 마음으로 용감하게 나아가는 정신을 기르기 위한 행위가 아니겠습니까? 초대받는 근거를 갖고 나오시는 그 사람을 기다리듯이, 이 탑을 건립하여 비로소 처음으로 그 의의를 가질 수 있습니다.

천황폐하가 이 탑을 보러 오실 수 있도록 준비하여 비로소 이 탑을 건설한 의의를 가질 수 있습니다.

쇼와 사년[1929년] 오월 오오쿠니 고가쿠 도쿠토미 이이치로

⟨역자 주⟩

○ 글쓴이 : 도쿠도미 소호德富 蘇峰,(とくとみ そほう、1863年~1957年) 본명은 도쿠토미 이이치로德富猪一郎,(とくとみ・いいちろう) 아호는 '大国后学오오쿠니 고가쿠 일본의 저널리스트, 사상가, 역사가, 평론가

○ 가부토야마兜山:현 제황산, 가부토=かぶと(兜) 투구

○ 쇼와 4년 = 1929년

○ 해군기념일 ☞이전 일본의 해군기념일은 5월 27일, 대한해협해전은 5월 27일-28일에 걸쳐 일어남. 위의 사진 자료에는 일본의 해군기념일을 5월 28일이라고 쓰여 있으나, 여러 자료에는 해군기념일 5월 27일로 검색됨.

○ 도고원수 : 도고 헤이하치로東郷平八郎 제독

○ 찬문撰文: 글을 지음, 또는 그 글

○ 참수리 : 일본어로 오오와시, 대취=참수리, 독수리 '취'= わし(鷲) オオワシ大鷲, Haliaeetus pelagicus

○ 참수리 ☞ 사진 자료의 참수리는 긴시=금빛 솔개의 혼돈인지 글쓴이의

자료 조사 부족인지 알 수 없음. 참수리〈동물〉수릿과의 새. 큰 부리를 가지고 있는 매우 큰 수리를 이른다. 흰죽지참수리〈동물〉[같은 말] 참수리 참수리=흰죽지참수리

사진 속의 왼쪽이란 번역문에서는 가로쓰기로 아래에 해당

○ 긴시 =きんし[金鵄]신화에서 진무텐노神武天皇가 동정東征할 때 활에 앉았다는 금빛 솔개, -金鵄きんし긴시는 '일본서기'에 등장하는 일본 건국을 이끈 금빛 솔개. 이후 무혈승리의 상징. -위키 일본어 버전 애옥 번역

○ 메이지 37년부터 38년¹⁹⁰⁴⁻¹⁹⁰⁵년

○ 임시근거지방비대가근거지방비대→ 진해만방비대→ 진해방비대→ 진해요항부→ 진해경비부

○ 괴멸壞滅: 조직이나 체계 따위가 모조리 파괴되어 멸망함.

○ 예기銳氣: 날카롭고 굳세며 적극적인 기세

○ 정찰偵察: 더듬어 살펴서 알아냄.〈군사〉작전에 필요한 자료를 얻으려고 적의 정세나 지형을 살피는 일. 유의어:추찰, 염탐, 정탐, - 정찰함: 정찰하는 함대

○ 발하다發하다:어떤 내용을 공개적으로 펴서 알리다.

○ 흥폐興廢: 잘되어 일어남과 못되어 망함.

○ 일전一戰: 한바탕 싸움.

○ 장관將官: 장수將帥(군사를 거느리는 우두머리).장군將軍(준장, 소장, 중장, 대장을 통틀어 이르는 말).

○ 병사兵士: 군사軍士(예전에, 군인이나 군대를 이르던 말). 부사관 이하의 군인).

○ 일대一大:아주 굉장한

○ 유지有志: 마을이나 지역에서 명망 있고 영향력을 가진 사람. 지역 유지, 어떤 일에 뜻이 있거나 관심이 있는 사람

○ 신령 : '신령하다신기하고 영묘하다'의 어근

○ 후광後光: 어떤 사물을 더욱 빛나게 하거나 두드러지게 하는 배경을 비유적으로 이르는 말

○ 위광威光: 감히 범하기 어려운 위엄과 권위

○ 거국일치擧國一致 : 온 국민이 뭉쳐서 하나가 됨.

資料原文と日本語現代文訳

第六十六回 日本海海戦記念塔(国史参考)

　日本海海戦記念塔は鎮海湾内鎮海兜山の絶頂（海抜７６メートル）に建設せられ昭和四年五月二十八日の海軍記念日に除幕式が行われたものである。記念塔は鉄筋コンクリート造り高さおよそ３４メートル、塔身には東郷元帥の筆になる「日本海海戦記念」の七文字と徳富蘇峰氏の撰文とが刻まれている。頂上にある大鷲は羽の広さ二畳敷きもあるという。

その撰文は左の通りである。

明治三十七八年戦役は日本帝国の歴史に於ける振古未曾有の大事にして日本海大海戦は明治三十七八年戦役に於ける海陸戦闘中最も重要の一となす此大海戦によりて此戦役の運命は決し此戦役によりて帝国の世界に於ける位置は確定す帝国の一躍して世界三大海軍国の一に進み世界五大強国の班に列するに至りたるもの是昭著の成績にして必然の効果たり而して其大海戦策源地は実に鎮海湾にあり日露風雲急を告ぐるや帝国海軍は明治三十七年一月十二日を以て鎮海湾内松真浦に仮根拠地防衛隊を建設し予め我が出征艦隊の拠点を定めたり爾来旅順口の閉塞黄海蔚山沖の海戦と封鎖を強行とを以て交戦国の東洋艦隊を無能ならしめたるに拘らず彼は猛然として太平洋第二第三艦隊を編成し遠く之を東洋に派遣し一擲我と海上権の雌雄を決せんと謀れり我が艦隊は明治三十八年一月旅順口の陥落するや更に新鋭の木を養い二月初旬より鎮海湾に集合し日夜淬励以て戦機の到来を待てり果然五月二十七日敵艦見ゆとの報に接するや東郷連合艦隊司令長官は視界線内に於ける全艦隊に信号して「皇国の興廃此一戦にあり各員一層奮励努力せよ」と励せり祖宗の神霊と明治天皇の御陵威と我が将士の善謀善断克

忠克勇とは爰に一大決定的勝利を得其偉勲は世界海戦史に特筆せられ其功烈は嚇灼として我が国史を照せり比ろ有志行議し日本海大海戦二十五回の記念日に際し鎮海面兜山絶頂に一大記念塔を建て東郷元帥の書を請けて其塔面に刻し予に徴するに撰文を以てす予其人に非ざるも義辞す可からず惟ふに是挙豈に翅だ絶大の戦勝を記念し忠死の英魂を崇祀するのこと?(判読不能)はん哉寔とに長へに明治天皇の盛徳大業を景仰し挙国一致以て国難を膺りたる国民的活動の典型として之を萬古に伝え後昆をして君国に殉ずる勇往忠烈の大精神を涵養する所あらしめんが為めならずんばあらず準由紹成来者其人を待つ此の如くして此塔の建立始めて意義ありと為す也

昭和四年五月大国后学徳富猪一郎撰

現代文訳 松本堅一

　明治三十七八年の日露戦争は、日本帝国の歴史に於ける大昔以来なかった大きな出来事で、その中でも日本海大海戦は、明治三十七八年の戦争における海陸で行われた戦闘の中もっとも重要なものの一つだ。この大海戦によって日露戦争の運命は決し、日露戦争の勝利によって日本帝国の世界における位置は確定した。日本帝国は一躍して世界三大海軍国の一つになり、世界五大強国の班に列するに至ったのも、この明らかで著しい成績からもたらされた必然の効果である。そしてその大海戦を策定＊-1した源の地は実に鎮海湾にあった。日露の関係悪化が風雲急を告げる＊-2と、帝国海軍は明治三十七年一月十二日を以て鎮海湾内松真浦に仮根拠地防衛隊を建設し、予め我が出撃艦隊の拠点を定めた。それ以来旅順港口を閉塞し、黄海蔚山沖の海戦と黄海の封鎖を強行することで、交戦国ロシアの東洋艦隊を無能にしたにも拘らず、ロシアは猛然として太平洋第二第三艦隊（バ

ルチック艦隊のこと）を編成し遠くこれを東洋に派遣し大勝負に出て我が日本と海上権の雌雄を決しようと謀った。我が艦隊は明治三十八年一月旅順港を陥落すると、更に新鋭の気を養い二月初旬より鎮海湾に集合し日夜淬励＊-3以て戦機の到来を待っていた。果然＊-4五月二十七日敵艦見ゆとの報に接するや、東郷連合艦隊司令長官は視界線内に於ける＊-5全艦隊に信号して「皇国の興廃此一戦にあり各員一層奮励努力せよ」と励ました。＊-6祖宗の神霊と明治天皇の御棱威＊-7と我が将士の善謀＊-8善断＊-9克忠＊-10克勇＊-11とは、爰（ここ）に一大決定的勝利を勝ち取った。その偉勲＊-12は世界海戦史に特筆せられ、その功烈＊-13は嚇灼＊-14として我が国史を照した。比（このころ）有志が胥議＊-15し、日本海大海戦二十五回の記念日に際し鎮海面兜山絶頂に一大記念塔を建てて、東郷元帥の書を貰ってその塔面に刻んだ。予＊-16に文の提供を求められたので、撰文を以て応えた。予はその文章を書くに相応しくないけれど、この記念碑建設の義居を辞すわけにはいかなかった。私が惟（おも）うにこの挙はただ絶大の戦勝を記念し忠死の英魂を崇祀することと言わねばならい。まことに長く　明治天皇の盛徳大業＊-17を景仰＊-18し挙国一致以て国難を膺（あたる）りたる国民的活動の典型としてこれを萬古＊-19に伝え、後昆＊-20をして君国に殉ずる勇往忠烈＊-21の大精神を涵養＊-22する行為ではないか。準由紹成来者＊-23その人を待つ。このようにこの塔を建立して始めて意義を持つことが出来るのだ。

昭和四年五月大国后学徳富猪一郎撰

《注》

 1. 策定（さくてい）＝あれこれ考えて定めること

 2. 風雲急を告げる（ふうんきゅうをつげる）＝事態が急変し、大事件が起きそうな様子

 3. 淬励（さいれい）＝心をふるい起して物事に励むこと

 4. 果然（かぜん）＝予想通り

 5. 視界線内における＝見える範囲のこと

 6. ＝皇族を表す語に前の語が続くのは無礼に当たるため一字開けるとされる

 7 棱意（りょうい）＝天子の威光

 8. 善謀（ぜんぼう）＝よいはかりごと

 9. 善断（ぜんだん）＝じょうずにさばき処理する

 10. 克忠（こっちゅう）＝忠義の力で乗り越えること

 11. 克勇（こつゆう）＝勇気を持つ

 13. 功烈（こうれつ）＝大きな功績（こうせき）

 14. 嚇灼（かくしゃく）＝光輝くこと

 15. 胥議（しょぎ）＝皆で話し合うこと

 16. 予（よ）＝わたし

 17. 盛徳大業(せいとくたぎょう)＝すぐれて立派な徳を持った大きな業績

 18. 景仰（けいぎょう、けいこう）＝徳をしたい仰ぐこと

 19. 萬古（ばんこ）＝永久

 20. 後昆（こうこん）＝後世の人

 21. 勇往忠烈（ゆうおうちゅうれつ）＝激しい忠義の心を持って勇んで進むこと

 22. 涵養（かんよう）＝養い育てること

 22. 涵養（かんよう）＝養い育てること

 23. 準由紹成来者（じゅんゆうしょうらいしゃ）＝根拠を持って招かれるもの

　《参考にした辞書》『広辞苑』岩波書店『漢和中辞典』角川書店《参考にした辞書》『広辞苑』岩波書店『漢和中辞典』角川書店

2013년 『〈일본국〉에서 온 일본인』 광고
2021년 한국어판 출판

마쓰오 님의 유년 시절(여좌천 대천교 근처에서)

『진해의 벚꽃』 번역팀 후기

「모든 회상록回想錄은 시간 여행이다」

마쓰오 님은 1932년 진해에서 태어나 13세에 일본으로 귀환한 후, 76년이 흘러 89세에 자신의 패밀리 히스토리를 쓰기 시작했다. 일본의 가나가와현 가와사키시에 재주在住하시며 현재 92세이다.

마쓰오 히로후미 님의 원저는『옛 조선 진해 마쓰오박신당 이야기』이며, 필자의 한글본 제목은 의역意譯하여『마쓰오박신당 옛 진해 이야기』로 옮겼다. 책의 내용은 1912년에 진해로 이주하여 1945년 8월까지 진해에서 살았던 마쓰오가松尾家의 3대에 걸친 가족사家族史이다.

나는 마쓰오 님의 글에서 일제강점기 진해의 모습을 상상하며 그 시대의 역사적인 사항에 주요점을 두고 정독하였다. 곳곳에 저자의 진해를 향한 한결같은 향토 사랑과 망향望鄕의 심정을 마쓰오 님과 같은 고향사람으로서 공감했다.

내 곁의 가까운 일본인은 마쓰오 님의 이야기를 한글 번역할 수 있게 힘을 더해 주며 은근히 재촉했다. 그가 추천한 말을 소개하고 싶다.

"제가 저작의 지은이 마쓰오 히로후미松尾博文 씨를 알게 된 것은, 니시무타 야스시 저著『〈일본국〉에서 온 일본인 (〈日本國〉から日本人)』이며, 한글본으로는『1945 귀한, 진해!! 기억속의 고향』글 중에서 입니다. 그 후 저는 이애옥 선생이 우편으로 보내준『옛 조선 진해 마쓰오박신당 이야기』를 읽었습니다, 이 책에는 일제가 건설한 군항

도시, 번역자의 출생지인 진해의 건설 당시 모습부터, 초기에 정착한 일본인의 기억을 바탕으로 그 시대의 여러 일이 생생하게 기록되어 있었습니다. 처음에 저는 이 책이『〈일본국〉에서 온 일본인』과 마찬가지로 조선에 대한 침략과 억압의 역사를 사상捨象, 고려하지 않고 버리고하고, 정착민들이 당시를 회고하는 저작처럼 느껴 흥미가 생기지 않았지만, 읽어가는 도중에 평가를 달리 했습니다. 일제강점기의 진해 향토학 최초의 서적 제1호『진해鎭海』(스기야마 소텐 저, 1912년)와 제2호 격인『진해요람鎭海要覽』(오카 만키치 저, 1926년)의 두 저서에는 군항도시로서의 번성과 진해 고장에 있는 상점들의 선전색이 강한 광고가 많이 포함되어 있는 자료였던 것에 비해『옛 조선 진해 마쓰오박신당 이야기』는 진해에 살았던 일본인들의 사실적인 목소리와 보통 사람들의 생활과 모습을 담은 진해의 1급 1차 원자료라고 생각했습니다. 다 읽은 후 이 책의 가치를 나름대로 평가하여 즉시 이애옥 선생에게 한국어로 번역할 것을 권유했습니다.

마쓰모토 겐이치

나는 마쓰오 님과의 교류를 통해 과거 진해에 관한 여러 가지 궁금한 점을 직접 들을 수 있었고, 인터넷 등에서도 구할 수 없는 그 시절의 진해 관련 사진과 지도 등도 우편으로 제공받았다. 일제강점기에 일본어식으로 이름이 붙여진 진해의 거리와 마을, 인물 등의 정확한 읽기도 마쓰오 님의 가르침敎示이 없었으면 불가능했을 것이다. 마쓰오 님의 글 제목 중 '옛 진해'는 현 창원시 진해구 서부 지역으로 이전에는 흔히들 '시내 중심가'로 불리던 곳이다. 이곳은 내가 태어나 자란 곳과 똑같은 지리적 공간이다. 주인공이 태어난 곳, 다녔던 학교, 이야기 대부분의 무대는 나에게도 모두 친근하고 익숙하다. 생활 및 활동 영역의 동선動線을 그려보면 중원로터리에서 충무공 이순신 장군의 동상이 있는 북원로터리로 향하는 백구로, 북원로터리에서 진해역 방면으로의 충장로, 진해역에서 중원로터리, 남원로터리를 거쳐 해군사관학교가 있는 진해만 입구의 중원로였을 것이다. 나는 2021년 11월, 진해역에서 충무지구 도시재생 공모사업 '1926, 진해 근대를 알다'라는 프로그램을 기획, 참여한 적이 있다. 그때 프로그램에 출석한 주민들과 마쓰오 님과의 영상 통화를 프로그램 중간에 시도했는데, 영상에 비친 마쓰오 님은 지적이고 온화한 모습이었다."지금은 연로하여 다시 진해를 방문할 수 없지만 마음은 늘 진해에 있다"고 하시던 마쓰오 님의 말씀이 영상 속 모습과 함께 떠오른다.

나는 고향=진해에 다시 돌아와 있는 동안 내가 하고 싶은 일·할 수 있는 일·해야 하는 일을 생각해 보았다. 단 하나 뿐이다. 그것은 일본어로 써진 진해의 근대역사 자료를 번역·출판하는 것이다. 이번 세 번째 번역서는 나 자신의 약속을 지켜 실행한 셈이다. 나는 번역 과정에서는 늘 완벽을 추구하며 나아가지만, 막상 출판 후 뜻하지 않는 잘못과 오류가 발견될 때는 난처했다. 그런 사정이 있다고 해도 나는 진해 자료를 번역하는 일은 당분간 계속하고 싶다.

덧붙여 이 자리를 빌려 이 책 목차의 '관련 자료'에 진해문화원 발행 2021년 제19집 '진해문화'에 기고한 필자의 글 '해방 전 진해주택지도 한글 해석' 중에 한자 변환의 잘못이 발생했던 점을 말씀드립니다. 해방 전의 진해 도로명 '도키와 도오리(상반통, 현 벚꽃로)'의 한자는 常磐通이 아닌 常盤通이 바른 표기임을 분명히 밝히고, 저의 한자 변환의 실수였음을 사과드립니다.

끝으로 "나에게 고향이라면 진해밖에 없다."라고 말씀하시는 마쓰오 님, 고향의 옛 이야기를 들려주시고, 저에게 보내주신 "메일을 비롯하여 모든 것을 자유롭게 사용해도 된다."라고 허락해 주셔 정말

고맙습니다. 또 번역을 포함, 한글 교정을 도와준 현재 영어강사로 일하며 진해근대문화역사길 해설가로도 활동하고 있는 정영숙님, 일한대역본으로 근사하게 책을 잘 만들어주신 논형출판사의 소상호 편집장 님, 소재두 대표님께도 깊이 감사드립니다.

2024년 4월 홋카이도 데시카가에서

이애옥

『鎮海の桜』翻訳チームあとがき

「すべての回想記は時間旅行である」

　松尾さんは 1932 年鎮海で生まれ、13 歳の時日本に引き上げた後、76 年余り経った時点でご自分のファミリーヒストリーを書き始めました。松尾さんは現在日本の神奈川県川崎市に在住し、執筆当時は 89 歳、現在 92 歳です。

　松尾博文さんの原著名は『旧朝鮮鎮海 松尾博信堂物語』であり、私のハングル本のタイトルは意訳して『마쓰오박신당 옛 진해 이야기 (松尾博信堂の旧鎮海物語)』に決めました。著書の内容は 1912 年に鎮海に移住し、1945 年 8 月までに鎮海で暮らした松尾家の 3 代にわたるファミリーヒストリーです。

　私は松尾さんの文中で日本植民地時代の鎮海の姿を想像し、その時代の歴史的な事項に主眼を置いて精読しました。随所に著者の鎮海へのひたむきな郷土愛と望郷する松尾さんの心情を私は同郷人として十分共感することができました。

　私の知り合いの日本人は、松尾さんの話をハングルに翻訳できるように力を加えながら、それとなく促してくれました。 彼の勧めた言葉を紹介したいと思います。

　「私が著作の著者松尾博文さんを知ったのは、西牟田靖著『＜日本國＞から来た日本人』の中からです。その後、私はイ・エオク先生が郵便で送ってくれた『旧朝鮮鎮海松尾博信堂物語』を読みました。この本には日本帝国が建設した軍港都市、訳者の出生地である鎮海の建設当時の様子が、初期に定着した日本人の記憶をもとにその時代の数々の事象が生々しく記録されていました。最初、私はこの本が『＜日本國＞から来た日本人』と同じように、朝鮮に対する侵略と抑圧の歴史を捨象し、入植者たちが当時を回顧する著作のように感じ、興味が湧きませんでしたが、読み進める途中で評価を改めました。日本による植民地時代の鎮海郷土学最初の書籍第

1号『鎮海』（杉山素天著、1912年）と第2号の『鎮海要覧』（岡万吉著、1926年）の二つの著書には、軍港都市としての栄えと鎮海の地にある商店の宣伝色が強い資料であったのに対し、『旧朝鮮鎮海松尾博信堂物語』は鎮海に住んでいた日本人たちにとって真実の声と一般の日本人たちによる彼（彼女）らの生活と様子を語った1級の1次原資料だと思いました。読み終えた後、この本の価値をそれなりに評価し、すぐにイ・エオク先生に韓国語に訳することを勧めました。

松本堅一

　私は松尾さんとの交流を通じて過去の鎮海に関する様々な気になる点を直接聞くことができ、インターネットなどでも入手できないその時代の鎮海関連写真や地図なども郵送していただきました。日本植民地時代に日本語で名付けられた鎮海の町や村名、日本人の人名などの正確な読み方も、松尾さんの教示がなかったら不可能だったと思います。

　松尾さんの著作の中にある「旧鎮海」とは現在の昌原市鎮海区の西の地域で、以前はよく「市内中心街」と呼ばれていたところです。ここは私が生まれ育ったところと同じ地理的空間で、主人公の松尾さんが生まれたところ、通っていた学校、話のほとんどの舞台は私にも皆慣れて親しんでいたところです。松尾さんの暮らしや活動範囲などを描いてみると、中園ロータリーから忠武公李舜臣将軍の銅像のある北園ロータリーに向かう白鴎路、北園ロータリーから鎮海駅方面への忠壮路、鎮海駅から中園ロータリー、南園ロータリーを経て海軍士官学校のある鎮海湾入口の中園路だったと思います。

　私は2021年11月、鎮海駅で忠武地区都市再生公募事業「1926、鎮海近代を知る」という催し物を進行・参加したことがあります。その際、番組に出席した住民と松尾さんとの映像通話を番組の合間に試みたところ、映像に写った松尾さんは知的で穏やかな様子でした。「今は年老いて再び鎮海を訪問することは無理でしょうが、鎮海のことはいつも心の中で覚えている」と言っていた松尾さんのコメントが映像での姿と一緒に思い浮かびます。

　私は故郷＝鎮海に戻っている間、私がしたいこと・私にできること・私

がしなければならないことを考えてみました。たった一つだけ見つかりました。それは日本語で書かれた鎮海近代歴史資料を訳して出版することです。今回の翻訳書は３番目に私が自分への約束を守って実行することになります。私は翻訳をする準備の過程で常に完璧を追求して臨みます。しかし、いざ出版後、思いもよらない間違いや誤謬が発見された時は困ってどうしようもない気持ちになります。それでも私は鎮海関連資料の翻訳出版計画はやめるわけにはいかないと思っています。

　なお、この場を借りて、この本の目次の「関連資料」の中で鎮海文化院発行 2021 年第 19 集「鎮海文化」に私が寄稿した文「韓国解放前の鎮海住宅地図のハングル解釈」の中に、漢字変換の誤りがあったことを申し述べます。韓国解放前の鎮海の道路名「ときわどおり (現벚꽃로、ボッコ路)」の漢字は、「常磐通」ではなく「常盤通」が正しい表記であることを明らかにし、私の漢字変換のミスだったことをお詫びします。

　最後に「私にとって故郷なら鎮海しかない」とおっしゃっている松尾さん。故郷の昔話を聞かせてくださり、私に送ってくださった「メールを始め全ての資料を自由に使ってもいい」とお許しいただきどうもありがとうございます。ハングルの校正を手伝っていただいた鎮海近代文化歴史ツアーのガイドのチョン・ヨンスクさん、日韓対訳バージョンのすてきな本に作ってくださった論衡出版社のソ・サンホ編集長、ソ・ジェドゥ代表にも心よりお礼を申し上げます。

2024年4月北海道弟子屈にて

李愛玉

「모든 새로운 시작은 다른 시작의 끝에서 비롯된다」(세네카)

'마쓰오 히로후미松尾博文'님으로부터 『마쓰오박신당 옛 진해이야기旧朝鮮鎮海松尾博信堂物語』 책을 받고 세 번째 여름을 맞는다.

지난 2022년 2월 1일 발행한 '마쓰오 히로후미松尾博文'님 저작의『마쓰오박신당 옛 진해이야기』는 일본 제국주의 진해 군항 건설 초기, 1911년부터 진해에서 살았던 마쓰오 가문 3代에 걸친 히스토리다.

이 책은 단순히 한 가족 이야기가 아닌 당시 일본 서민 생활상을 그대로 들여다볼 수 있다는 점이 무엇보다 크게 와닿는다.

마쓰모토 겐이치松本堅一 님이 앞에서 언급한 '(중략)...일본인들의 사실적인 목소리와 보통 사람들의 생활과 모습을 담은...(중략)'이라고 얘기했던 부분은 책을 끝까지 읽어본 독자라면 충분히 공감할 것이다.

2018년 3월 출간한 『진해의 벚꽃』부터 『〈일본국〉에서 온 일본인』 그리고 이번 『마쓰오박신당 옛 진해이야기』까지 번역과 교정이라는 더딘 작업속에서 나 혼자의 힘만으로 할 수 있는 일은 아무것도 없다는 것을 알게 되었다.

내 삶의 계획표 어디에도 없었던 투어해설사에서 이제는 번역과 교정이라는 또 다른 삶을 맞닥뜨리고 있다.

훌륭한 편집자와 저자, 역자를 스승 삼아 배워가는 새로운 시작을 해보려고 한다.

2024년 8월

정영숙

「すべての新しい始まりは、他の始まりの終わりから始まる」（セネカ）

　松尾博文様より『旧朝鮮鎮海 松尾博信堂物語』の本をいただいてから三回目の夏を迎えます。

　2022年2月1日発行の松尾博文様の著作の『旧朝鮮鎮海 松尾博信堂物語』は日本帝國主義占領下での鎮海の軍港建設の初期、1911年から鎮海に住んでいた松尾家の三代にわたるヒストリーです。

　この本は単に一家の話ではなく、当時の日本の庶民の暮らしぶりをそのまま覗き見ることができるという点が何よりも大きく心に響きます。

　松本堅一が先に述べた「（中略）… 日本人の写実的な声と普通の人々の生活と姿を込めた…（中略）」と話した部分はこの本を最後まで読まれた読者なら十分共感するはずです。

　2018年3月に出版した『鎮海の桜』から『＜日本国＞から来た日本人』そして今回の『旧朝鮮鎮海 松尾博信堂物語』まで翻訳と校正という遅々とした作業の中で私一人の力だけでできることは何もないということが分かりました。

　私の人生の計画表のどこにもなかったツアーガイドに引き續づき、今は翻訳と校正というまた別の人生に行きあたっています。

　立派な編集者と著者、訳者を師匠にして学んでいく新しいスタートを切ってみようと思います。

2024年8月

鄭英叔